Stefan Koenig

Mollath, Frau Merkel und ich

Aus dem
Deutschen ins Deutsche
übersetzt von
Jürgen Bodelle

Zu diesem Buch

Lowbrook im Sommer 2014. Ein Schriftsteller, ein von der Forensik Verfolgter, die deutsche Kanzlerin und ihre Präsidenten haben ihre Zelte in einer Nervenheilanstalt aufgeschlagen. Wurden sie eingewiesen? Haben sie sich freiwillig in die Fänge der Psychiatrie begeben? Sie wissen es scheinbar selber nicht. Sie irren umher und hoffen auf Besserung. Das Treiben ist tragisch, erscheint jedoch auch amüsant bis kurios. Aber da zieht eine schreckliche, eine tödliche Naturgewalt aus Nordost heran und übernimmt die Initiative im Leben einer geistig bereits verschütteten Elite. Alles ist eine Frage des Überlebens - auch für Mollath und den angeblichen Schriftsteller. Kommen sie da lebend raus? Als der Hurricane tobt, klammern sich beide an ihre Manuskripte. Das eine hier hat überlebt.

Und was sagt der Autor zu seinem Roman?

Stefan Koenig, geboren in Frankfurt am Main, Studium in Berlin, Berkeley und Frankfurt: »Diese Story ist ein Roman, zu dem mich die wahre Geschichte von Gustl Mollath inspiriert hat. Ich schildere nicht unbedingt das tatsächliche Geschehen, und doch enthält der Roman einige authentische Bestandteile aus den Schreckensjahren, die Mollath unschuldig hinter Gittern unter Geisteskranken und irren Forensikern verbringen musste. Viele der schuldigen Psychiater leben noch in freier Wildbahn, und es ist abzusehen, dass sie bald schon das nächste Opfer reißen werden. Die tatsächlichen Begebenheiten kenne ich aus persönlichen Begegnungen, Briefen, Zeitungsberichten und einschlägiger Sachliteratur. Aber ich betone, dass die hier vorliegende Geschichte absolut erfunden ist, obwohl ich selbst es nicht immer glauben kann.«

Stefan Koenig

Mollath, Frau Merkel und ich

Roman

Bibliografische Information
der Deutschen Nationalbibliothek:
Die Deutsche Nationalbibliothek
verzeichnet diese Publikation
in der Deutschen Nationalbibliografie;
detaillierte bibliografische Daten
sind abrufbar im Internet über
http://dnb.dnb.de

Umschlaggestaltung,
Herstellung und Verlag:
BoD – Books on Demand,
Norderstedt

ISBN: 978-3-7386-7877-2

Kontakt zum Autor:
Stefan Koenig
Pegasus Bücher
Postfach 1111
D-35321 Laubach

Und noch eine Widmung

Natürlich auch
dem Herrn Bundespräsidenten
ganz persönlich gewidmet,
weil er dem Kriegsversehrten aus Kundus
auf der Anstaltsparty
auf die richtige Schulter klopft.
Es ist die Schulter, an der noch ein Arm hängt.
Und weil er so schön von Freiheit reden kann.
Und weil er so gerne reist.
Und weil er halt der Bundespräsident ist.

Bitte vergessen Sie nicht,
dass es sich
bei dem vorliegenden Werk
um einen Roman handelt.
Orte, Ereignisse,
Namen und Figuren
sind allesamt Erfindungen.
Reine Erfindungen.
Nackte Illusionen.
Faktische Fiktionen.

Soufflé

Wie oft schon habe ich Sie, verehrte Leser, gebeten, Stillschweigen zu bewahren, wie man es unter Freunden eben pflegt. „Versprechen Sie mir, dass Sie es keinem weitersagen?" habe ich Sie wie ein Kind gefragt. Und ich bin mir ziemlich sicher, dass Sie sich an Ihr Ehrenwort gut erinnern. Also teile ich Ihnen heute unter dem Siegel der Verschwiegenheit mit, dass man mich in die Anstalt eingewiesen hat. Man hat es tatsächlich gewagt. Und noch immer weiß ich nicht, wer dahinter steckt.

Die Anstalt ist unbestreitbar mit etwas Geheimnisvollem behaftet. Das Geheimnis klebt an ihrer Außenwand in Form eines Schildes. Allein der Name - ein einziges Ablenkungsmanöver: *»Flugsportzentrum«*.

Auf diesem romantischen Hügel siebenhundert Meter nördlich von Lowbrooks Marktplatz befand sich bezeichnenderweise einmal eine Jugendherberge. Bezeichnenderweise deshalb, weil einige abgelegene und ausgediente Jugendherbergen in den letzten Jahren zu Nervenheilanstalten umgewandelt wurden. Man spricht deshalb wohl vom Wandel der Zeiten.

Heute leben hier alte Junge und junge Alte zwischen Demenz und Wahn - eine Jugendherberge sieht anders aus, oder? Nennt man so etwas »Demenzfreundliche Gemeinde«? Oder »Demenzfreie Kommune«? Ich bin durcheinander; ich weiß es nicht. Im Moment sortiere ich erst einmal meine Gedanken.

Ich staune über Ihre spontane Empathie, mit der Sie, verehrte Leser, die Verpflichtung zur Verschwiegenheit akzeptieren, als wäre es überhaupt nicht ungewöhnlich, dass ein Autor Ihnen hier sein Geheimnis anvertrauen möchte. Aber natürlich besitzen meine Leserinnen und Leser auch ein Geschick, das ich selbst nie haben werde. Sie haben Übung, denn natürlich vertrauen die Leute Ihnen andauernd irgendwelche Geheimnisse an. Ihnen, ja, Ihnen! Wer aber vertraut mir etwas an? Sehen Sie! Jetzt kennen Sie den Unterschied.

Diesmal geht es um die Klapsmühle auf Rumsmountain, wo wir auf gestandene Charaktere treffen werden. Ich bin trotz aller Widrigkeiten in solchen Anstalten doch irgendwie heilfroh, dass ich mich hier im Kreise erlauchter Persönlichkeiten wieder finden darf. Aber dazu möchte ich mich im Moment noch nicht äußern, jedenfalls möchte ich noch keine Namen nennen. Was ich bereits sagen darf (mein Psychiater hat es ausdrücklich erlaubt), ist folgendes: Ich befinde mich in der ehrenwerten Gesellschaft des Schlossherrn von Bellevue und der Chefin des Kanzleramtes. Natürlich kann man sich nie sicher sein, ob es vielleicht doch nur Doppelgänger sind. Aber im Prinzip sind auch diese Persönlichkeiten nur Randfiguren, wie wir alle hier in der Anstalt von Rumsmountain nur Randfiguren zu sein scheinen.

Für die plötzlich aufziehende Naturgewalt sind wir das sowieso – Randfiguren, leicht hinwegfegbare Randfiguren.

Und doch gibt es auch freudige Überraschungen. Zu meiner größten Freude treffe ich hier auf Gustl Mollath, der zwischenzeitlich aus Bayern ausgewiesen wurde und sich hier Gustav Möller nennt. Er ist, vielleicht außer mir, der Gesündeste von allen. Er wird am Ende dieses Romans ein freier Mann sein – aber ich befürchte, er wird sich zeitlebens auf Bewährung fühlen. Wie es dazu kommen konnte? Wollen Sie, dass ich der Geschichte vorgreife? Na also!

Kapitel 1

Hier ist jetzt mein Zuhause. Hier, in der Anstalt auf dem Hügel von Rumsmountain, dem Hausberg eines völlig unschuldigen Städtchens, lebe ich nun. Ich, der Schriftsteller Stefan Koenig, bin im Juli 2005 in der LNL gelandet, der Landesnervenklinik Lowbrook, einer psychiatrischen Neueinrichtung am Fuße eines langgestreckten Mittelgebirges, das sich Birdmounttain nennt. Es ist wohl eher eine Strandung als eine Landung. Und was man wissen sollte: Diese Anstalt unterliegt einem Geheimplan, und so ist diese Anstalt gewissermaßen ein offizielles Landesgeheimnis, von dem nur gewisse politische Gremien wissen - sowie hochrangige Prominenz. Ich glaube es gerade schon erwähnt zu haben; ich habe hier schon einige Jahre auf dem Buckel, aber wenn Sie mich so fragen, dann könnte ich Ihnen nicht sagen wie viele Jahre es genau sind. Es sind gewiss etliche. Könnten es - ich muss es der guten Ordnung halber zu bedenken geben - statt Jahre auch nur Monate sein? Ich weiß es nicht, ehrlich. Man verliert hier völlig das Gefühl für Zeit und Romantik.

Wie jeden Tag seit meiner Ankunft erwache ich in einem milchigen Blassgrün. Die Art Versteinerung, in die mich die Antidepressiva haben fallen lassen, klingt früh am Morgen ab. Sind es überhaupt Antidepressiva, die mir diese merkwürdigen neuen Pfleger abends einflößen? Ich habe das Gefühl, dass man meine natürliche Erregung auf einen Nullpunkt zu bringen gedenkt. Auch wenn ich jetzt noch schlafen sollte, bin ich doch hellwach und habe beinahe das Gefühl, bei klarem Verstand zu sein. Ich rufe mir ins Gedächtnis, wo ich mich befinde, und meine Situation erscheint mir nach wie vor absolut undurchsichtig, ja, lachhaft und abwegig.

Ich habe zu diesem Zeitpunkt bereits den Namen Gustl Mollath vernommen, und erahne, dass es absolut möglich ist, gesunde Typen wie mich hinter vergitterte Fenster zu bringen, während die wirklich Behandlungsbedürftigen draußen massenhaft frei herumlaufen, liebevolle Ehen vortäuschen (ein offensichtliches Massenphänomen), ihre Ehemänner oder Ehefrauen bei lebendigem Leibe vergewaltigen und ihre Kinder psychisch misshandeln. Auch der Papst hat gegen eine kleine feine Ohrfeige nichts einzuwenden. Ist das nicht irre? Na ja, das sind nur lächerliche Beispiele, aber mir fällt im Moment nichts anderes ein. Ich sagte ja bereits: Antidepressiva. Samt Nebenwirkungen.

Also ist es tatsächlich geschehen. Ich bin Patient einer Irrenanstalt, wobei ich glaube, dass diese Bezeichnung alleine schon deshalb nicht zeitgemäß ist, weil die Irren im natürlichen Umfeld einer solchen Anstalt leben und nicht drinnen. Aber mit meiner Meinung stehe ich alleine, jedenfalls im Kreis jenes Klinikpersonals, das angeblich mit Fachkunde gesegnet sein soll. So beschließe ich, wie jetzt fast jeden Morgen, das zu sein, was diese Anstalt und ihre verwirrten Mitarbeiter von mir erwarten. Sie sind verwirrt, und ich bin bei völlig klarem Verstand. Also werde ich ihr verkorkstes Spiel mitspielen und sie mit Leichtigkeit überzeugen. Ich sage mir, dass es ein Leichtes sein wird: Ich werde ein Vorbild an geistiger Klarheit - oder jedenfalls ihrer Vorstellung von geistiger Klarheit - sein, ein paar Tage, Wochen oder gar Monate lang, und dann werde ich frei sein und diese Story veröffentlichen.

Befreit von diesen langen, klinisch sauberen Korridoren, diesen farb-, stil- und zeitlosen Zellenzimmern, diesen bunten Tabletten und piksenden Spritzen werde ich selbst entscheiden, ob ich gesund bin. Ich habe im Grunde schon heute entschieden und bin mir meiner Diagnose sicher. Allerdings muss ich noch herausfinden, wie es für mich zu dieser jämmerlichen Existenz im Landeskrankenhaus für Nervenheilkunde kommen konnte. Natürlich interessieren mich (rein als Schriftsteller) die anderen bekannten Gesichter, die ich aus früheren Begegnungen mehr oder minder gut kenne.

Da ist zum Beispiel die Kanzlerin, Angela Merkel, die ich immer noch – fast liebevoll – Angie nenne. Da ist auch Bundespräsident Joachim Gauck, der so gerne Bürgermeister von Lowbrook wäre, jenem unbeugsamen Städtchen am Fuße von Birdmountain. Das unbeugsame Lowbrook hat, wenn Sie sich erinnern, im Jahre 50 vor Christi gegen die römischen Besatzer Widerstand geleistet. Man hat den Legionären, die als Besatzung in den befestigten Lagern Babaorum, Aquarium und Kleinbonum lebten, den Aufenthalt zur Hölle gemacht. Die Mauer von damals, die verharmlosend mit »Limes« umschrieben wurde, musste weg. Vielleicht will Gauck an dieser germanischen Historie anknüpfen, wenn er seinen Wunsch äußert, Lowbrooks Bürgermeister zu werden.

Der echte Bürgermeister aber lässt sich auf keinen Deal ein und ist hier in der Klinik keinesfalls Dauergast. Er kommt selten; und wenn, dann als Ehrengast. Dann hält er zum Ärger von Angie und dem Patienten Gauck aufrührerische Reden. Dann ist da noch Winni, der Orthopäde. Doktor Kakadu, der brillante Landarzt, der auf das Orthopädensalär schon immer neidisch war, hat ihn einweisen lassen. Na ja, Sie werden all diese Leute noch kennen lernen. Im Unterschied zu mir, der ich zwangsweise mit ihnen auf diesem zirka fünftausend Quadratmeter großen Areal verkehren muss, haben Sie, liebe Leser, die Wahl, ob es Ihnen eine Bekanntschaft Wert ist.

Mich interessiert zutiefst das Personal. Ich habe noch nie zuvor eine solche Anstalt besuchen dürfen. Die merkwürdigen Schließer, wahrscheinlich ausschließlich Bodybuilder, sind rigoros und manchmal recht brutal; mehr ist dazu nicht zu sagen. Die Schwestern sind einfühlsam und aufmerksam. Sie gehen durch die Korridore und schauen in die Zimmer ohne die Türen zu knallen. Sie kündigen das Frühstück an, sie rufen zum Mittagstisch und sie verkünden das heilige Abendmahl. Sie sind die Essens-Feen. Sie sind wie »stets-und-immerbesorgte« Mütter, denen die Mahlzeiten fürs Kind das Wichtigste im Leben sind. Als sie an die dritte Tür neben meinem Zimmer anklopfen, lösen sie den üblichen Schreckensschrei des Tages aus, mit dem Jan Tolpert allmorgendlich erwacht. Er, der einarmige und beidseitig beinamputierte bundesdeutsche Kriegsheld aus Afghanistan, erwacht und stellt voller

Entsetzen fest, dass ihm immer noch drei entscheidende Gliedmaßen fehlen, obwohl er gerade von einem kompletten Körper geträumt
hatte.

Im Verlaufe eines sich dahinschleppenden Tages werden eine Menge Typen auf meiner
Männerstation wegen ähnlicher Erkenntnisse
zu brüllen beginnen. Später, kurz bevor die
Beruhigungspillen ausgegeben werden, er-
schauern die Flure vor widerhallenden Schre-
ckensschreien. Ich jedenfalls schreie nicht,
sondern setze mich im Bett auf, hole meine
Lesebrille aus dem kahlen Nachttischchen und
blättere in meinem vor wenigen Tagen begon-
nenen Manuskript. Ich kann nicht wissen, wie
sehr sich die Dinge bis zum nächsten Morgen
hier verändert haben werden. Die Umgebung
täuscht. Scheinbar ist alles beim Alten.

Vor dem vergitterten Fenster bescheint die
goldene Morgensonne die lässig herabhängenden Äste der Birken mit ihren zarten Blättchen. Aus meiner Sitzsituation vom Bett aus
kann ich den blassblauen Himmel mit ein paar
sommerlichen Schäfchenwolken sehen, auch
dies fein gerastert durch das Fenstergitter. Das
Gitter stört meine Sicht, aber ich sehe es von
Tag zu Tag immer weniger. Wenn ich es wieder einmal sehe, denke ich an Google Earth,

und dann verschwindet es sofort. Die Landesnervenklinik Lowbrook ist auf Google nicht verzeichnet; auch dies ein Hinweis, dass die Behörden die LNL als Geheimsache einstufen.

Die ehemalige Jugendherberge (später in ein Flugsportzentrum umgewandelt, von dem niemand so recht wusste, was dort eigentlich geschah), wurde in nur sechs Monaten total umgebaut und erweitert. Jetzt steht hier ein Karree mit einem Innenhof, und von der Südseite des weißen Gebäudes aus hat man einen herrlichen Ausblick auf das mittelalterliche Städtchen mit seinem Schloss und seiner altgotischen Kirche. Dahinter, jetzt im zarten Frühnebel, erhebt sich der Feldherrnhügel, auf dem eine Berufsgenossenschaft ihr Ausbildungszentrum für Pyromanen errichtet hat und alljährlich mindestens sechs Mal mit einem Riesenfeuerwerk aufwartet. Manche Neidhammel aus der näheren Umgebung bezeichnen Lowbrook als Feuerwerk-City oder auch als Stadt der Pyromanen. Und dahinter liegt Birdmountain, jener undurchdringliche Dschungel aus aneinander gereihten Bäumen und Hügeln, so friedlich und klar wie mein Geist, jedenfalls im Augenblick.

Kapitel 2

Was am Abend über Rumsmountain und die Landesnervenklinik kommen wird, ist noch weit entfernt, beinahe bei Rügen, wo die Ostseewellen, angestachelt von einem sommerlichen Tiefdruckgebiet aus Polen, plötzlich unruhig werden und sich höhnisch überschlagen. Die Meerestiere ahnen etwas, ihr Instinkt schlägt Alarm, ganz im Gegensatz zu Lowbrooks bescheidener Presselandschaft, die nicht ahnt, was sich auf ihrem neu errungenen Klapsmühlenhügel zusammenbraut. Die Fische der Ostsee weichen an diesem Tag weit nach Westen aus oder tauchen ab in die schützende Tiefe.

Noch vor dem Frühstück entschließe ich mich zu einem Spaziergang, solange ich noch klar bei Verstand bin und die Wirkung der Medikamente nicht meine Gedankenkraft bricht. Es ist jetzt eine viertel Stunde vor sieben Uhr. Beim Gehen, beim Beschauen der Natur reifen meine Gedanken, und ich kann die herausbrechenden Ideen fein säuberlich sortieren. Allerdings weiß ich nicht, ob ich später, wenn ich mein Zellenzimmer wieder erreicht haben werde, alles Gedachte und Sortierte wieder zusammenbringe, auf Papier bringe, um mein Manuskript zu vervollständigen. Ich hole tief

Luft beim Gehen, und als ich den Hof der LNL überquere, nimmt ein Satz in meinem Kopf plötzlich Gestalt an: „Was, wenn dir keiner glaubt?!" Ich weiß wirklich nicht, ob es von mir mehr als Frage oder als Ausruf gemeint ist.

Am Ende des Innenhofes passiere ich die Pforte in den Garten. Von hier aus gelangt man ebenso zu der lang gestreckten Terrasse wie vom Männertrakt aus, in dem ich untergebracht bin. Die Pforte hat eine automatische Sicherheitskennung. Der Chip an meinem Armband sendet ein Signal über den Scanner an die Wachmannschaft im sogenannten Sicherheitsbereich, wo man vor den Monitoren sitzt und sehen kann, wer sich wo aufhält. Zugleich meldet mein Armband dem Zentralcomputer meinen Anstaltscode, in diesem Fall K-120958-c.

Links von mir höre ich es piepsen, und ich weiß, dass die da drinnen nun wissen, dass ich unerlaubter Weise vor dem Frühstück spazieren gehe. In wenigen Minuten wird man mich holen.

Sobald man die Pforte passiert hat und auf der Terrasse steht, erblickt man ein Panorama der Freiheit, wenngleich sich manche Patienten an der weitläufigen Umzäunung des Klinikgeländes stören. Hinter dem doppelmannshohen Zaun, den in den vergangenen vier Jahren nur ein einziger Mann zu überwinden vermochte, sieht man aus der Anhöhe des Klinik-Areals hinaus in die Ferne der Wälder, Felder und Wiesen. Da liegt das Städtchen mit seinen zierlichen, jungfräulichen Häusern. Ich kann am frühen Morgen die ungeheuerliche Weite dieser Freiheit nicht ertragen, so wie ich noch nie den Anblick der Freiheitsstatue von New York ertragen konnte. Ich mache kehrt und wende mich seelisch dem Frühstück zu. Diesmal kehre ich um, bevor sie mich abführen. Es piepst wieder. Ich gehe direkt durch die Terrassentür zurück in den Männertrakt, der genau gegenüber der Aufenthaltsebene der weiblichen Klienten ist. Ein langer, einsamer Flur verbindet beide Flügel.

In diesem Moment stoße ich auf Jan Tolpert, den afghanischen Kriegshelden der Bundeswehr, der allmorgendlich seinen Verlust aufs Neue bemerkt. Er scheint das Entsetzen, mit dem er noch vor kurzem erwacht ist, vergessen zu haben. Er beschleunigt seinen Rollstuhl und schreit: „Feindangriff von Südwesten! Der Tank brennt. Kundus fällt!" Er rast an mir vorüber, sein muskulöser Oberkörper ist voll im Einsatz, die Beschleunigung verdankt er alleine seinem einzig verbliebenen rechten Arm.

Dafür hat er nun endlich sein Idealgewicht, wie er mir gestern gestanden hat, weil die zwei Beine fehlen. Er stoppt seinen Rollstuhl beim letzten Zimmer des langen kahlen Flures und wendet zackig.

Weder er noch ich können wissen, dass es sein letztes Rennen sein wird. Weder er noch ich können an diesem schönen Sommermorgen wissen, dass wir um die Mittagszeit einen Neuzugang bekommen, schon gar nicht können wir ahnen, wie schnell sich eine Naturgewalt über Birdmountain hermachen wird. Und natürlich wissen wir nichts vom Wechsel der Klinikleitung, die vom Landesverwaltungsrat ausgerechnet für heute Abend angesetzt ist.

Tolpert formt seine Hände zu einer Trompete und pustet mit der verbliebenen Kraft seiner Lunge ein hornähnliches Wecksignal. Er brüllt: „Alles aufgestanden!" Dann sackt er in sich zusammen und rollt langsam und kraftlos zurück zu seinem Zimmer, das ebenso wie meine Unterkunft (so der offizielle Begriff) klinisch clean und übersichtlich ist, so dass sich niemand - also ich sage es mal so - ernsthaft verletzen könnte, selbst wenn man wollte. Ich lache und Schwester Petra, die aus dem Aufsichtsraum herausgetreten ist, lacht mit. Meist lacht sogar Jan, obwohl er seine selbstgestellte

Aufgabe äußerst ernst nimmt. Wenn sein Lachen langsam erstirbt, sagt er: „Wir müssen den Tag diszipliniert beginnen. Ohne Disziplin kein Sieg." Er wirft mit seinem Restarm die Tür hinter sich zu, und jetzt wartet er nur noch auf den Klinik-Gong, der zum Frühstück ruft.

Während ich zu meinem Einzelzimmer gehe, schmiede ich Pläne. Ich beschließe, nach dem Frühstück endlich den Protestbrief an den hessischen Ministerpräsidenten, Volker Al-Bluff-Wazir, zu schreiben. Ich denke schon seit einiger Zeit darüber nach; ich habe bereits viele Sätze in meinem Notizblock niedergeschrieben. Es macht nichts, dass ich ihm den Brief nicht nach Wiesbaden werde schicken können. Auch nicht anderswohin, zum Beispiel an seine Privatadresse in Gießen, wo noch an diesem Abend, was ich jetzt nicht wissen kann, ein großes Unwetter die Skulptur der *Drei Schwätzer* in der Fußgängerzone und die kleine Welt der Gartenzwerge im Vorgarten des Ministerpräsidenten verwüsten wird. Ich darf mit dem Landesfürsten und seiner Kanzlei auch nicht telefonieren, solange es mein Psychiater nicht erlaubt. Und dennoch werde ich den Brief schreiben - und wenn es nur für mich ist. Aber heimlich habe ich die Hoffnung, den Brief als Kassiber aus der Anstalt schmuggeln zu können. Vielleicht wird mir die nette Petra dabei helfen. Zu diesem Zeitpunkt konnte ich nicht im Entferntesten ahnen, dass uns der Ministerpräsident einen Besuch abstatten wird, um einen entscheidenden Personalwechsel vorzunehmen. Schon heute Abend.

Egal was, wann, wo und wie, ich werde den Brief an den Landeshäuptling schreiben, und irgendwann - unter welchen Umständen auch immer - wird er ihn erreichen. Vielleicht über Facebook. Da fällt mir ein, dass wir hier alle von der Außenwelt völlig abgeschnitten sind. Facebook, das war einmal. Schreiben werde ich, immerhin schreiben. Schreiben ist mein Überlebenshandwerk.

„Nur für dich selbst schreiben." Dazu hat mich Felix Klipstone aus dem »Villa-Cotta-Trakt« ermutigt. Er ist - wahrscheinlich im Gegensatz zu mir - ein echter Schriftsteller, und ich ordne mich ihm und seinen Ratschlägen gerne unter, manchmal. Ich schreibe schon seit einiger Zeit, auch wenn ich es unter dem Einfluss der hier heimischen, artgerechten Medikamente tue. Ich werde versuchen, wie ich es immer und immer wieder versucht habe, die Medikamente nicht zu nehmen. Schreiben ist Medikament genug, meint Felix, ein schrumpeliger Opa mit wettergegerbtem Gesicht, der sich freiwillig hat einweisen lassen. Deshalb treffe ich ihn nur beim Essen oder im Garten, wenn wir unter Beaufsichtigung Ausgang haben, denn nur dann dürfen die Villa-Cotta-Bewohner mit den »Geschlossenen« aufeinander treffen - angeblich hat alles seinen psychologischen und pädagogischen und sonstigen Sinn. Wahrscheinlich ist dies - ebenso wie die Gartenpflege durch die Patienten samt den dort grasenden Schafen - der neuesten psychiatrischen Forschung geschuldet. Oder man hat es lediglich dem Lowbrook-Kolleg, einer beliebten örtlichen Privatschule, abgeschaut, wo man statt lauten Rasenmähern diese knöddelfreudigen, lautlosen Schäfchen einsetzt. Mäh-mäh, okay, das hört man manchmal. Aber das erträgt der Mensch, auch wenn er seelisch krank ist.

Nach jenem besagten einmaligen erfolgreichen Ausbruch sind die hier ansässigen Psychologen, Neurologen und Psychiater offenbar zu dem Schluss gekommen, die Insassen dieser staatlichen Klapsmühle bräuchten eine angemessene Beschäftigungstherapie. So kam es, dass sich die Verrückten seit einigen Jahren nicht nur um Schafe als Weidetiere, sondern auch um Hühner, Ziegen und Gemüsebeete kümmern durften. Aber wie das mit Verrückten (und Kindern) halt so ist: Nach einiger Zeit waren die Pfleger und Schwestern nicht nur für die Nervenkranken, sondern auch für die

Tiere und Gemüsebeete zuständig, und man zog sich schließlich mit gewundenen theoretischen Begründungen weitgehend aus dem Projekt zurück. Trotzdem habe ich noch ein kleines Kräuterbeet, zwei Hühner, die Rasenmäher-Schafe und eine Zufallsziege entdeckt. Wahrscheinlich hat die Klinikleitung diesen Restbestand als eine Art Verbeugung vor dem gescheiterten psychosozialen Ansatz gestattet.

Ich bin in einer Anstalt für Geisteskranke, und ich gebe zu, dass ich manchmal verwirrt bin. Es ist schon vorgekommen, dass ich - noch in meinem ursprünglichen Zuhause - von einem Zimmer zum anderen ging, um etwas zu holen, zum Beispiel einen Korkenzieher. Auf dem Weg durch die Wohnzimmertür habe ich vergessen, was ich holen wollte. Dann zwang ich mich widerwillig zum Rückzug an meinen Ausgangsort, bis ich die Rotweinflasche erblickte und mir schamvoll der Korkenzieher wieder einfiel. Das seien untrügliche Anzeichen, hat mir der einweisende Psychiater später erklärt. Ich glaube bis heute nicht, dass er Recht hat. Aber er hatte die Macht, mich einzuweisen.

Ich gebe gerne zu, dass ich manchmal Dinge tue, die mich selbst überraschen. So habe ich in meinen besten Facebookzeiten Videos gedreht, bei denen ich eine Windkraftanlage wie ein Experte kommentierte, obwohl ich weder Meteorologe, noch Ingenieur, geschweige denn Windkraft-Ideologe der einen oder anderen Richtung bin. „Diese Windräder sind wahrscheinlich batteriebetrieben und erzeugen den nötigen Wind, der erforderlich ist, um die gegenüberstehenden Windräder in Schwung zu bringen und in Schwung zu halten." Das sage ich in dem Video voller Selbstbewusstsein. Was mich selbst an dieser meiner Aussage erstaunt, ist die wissenschaftliche Präzision und die mutige Vision, mit der ich bereit bin, meine Kenntnisse in die Welt zu setzen.

Ich habe schon Lesungen vor null Publikum gehalten. Sie glauben gar nicht, wie groß da die Begeisterung war. Das hat mich voll überrascht und zu Wiederholungen ermutigt. Heute, an diesem Tag, bin ich weder verwirrt noch über mich selbst überrascht, heute bin ich bei klarem Verstand - viele halten mich für brillant oder mehr -, und ich bin mit Ende Vierzig noch rüstig und fit wie ein Turnschuh, praktisch noch ein junger Mann.

Ja, ich bin ein junger talentierter Mann mit Muße zur Muse, mit Leidenschaft und Enthusiasmus und jener notwendigen Portion Selbstvertrauen, ohne die man nicht Autor sein, geschweige denn werden kann. Mein entscheidender kleiner Vorteil - im Gegensatz zu einigen männlichen Konkurrenten hier im Gehöft der Klapsmühle - ist meine Attraktivität, gerade im Hinblick auf Schwester Petra, von der ich denke, dass sie fair sein wird, wenn ich sie glücklich mache. Ich bin nicht gutaussehend im landläufigen Sinn, denn mein Haaransatz ist bis zu den Achselhaaren zurückgegangen; meine Nase steht in einem derartigen Winkel von meinem kleinen Apfelkopf ab, dass ich mir als Bergsteiger das Steigeisen sparen könnte; bei einem möglichen Absturz würde ich an jedem Felsvorsprung hängenbleiben.

Ich sage mir, dass ich nur zeitweilig hier bin, und zwar aus demselben Grund wie eine Reihe ähnlich begabter Menschen, die sich hier eingefunden haben: zu viel Intelligenz, zu viel Engagement, zu viel Herzlichkeit – Eigenschaften, die normalen Menschen wie Wahnsinn erscheinen. Natürlich hat zu meiner hiesigen Anwesenheit auch jenes berühmte Facebook-Foto beigetragen, wo ich mich rasierschaumbedeckt auf eine Ganzkörperrasur vorbereite. Dieses Foto hat die Ex-Tierärztin als Beweis eines robusten Wahns beim sozialmedizinischen Dienst, zu dem sie persönliche Beziehungen der unangemessenen Art pflegt, vorgelegt. Da bin ich mir ziemlich sicher. Von ihr möchte ich im Moment nicht reden, weil es mich einfach zu sehr aufregt.

Ich werde aus meiner Zeit hier das Beste machen. Ich werde schreiben, ich werde das tun, wozu mir in meinem Leben außerhalb der Landesnervenklinik Lowbrook aufgrund der zahlreichen Facebook-Verpflichtungen die Zeit fehlte. Es ist nicht so, dass ich denke, ich sei wegen Facebook in der LNL gelandet. Ich weiß nur zu gut, dass es nicht - wie die Ex-Tierärztin manchmal behauptet - für alles einen Grund gibt. Ich glaube, dass die Dinge einfach geschehen. Es liegt bei jedem selbst, einen individuellen Grund dafür zu erfinden. Eine ehemalige Nachbarin, die auch jetzt und hier wieder meine Nachbarin geworden ist - im gegenüber liegenden Frauentrakt - hat ihre Migräne regelmäßig auf den neu errichteten D2-Sendemast geschoben, obwohl Doktor Kakadu sie mehrfach darauf aufmerksam machte, ihre Migräneanfälle hätten schon Jahre vorher eingesetzt. Eine Nachbarin dieser Nachbarin wiederum hat ihre Migräne auf ihre periodisch einsetzende Periode zurückgeführt, was auch nicht ganz so unlogisch klingt.

Nun ja, es ist der Morgen des Tages, der alles grundlegend verändern wird, doch das können die Männer und Frauen der LNL noch nicht wissen, auch wenn einer von ihnen später behaupten wird, er habe eine Vorahnung gehabt. Nachher kann man immer eine Vorahnung haben, oder wie sehen Sie das?

Im Vornehmen-Viertel unseres Männertraktes (also im abgegrenzten Bereich, den ich als »Geschlossener« nicht betreten darf) sitzt Professor Winfried Tiefenbach, genannt Winni, an seinem Eichenschreibtisch und sinniert über orthopädische Phänomene. Dieser Teil der LNL gilt als luxuriöse Irrenvilla, sanftmütiger Weise auch *Villa Cotta* genannt. Hier sind sieben Zimmer im hochherrschaftlichen Stil und in unübersehbarer Üppigkeit ausgestattet, vorgesehen für ausgewählte Verrückte, die zumindest im Rahmen des akademischen Ranges ihrer Bewohner eine gewisse irre Erhabenheit ausstrahlen. Sie haben einen direkten Blick auf das gräfliche Schloss, so dass es nicht wunderlich schien, als eines Tages ein emeritierter Geschichtsprofessor, der unter anderem an die Wiedergeburt von Kaiser Barbarossa glaubte, sich als Graf zu Lowbrook-Lippe ausgab und behauptete, diverse Opern-Arien geschrieben zu haben.

Professor Tiefenbach hingegen, der gestandene Orthopäde, ist äußerst praxisorientiert. Er kann Geräusche, die von den verschiedenen

Gelenken verursacht werden, wahrnehmen und anhand der Frequenzen eine Diagnose treffen. Er hatte bis zum Ende des vergangenen Jahrtausends den Lehrstuhl für experimentelle Orthopädie an der Justus-Liebig-Universität zu Gießen inne und betrieb nebenbei ein privates orthopädisches Zentrum, das sich durch Abwesenheit von erkennbaren Organisationsstrukturen einen überregionalen Namen machte. Winni, wie ihn nur seine engsten Kollegen und Freunde nennen durften, war die unumstrittene Nummer Eins der mittelhessischen Orthopäden, bis seine Schizophrenie solche Formen annahm, dass seine Kollegen und wissenschaftlichen Mitarbeiter zu dem Schluss kamen, Tiefenbachs Arbeit habe den Bereich des Visionären verlassen und sei in den des Wahnsinns eingetreten.

Als Winni eines Tages geheimnisvoll andeutete, er habe bislang unhörbare Gelenkgeräusche entdeckt, reagierten seine akademischen Kollegen zunächst mit einer Mischung aus professoraler Neugier, Skepsis, Neid und väterlicher Bekümmertheit. Dann wurde jedoch deutlich, dass die Geräusche aus Lauten bestanden, die allein Tiefenbach hörte. So ließ man ihn ins LNL einweisen, wo er sich nunmehr in der Privatabteilung jener mysteriösen *Villa Cotta* seit einainhalb Jahrzehnten befindet. Winni, der in der natürlichen Abgeschiedenheit Lowbrooks zu Hause ist (nur eine halbe Autostunde von seinen früheren Arbeitsorten entfernt) und der vor längerer Zeit seine Familie durch Auswanderung verloren hat, ist mit seiner gegenwärtigen Lage jedoch total zufrieden und empfindet sie keineswegs als unangemessen. Hier nämlich verwirklicht sich endlich sein sehnlichster Wunsch nach ungestörter Forschung. Den idiotischen Anforderungen, die Studenten, Patienten, liederliche Lehrpläne, widerliche Dekane und unnötige Wissenschaftskonferenzen an ihn stellen, ist er nun nicht mehr ausgeliefert. Das alles liegt weit entrückt in einer anderen Dimension dieses einzigartigen Universums, und Professor Tiefenbach hat nicht die Absicht, diese Einstein'sche Dimension jemals wieder freiwillig aufzusuchen, auch nicht mit einer Zeitmaschine, die ihn garantiert zurück bringen könnte.

In der Villa Cotta geht seine Forschung zügig voran. Fast alles macht inzwischen ein Geräusch, nicht nur die knirschenden Gelenke von Mensch und Tier. Auch die Pflanzenwelt scheint mit Gelenken ausgerüstet zu sein, denn sein Zimmerhibiskus macht bei jeder lästigen Bewegung, die das offen stehende Fenster und der so angelockte Wind verursachen, Gelenkgeräusche. Und jedes Geräusch besteht aus einer Vielzahl von Untergeräuschen, bis hin zu dem Kreischen der in den Strudeln der Lebensadern umher wirbelnden roten und weißen Blutkörperchen und der in den Hibiskus einschießenden Pflanzensäfte.

Tiefenbach versucht, die Geräusche zu unterscheiden und die überbordenden Geräusche auszusortieren. Die Gelenkgeräusche der weidenden Schafe vor seiner Unterkunft blendet er einfach aus. Kein Mensch außer ihm ahnt, wie schwierig dieses Unterfangen ist. Welch ein wissenschaftlicher und emotionaler Kraftaufwand! Welch ein erhabenes Forschungsunterfangen! Er hat sich an das an- und abschwellende Gemurmel und Gequietsche gewöhnt, so wie sich die Männer aus meiner geschlossenen Abteilung an den Fernseher gewöhnt haben, der im Gemeinschaftsraum ununterbrochen vor sich hinplappert. Heute jedoch vernimmt Winni ein ganz besonderes Geräusch. Es kommt aus Nordost, und obgleich er es nicht wissen kann, kommt dieses Geräusch unaufhaltsam und wellenförmig näher. Winni muss plötzlich an einen Tag aus längst vergangenen Tagen mit seiner Familie denken - an einen stürmischen Tag an der Ostsee.

Kapitel 3

Der Frühstücksgong ertönt, es ist jetzt halb acht, in einer halben Stunde habe ich meine morgendliche Therapiestunde. Ich verstecke mein Manuskript unter der Matratze und betrete den Flur, auf dem mir bereits Kundus-Veteran Jan Tolpert mit Höchstgeschwindigkeit entgegenrollt. „Auf zum Gefecht", brüllt er, und ich bin mir sicher, dass er wegen akuter Selbstmordgefahr hier ist. Vielleicht muss man ihm auch einen Mord zutrauen, zumal wenn man bedenkt, was dieser Mensch in all seinen Albträumen durchmacht. Wen immer er eines schönen Tages für diese Albträume verantwortlich machen wird, ist in Lebensgefahr, da bin ich mir sicher. Die andere Frage ist, ob seine fehlenden Gliedmaßen eine solche Aktion zulassen; schließlich ist er in diesem unwiderruflich ramponierten Zustand nicht einmal in der Lage, entspannt zu onanieren.

Ein weiterer hindernder Tatbestand wird sein Psychologe sein. In jeder Sitzung wird man Jan Tolpert - übrigens ebenso wie mir - unsere Hilflosigkeit und unser Ausgeliefertsein vor Augen führen. Ziel der hier angesiedelten Psychologen scheint es zu sein, unseren Willen dadurch aufzubauen, dass sie ihn erst einmal brechen. Und das machen sie sehr geschickt.

Aber auch hieran möchte ich in diesem Moment nicht weiter denken, wo ich mich auf das Frühstück freue.

„Ist Ihre Verdauung bereit, diese Pampe zu empfangen?"
Die Stimme gehört zu Lowbrooks berühmtem Dichter Felix Klipstone, von dem man hier munkelt, eigentlich habe seine Frau die Texte geschrieben, während er sich den ganzen Tag über lediglich mit dem Bekritzeln von Leinwänden beschäftigte. Die wirkliche geistige Arbeit habe Walpurga geleistet; aber sie ist vor etlichen Jahren vom Pferd des gräflichen Gestüts gestürzt und hatte keinen Reiterhelm auf. Es trat ein, wovor die Reithelm-Industrie stets warnt. Der Tod kam schnell und schmerzlos, Genickbruch. Seitdem ist Felix am Sinnieren.

Früher fand ich Begegnungen mit berühmten Personen jedes Mal enttäuschend: Boris Becker bei der Tennisveranstaltung einer nach Afghanistan abreisenden Truppeneinheit, zu der ich als Journalist geladen war. Er war so plump und unbeholfen, und aus der Nähe sah man, wie unzufrieden und gelangweilt seine Schweinsäuglein durch die Gegend blinzelten. Oder Madonna, die im selben Flugzeug nach LA saß wie ich, und die mir sexuell eher suspekt als attraktiv erschien, eher wie eine einst vergewaltigte Frau, die versucht, sich aus der damaligen Hilflosigkeit durch schauspielerische Coolness zu befreien. Oder Will Smith, der neben mir in der Toilette des New Yorker Wendy urinierte. Es war unmöglich, das, was mich - abstrakt und aus der Distanz der öffentlichen Berichterstattung - an diesem Supermann fasziniert hatte, mit dem Menschen in Einklang zu bringen, der neben mir stand.

Bei Klipstone hingegen trat eher das Gegenteil von dem ein, was ich bei meinen früheren Begegnungen mit weltlichem Ruhm erlebt habe: Er ist als Person noch großartiger als in seinen großartigen Gedichten, selbst wenn man unterstellt, sie seien nicht von ihm, sondern von seiner Gattin. Sein Gesicht ist wettergegerbt - wahrscheinlich von den vielen Reisen, die er in jungen Jahren mit seiner Frau unternommen hat. Einmal ist er mit ihr per Kutsche, einem Zweispanner, von Lowbrook nach Italien gereist - nur um Goethe nachzueifern. Er wirkt auf mich wie eine Mischung aus Neuzeit und Altem Testament. Als hätte irgendein neumodischer Thermomix sein Leben in ein außerordentliches Rezept verwandelt. Selbst in Klipstones offensichtlicher Verrücktheit ist keine Silbe, keine Mimik und Gestik unbestimmt; alles an ihm erscheint von einem überirdischen Glanz und einem einmaligen Genius geleitet. Auch wenn der gute alte Felix meint, er sei Goethe, Voltaire oder Mascarpone (er hält Mascarpone wirklich für einen großen italienischen Gelehrten), kann es einem so vorkommen, als gehörte eben diese Vorstellung zu seinem dichterischen Werk. Als sei er selbst sein eigenes Werk. Als sprenge die Dichtung die Wirklichkeit und manifestiere sich in seiner Person.

Sogar jetzt, auf dem Weg zum Frühstück, komme ich mir bei der Begegnung mit dieser Lokalgröße wieder vor wie ein kleines Schuljüngelchen. Und ich stelle zu meiner Beschämung fest, dass mir auf Klipstones Frage einfach die Worte fehlen. Klipstone wartet meine Antwort nicht ab. Er schreitet voran in den Speisesaal, der so trist und laut wie eine Bahnhofsvorhalle ist. Er biegt dort ab, wo es zur Tischgruppe der privilegierten Villenbesitzer geht. Ich biege ab zur Gruppe der Geschlossenen, die an zwei lang gestreckten Tischen mit jeweils einem Bewacher am Kopfende Platz genommen haben.

Hier sitzen wahnsinnige Mörder, schizophrene Frauen- und Kinderschänder friedlich zusammen mit Patienten der Kategorie versuchter Suizid, versuchte Entführungen und versuchte Sprengstoffverbrechen. Heinz ist mein Lieblingsmörder. Seine Geschichte besteht aus einer Vielzahl von Romanen, die ich allesamt zu Papier zu bringen gedenke. Aber manchmal schauert's mich, wenn ich daran denke, dass diese Geschichten zum realen Leben dieses jetzt harmlos frühstückenden Menschen gehören. Neben ihm ist mein Platz. Und dann wird, auf die noch freie Seite, Jan Tolpert neben mich geschoben, von dem gesagt wird, er habe in Kundus die Raketen auf den Tank abgeschossen und seine Gliedmaßen verloren, als er den Irrtum bemerkte und die Zivilisten retten wollte. Einige behaupten, Jan habe sich selbst verstümmelt.

Ich sehe mich um und sehe wie jeden Morgen die gleiche Bühne mit den gleichen Darstellern - Zurechtweisung fürchtende, medikamentös ruhig gestellte Frauen und Männer, die gefügig Platz nehmen, um schon nach einiger Zeit aufgerufen zu werden und zur Essenausgabe zu gehen, wo sie ihre Pampe, wie Klipstone das Frühstück nennt, in Empfang nehmen.

Jedes Mal gibt es einige, die aus der Reihe tanzen. Sie bewerfen mit der Pampe ihre Bewacher, die sich allerdings als Betreuer ausgeben, oder sie beschmieren sich gegenseitig damit. Einige schreien, einige summen eine unbekannte Melodie, viele stieren vor sich hin. Diese Uneinsichtigen sehen, wie jeder weiß, einen ganzen langen Tag und einer anstrengenden albtraumhaften Nacht lang der geschlossenen Abteilung entgegen, untergebracht in dem gedrungenen Betontrakt aus der alten Jugendherbergszeit, der die geheimnisvolle Flugsportzentrumszeit auf dem Fuß folgte. Ich habe den Eindruck, gerade jetzt beim Frühstück, dass es der Landesnervenklinik Lowbrook gelingt, Menschen in Nummern zu verwandeln. Aber wahrscheinlich ist das typisch für jede Klapsmühle und kein Spezifikum für eine Region oder ein bestimmtes Irrenhaus. Manchmal denke ich, ich sei verrückt, wie all die anderen hier. Dann kommt mir der Verdacht, ich sei schizophren und spiele hier einerseits den Gesunden und an anderen Tagen den Kranken. Manchmal ist es wirklich zum Verzweifeln.

Neben mir starrt der Kriegsveteran auf seine Pampe, bei der es sich - wie bei meiner - wahrscheinlich um Müsli handelt, obwohl seine Pampe eine etwas gelblichere Farbe hat. Er schaut verständnislos auf den Suppenteller, als wäre es ein unleserlicher Brief von der Front in arabischer Schrift. Dann schaut er sich im Speisesaal um, als wolle er dessen Sinn und Zweck erkunden, und nachdem er eine Weile die Nase gerümpft und in die Luft geschnuppert hat, fasst er sich mit dem verbliebenen

Arm an den Kopf und beginnt hemmungslos zu weinen. Plötzlich ertönt ringsherum ein in sein Heulen einstimmendes Konzert von Weinen und Schreien, von Fluchen und Jammern. Schnell versuche ich, Jan zum Lachen zu bringen.

„Diese Pampe hätten wir in Kundus zu Granaten verarbeitet und den Taliban in den Arsch geschossen!" sage ich.

Tolpert sieht mich mit einem Blick an, aus dem nicht gerade geistige Gesundheit spricht. Etwas scheint in seinem Hals zu stecken, ein Laut, ein unaussprechlicher Gedanke, vielleicht ein unterbliebener Schrei - aber das erfährt niemand. Der einzige, der lacht, ist der bullige Pfleger am Ende des Tisches. Er heißt Christian, aber ich kann mir beim besten Willen nicht vorstellen, dass er so christlich erzogen wurde wie es sein Name verspricht, dazu hat er hier schon zu viele kleine Alltagsverbrechen auf dem Gewissen. Aber dasselbe Problem haben die da draußen auch mit ihrer christlichen Partei, die wir hier drinnen nie wählen würden, weil wir nicht wahlberechtigt sind.

Mein Lieblingsmörder Heinz ist ein zarter Mann, was seine Gestalt anbelangt. Ich habe ihn einmal gefragt, wie alt er sei, und er hat

„Ja" gesagt. Ich schätze ihn auf Ende Dreißig. Er sieht nicht wie ein Mörder aus, der seine vierköpfige Familie ausgerottet hat; er sieht eher ein bisschen wie der einunddreißig Millionen schwere Limburger Bischof Tebartz-van Eltz aus, irgendwie komisch, nur dass ihm nicht das Schlitzohrige direkt aus den Ohren beziehungsweise aus den Augen springt. Und dass man Heinz, dem niedlichen, aber unberechenbar nervenkranken Familienmörder niemals Millionengelder anvertrauen würde - obwohl ich hier und heute der festen Überzeugung bin, dass Heinz das Geld niemals vergeuden würde. Jetzt steht er auf und brüllt meinen Satz nach: „Diese Pampe hätten wir in Kundus zu Granaten verarbeitet und den Taliban in den Arsch geschossen!"

Er schaut mich stolz von der Seite an, und ich nicke besänftigend. Ich höre erste Geräusche hinter mir. Ich ahne etwas, denn Heinz ist eine Art Respektsperson, ein Vorbild im Kreise der hier Versammelten.

Dann höre ich am Tisch hinter uns einen der Schließer energisch reden, ich verstehe wegen des Lärms nicht den Sinn seiner Schimpfkanonade. Aber als ich mich umdrehe, sehe ich den Grund. Zwei Psycho-Mannschaften haben sich diesseits und jenseits des langen Tisches gebildet, und die psychisch Kranken ergreifen die Gelegenheit, die ihnen Heinz stichwortartig geliefert hat, und basteln aus der Pampe kleine schmierige Wurfgeschosse, die sie auf Reise schicken. Der weiße Kittel des beaufsichtigenden Schließers sieht aus wie ein einzigartiges Kunstwerk aus Müslipampe und daran festklebenden bunten Obststücken aus der Dose.

Das Frühstück wird abgeräumt, die freundlichstrengen Schwestern und Pfleger an den Tischen geben Medikamente aus und schauen uns in die Münder wie man Gäulen auf dem Pferdemarkt ins Maul schaut. Wie gesagt, ich habe mir geschworen, die Einnahme möglichst zu vermeiden. Aber in Anbetracht der stämmigen Aufpasser überdenke ich meine Verweigerungsstrategie und rufe mir in Erinnerung, dass meine einzige Hoffnung auf Freiheit darin liegt, mir den Anschein von Einsichtigkeit zu geben.

Christian, mein persönlicher Aufpasser, wendet sich mir zu. Er steht plötzlich nur hundert Zentimeter vor meinem Gesicht und zeigt mit dem Finger auf meinen Mund, den ich willenlos öffne. Gekonnt wie ein Zirkusclown, der die Kids belustigen will, schnippt er mir die Pille in den Rachen, und allein schon wegen des sofort eintretenden Würgereizes hätte der Schluckreflex den Rest besorgt, wäre nicht gerade in diesem Moment Jan Tolpert mit seinem Rollstuhl herangeschossen. Als erstes wirft er Christian zu Boden, und im gleichen Moment streift er mich und wirft mich auf den Bauch, so dass die Pille aus meinem Rachen genauso herausspringt wie sie hineingesprungen kam. Christian rappelt sich auf und will den einarmigen Jan zusammenscheißen. Aber Jan hängt bereits wie ein Häuflein Elend in seinem fahrbaren Stuhl und heult und fleht um Verzeihung. Wieder einmal liegen seine kriegsversehrten Nerven blank und wieder einmal ist der Gaul mit ihm durchgegangen. Schwester Petra beugt sich zu ihm hinunter und tröstet ihn.

Ich hebe die Pille unauffällig auf und verstaue sie - heimlich triumphierend - in meiner Hosentasche.

Die anderen Patienten haben weniger Glück. Sie haben schon lange kapituliert und schlucken bereitwillig. Bei ihnen setzt die Wirkung, wie es scheint, sofort ein. Auch Jan Tolpert spürt mit einem Mal wie seine Kraft nachlässt und er in beruhigender Dumpfheit versinkt. Petra schiebt ihn zurück in sein Zimmer. Ich biege vorher in meine Zelle ab und genieße den Wachzustand, den ich allerdings für die nächste Stunde übertünchen muss, denn jetzt schlägt meine Therapiestunde bei Dr. Wagner. Er kennt mich nur im Halbdämmerzustand, aber es wird mir ein Leichtes sein, dies zu simulieren. Voller Reue gedenke ich meines Facebook-Fotos, auf dem ich mich selbst als Psychotherapeut ausgebe. Vielleicht bin ich genau deshalb hier und nicht wegen meines Rasierschaum-Fotos. Ich konzentriere mich nun auf Wagner, den echten Psychologen und promovierten Psychiater.

Doch, Überraschung, diesmal erwartet mich nicht mein bisheriger Therapeut.

„Ich bin ab heute ihr neuer Vertrauensarzt", sagt der Mann im weißen Kittel, der wohl Mitte Vierzig ist, hellblaue, stechende Augen hat und dessen Gesichtszüge Entschlossenheit und eine Menge Schlitzohrigkeit versprechen. „Ich bin der festen Überzeugung, Herr Koenig, dass wir beide unserem Ziel in absehbarer Zeit näher kommen, gemeinsam näher kommen."

Ich weiß weder, was er mit „unserem Ziel" noch unter „gemeinsam" versteht und schweige, als stünde ich unter einer gehörigen Dosis Beruhigungspillen. Ich nicke ihm einfach zu und schweige weiter. Ich simuliere geistigen Dämmerzustand und verhindere mit großer

Anstrengung, dass mein Mund Fragen formuliert. Der Neue schaut mich forschend an. „Was ist Ihr heutiges Tagesthema?" fragt er endlich.

Meine Gedanken befinden sich auf Reise wie bei Gulliver oder wegen mir wie bei Karl May. Aber diesmal nicht, weil die Medikamente es wollen, sondern weil ich es will. Ich bin voll bei Sinnen und erinnere mich unvermittelt an die Schulzeit. An die Schreckschraube, die man als Pädagogin auf heranwachsende junge Menschen losgelassen hatte. Wegen ihr sind wahrscheinlich einige Psychologen seit Jahren am Verzweifeln. Nicht jeder Schaden, den neurotische Lehrkräfte bei Jugendlichen anrichten, können Psychoexperten ausbügeln, was bei denselben wiederum zu Versagenswahn und somit zur erhöhten Selbstmordrate in der Zunft der Psychologen und Psychiater beiträgt. Die Natur ist ein Kreislauf.

Ich murmele etwas und hoffe, der Neue hat es nicht verstanden und fragt nicht nach, so dass die Zeit - bei anhaltendem Schweigen oder abnehmendem Unterhaltungsstoff - schneller verstreicht. Aber Dr. Dresdener, so heißt mein neuer Therapeut, wiederholt genau das, was ich gerade vor mich hingemurmelt habe.
„Sie sagen: Ein Nein ist ein Nein, auch wenn ich Ja sage", sagt Dr. Dresdener.

Der Doktor hat sich vorgestellt als Psychiater, Neurologe, Psychologe und Soziologe in einer Person, und obwohl ich ihn erst fünf Minuten kenne, werde ich den Verdacht nicht los, dass er keines von allem ist. Ich weiß nicht warum, aber er macht auf mich den Eindruck eines schlichten, jedoch äußerst erfolgreichen Hochstaplers. Vielleicht liegt es daran, dass ich als Schriftsteller mit überirdischer Sensibilität ausgestattet bin. Vielleicht spinne ich aber nur und wurde zu Recht hier eingeliefert. Der Doktor legt seinen Kittel ab und schaut mich an, als müsste ich nun leutseliger werden. Er trägt ein Tweed-Jackett mit beigem Ärmelflicken in Herzform, kindisch.

„Kann sein", sage ich.
„Nein, das kann nicht sein, das ist so!" sagt Dresdener. „Sie haben das gesagt. Und ich habe es genau gehört!"
„Es ist bloß, was Klipstone gesagt hat." Ich habe keine Lust, jetzt mit diesem Neuen irgendwelche pädagogischen Grundsatzprobleme zu erörtern und lenke ab auf den Lokaldichter. Vielleicht hat Dresdener ihn schon kennen gelernt. Würde mich interessieren, was er von ihm hält.

Aber Dresdener lässt nicht locker. „Nun, ich kenne Ihre Krankenakte, und ich glaube, Ihre

Besserungschancen wachsen mit Ihrer Einsichtsfähigkeit. Sie haben das doch eben gesagt, oder?"

Wenn ich mir vor Augen führe, dass diese mich therapieren wollende Gestalt vielleicht tatsächlich ein lächerlicher Hochstapler ist, muss ich laut lachen. Doch dann muss ich daran denken, dass die scheinbar absurde Person vor mir in Wirklichkeit der wichtigste Mann ist, der über mein zukünftiges Leben zu bestimmen hat. Ich unterdrücke jeglichen Anflug von Lächeln oder gar Lachen.

„Was soll ich gesagt haben?"
„Ein Nein ist ein Nein, auch wenn ich Ja sage, haben Sie gesagt."
„Das hat Herr Klipstone gesagt", knirsche ich müde zwischen meinen Zähnen hervor und tue so, als müsste ich gähnen.
„Und was bedeutet es Ihnen?"
„Ich weiß nicht, warum es mir gerade eingefallen ist. Es hat nichts zu bedeuten."
„Nein? Nichts zu bedeuten?"
„Nein, ich versuche nur die Zeit tot zu schlagen, genau wie Sie."
„Das Nein, bezieht es sich auf Ihr Hier und Jetzt?"
„Nein", antworte ich.

„Also doch eher Ja. Sie glauben, dass Sie sich hier eher wie ein Nein fühlen?" Er räuspert sich. „Also eher wie ein Nichts im Nein?"
„Ja", sage ich und muss mir das erste Mal eingestehen, den Überblick über die ablaufende Logik verloren zu haben. Und das ganz ohne Pillen. Vielleicht bin ich wirklich balla-balla.

Dr. Dresdener ist hier an der LNL nicht nur Therapeut, nein, er ist, was ich jetzt noch nicht weiß, ab heute um Mitternacht der neue Leiter dieser Landesnervenklinik und nervt, wie ich später aus zweiter Hand erfahren werde, seine Mitarbeiter, indem er selbst im Klinikbetrieb äußerst aktiv mitmischt. Ich werde ihn (Stunden später) einmal reden hören, wenn er Schwester Petra sein Leitungskonzept in nur einem Satz erläutert: „Man muss selbst tun, was seine Mitarbeiter tun, dann kann dir niemand einen Bären aufbinden." Ich glaube, er meint damit, er könne die Gehalts- oder Freizeitforderungen seiner Angestellten besser abschmettern, wenn er darauf hinweisen könne, wie man »mit links« noch dies und das - neben all der wichtigen Geschäftsführung - übernehmen könne, zum Beispiel Therapeut spielen. Die Landesnervenklinik untersteht dem Sozialministerium. Das wiederum hat über die Berufung der Leitungsebene zu befinden. Nur über das Ministerium kann man wirkliche Karriere machen, und jetzt verstehen Sie, liebe Leser, weshalb Dr. Dresdener am wirtschaftlichen Erfolg, also an der Ausbeutung seiner Mitarbeiter, interessiert ist.

Im Moment jedoch nehme ich Dresdeners Ball auf und spiele mit ihm Ping Pong. Noch weiß ich nicht exakt, was es mit ihm auf sich hat, aber instinktiv spüre ich, dass dieser Mann ein ebenbürtiger Gegner für mich werden kann. Mein Gefühl bewegt sich zwischen Resignation und mutiger Hoffnung. Unvermittelt fragt er mich, warum ich mich im Krieg mit der LNL befinde.

Ich zucke die Schultern. „Krieg?" Früher hätte ich zurück gefaucht und bissige Bemerkungen gemacht. Unter Drogen hätte ich arrogant und milde gelächelt. Aber heute weine ich, weil ich gerade bewusst an Jan Tolpert denke und weil ich hoffe, mit meiner Heulattacke das verborgene Herz dieses eiskalten Therapeuten testen zu können.
Dr. Dresdener reicht mir ein Papiertaschentuch. „Fühlt es sich so an?"
„Fühlt sich was wie an?" schluchze ich.
„Glauben Sie, dass wir Ihnen Böses wollen?"
Wenn ich die Wahrheit sage, wird es mich kein bisschen der Entlassung näher bringen. Im Gegenteil. Ich wische mir die Tränen aus den

Augen, bedanke mich für das Taschentuch und sage: „Das hier ist mein Zuhause. Ich kann mir kein besseres vorstellen.“

Meine Sitzung plätschert mit den üblichen Plattitüden dahin und geht in einem Zustand beidseitiger, gleichberechtigter Erlahmung zu Ende. Noch herrscht eine Pattsituation. Ich bin hellwach, aber er denkt, ich sei übermüdet. Meine Sinne sind geschärft, aber er hat die Macht. Ich bin der Patient, er ist der Arzt. Es sind noch etwas mehr als zehn Stunden, bis eine Naturgewalt eine rasante Wende in mein Leben bringen wird. Davon weiß ich an diesem Morgen noch nichts. Für Dr. Dresdener bringt die Naturgewalt einen Karrieresprung ohne offizielle Ernennung; aber auch er weiß noch nicht, was sich oben an der Ostsee zusammen-braut. Allein Professor Tiefenbach, der ge-räuschempfindliche Orthopäde mit dem Talent zur Auswahl desorganisierter Mitarbeiter in seinem ehemaligen Gießener Orthopädiezent-rum, hört in seinem komfortablen Irrenzim-mer die Ostseefische atmen. Und sie atmen schwer und keuchen.

„Lassen wir es für heute gut sein“, sagt Dres-dener in einem Anfall von Güte, wobei er un-verhohlen gähnt. „Sie sollten vor allem ausru-hen. Ich verschreibe Ihnen zwei warme Bäder

für diese Woche und zwei Stunden Tagesbett-
ruhe. Sie werden bald wieder der Alte sein. Ich
bin mir ganz sicher."
„Ausruhen", wiederhole ich. „Bettruhe, ja."
Halbtorkelnd stehe ich auf und reiche ihm die
Hand. Ich sehe in seinen Augen, dass mein Auftritt überzeugend war und unterdrücke meinen Triumph.

Wie oft habe ich diese Art Triumph verspürt,
wenn ich in der Sprechstunde bei meinem
Hausarzt, Dr. Kakadu, saß und mir eine Ausre-
de überlegte, um weiter krankgeschrieben zu
werden. Natürlich brauchte ich niemals eine
Krankschreibung, weil ich als Schriftsteller
und Künstler – ja, ich male gerne, wenn auch
nur elektronisch und mit Malprogrammen –
mein eigener Chef bin. Aber ich habe mir hin
und wieder den Spaß erlaubt und mir meine
eigene Krankschreibung per Post zugeschickt.
Mein Triumph galt Dr. Kakadu, der so ungerne
krankschreibt und den ich stets mit meinen
erfundenen und tierisch interessanten Krankheiten übertölpelte. Ich glaube, erst durch
mich hat er, der ansonsten brillante Landarzt,
so manche echte Krankheit, die es zuvor nie
gab, kennen gelernt. Irgendwann werde ich ein
Lehrbuch zu den von mir kreierten Krankheiten publizieren. BoD macht es möglich.

Kapitel 4

Professor Tiefenbach hat nicht immer die Gelenke gehört und ihre Sprache verstanden, die er nun im Zimmer der Villa Cotta aufschreibt, um daraus eine Grammatik zu entwickeln. Bevor seine Frau und seine einzige Tochter ihn für immer verließen, hat er vielleicht manchmal den Kopf gewendet, weil er glaubte, ein leises Knacken von Gelenken gehört zu haben, bis man ihn fragte, wonach er sich denn umschaue. Oder er hat immer wieder mal den Kopf nach unten gebeugt, in einer Art Lauschhaltung. Aber er konnte doch nicht zugeben, dass aus Kniehöhe unter dem Tisch, an dem sie gerade Abendbrot aßen, die Gelenke zu ihm sprachen. Sie hätten ihn für verrückt erklärt.

Kaum hatte ihm seine Gattin, die inzwischen mit einem amerikanischen Radiologen in Florida lebte, und seine fünfundzwanzigjährige Tochter mitgeteilt, dass sie auswanderten, spielten sich die Geräusche zu einer Art Ersatzfamilie auf. Als ihm in seiner Gießener Praxis die Organisationsprobleme und an der Universität die Sprechstunden für die Studierenden über den Kopf wuchsen, übernahmen die umherlaufenden Gelenke das Ruder seines Arbeitslebens und diktierten ihm täglich die Di-

agnosen und Therapieansätze in seinen altmodischen Philips-Aufnahmerecorder.

Die Armgelenke meldeten sich mit einem typi-
schen *Schnepp-schnepp.* Das Fußgelenk seiner
zuverlässigsten Sprechstundenhilfe (wenn
man in diesem Szenario von »zuverlässig« reden konnte), zischte jedes Mal, wenn er ihr
Fußkettchen bewunderte und ihr Rock etwas
zu hoch rutschte, *fffffiiiffffii.* Winni machte sich
keine Gedanken, jedenfalls nicht um sein Gehör oder um seine geistige Gesundheit. Was
immer diese Gelenkgeräusche bedeuteten
(woher sie kamen, war ihm bewusst), warum
immer er sie nie zuvor in seinem langen Be-
rufsleben als Orthopäde wahrgenommen hatte
- jetzt überbrückten sie zumindest zeitweise
die große Kluft, die sich mit dem Ende seiner
kleinen Familie unvermittelt zwischen ihm
und der großen weiten Welt aufgetan hatte.

Jedes einzelne Fingergelenk sprach mit einem
kecken *Schakko-schakko* zu ihm. Die Hüftge-
lenke vorübereilender Passanten riefen ihm
Hor-hor-hor zu. *Blild-blild,* sagte das Handge-
lenk des Zeitungsverkäufers.

Die Welt der Gelenke hatte ihr eigenes Gespräch mit ihm begonnen; immer mehr Unter-
gelenke bis in die Welt der Knorpel und Knie-

scheiben enthüllten ihre Geräusche und sprachen zu ihm in ihrer eigenen Sprache. Das war die Zeit der großen Trauer; damals verstand er noch nicht den einzelnen Wortlaut oder gar den Sinn der Geräusche. Er war einfach glücklich, etwas zu hören, glücklich, einen Ersatz gefunden zu haben, glücklich, ein Geräusch seinen Partner nennen zu dürfen. Die Einsamkeit der Stille hätte ihn wahnsinnig gemacht.

Wie das Schicksal es wollte, verlor Tiefenbach in der folgenden Zeit außer seiner Familie die meisten seiner Studenten. Seine Seminare blieben fast leer. Und er verlor eine Menge seiner treuesten Zentrums-Patienten mit den verschlissensten Gelenken, nur weil seine Sprechstundenhelferinnen weder Sinn für Organisation und Zeitmanagement besaßen, noch einen elektronischen oder sonstigen Terminkalender als nötig erachteten. Die Mädels tranken Kaffee und plauderten über dies und das und ließen die Telefone klingeln. Doch je mehr Professor Tiefenbach verlor, desto mehr Geräusche gewann er hinzu, desto größer wurde das Reservoir aus knarrenden Worten, stimmreichen Vokalen, kurzum: an einmaligen Geräuschen, wie sie nur Gelenke zu machen imstande sind. Nie hätte er dieses einmalige Forschungsfeld für sich entdeckt, wäre er in den geordneten langweiligen Beziehungen menschlicher Kommunikation verblieben.

Winni, der einst hochangesehene Professor, konzentriert sich an diesem Vormittag, drei Stunden vor dem Mittagessen in der LNL, auf die spezifischen Gelenkgeräusche, die von seinen Topfpflanzen ausgehen, und versucht, die merkwürdigen, völlig unbekannten Geräusche, die aus Nordost kommen, zu überhören. Sie sind eindringlich. Sie sind aufdringlich. Sie klingen wie ein Singsang, wie das Wolfsgeheul eines jungen Rudels. *Hui-hui-hui* jault der Tornado.

Da ist Gustl Mollath. Ich stehe an meinem vergitterten Fenster und sehe ihn kommen. Er kommt nicht freiwillig, er wird gebracht. Ich erkenne ihn an seinem runden Kopf, den etwas zusammengekniffenen Augen mit den dunklen, klar abgegrenzten Augenbrauen und dem graumelierten Schnorres, wie ihn Yilderim trägt, ein älterer Türke aus unserem Städtchen. Ich habe von Mollath erst vor einigen Tagen in einer alten Zeitung gelesen, mit der man meine Turnschuhe ausgestopft hatte, damit sie schneller trocknen. Die Zeitung datierte vom 14. Juni 2005; einige Teile waren unleserlich, obwohl ich das Papier mit aller Vorsicht entknittert habe. Man darf sich hier mit so etwas nicht erwischen lassen, das verlängert (nach Meinung der Anstalts-Ältesten) den Aufenthalt im LNL pro Zeitung um einen Monat. Einmal informieren = einmonatige Therapieverlängerung, ein schlechtes Geschäft.

Ich weiß nicht viel von dem Neuankömmling, nur so viel: Seine Frau hat auf eigene Rechnung wie auf Rechnung der Bayrischen HypoVereinsbank Gelder von schwerreichen Kunden in die Schweiz verschoben. Gustl, ein gestandener Friedensaktivist und alter Moralist, hat ihr ins Gewissen geredet. Aber das hat seine Frau nicht gestört. Sie verdiente von Transfer zu Transfer immer mehr, so dass sie schließlich eher das Geld als ihren Mann liebte. Nachdem sie seine Warnungen in den Wind schlug, hat Mollath sie bei ihrem Bankchef verpetzt, worauf sie ihm eine Anzeige verpasste, weil er sie angeblich gegen ihren Willen in ihrer Wohnung festgehalten und misshandelt habe. Sie kündigte ihm die Ehe. Er erhob Schwarzgeldvorwürfe und erstattete ebenfalls Anzeige.

Sie legte beim Staatsanwalt ein gefaktes ärztliches Attest zu ihren Verletzungen aus dem Vorjahr vor. Außerdem präsentierte sie die Bescheinigung einer Psychiaterin am Bezirkskrankenhaus Erlangen. Daraus geht hervor, dass Gustl Mollath mit großer Wahrscheinlichkeit an einer ernstzunehmenden psychiatrischen Krankheit leide und deswegen gefährlich sei. Die Ärztin, die dies schrieb, hatte ihn nie gesehen, geschweige denn untersucht. Aber Frau Mollath war mit ihr eine kleine lukrative Geschäftsbeziehung eingegangen. Soweit also meine Informationen aus der Schuhstopfzeitung. Und nun sehe ich ihn kommen.

Zwei Männer helfen ihm aus dem mit Blaulicht ausgestatteten Wagen, auf dem das LNL-Emblem, eine Flugente, zu sehen ist. Seine Hände hält er unnatürlich nach vorne, als wolle er seine Genitalien verdecken. Die beiden bulligen Begleiter in Weiß flankieren ihn zu beiden Seiten und halten ihn - wie behilflich stützend - oberhalb der Ellbogen fest. Erst jetzt sehe ich den Schmuck um Mollaths Hände in der Vormittagssonne glänzen. So viel Schmuck trägt kein Mann, denke ich, das sind Handschellen. Der Auftritt draußen auf dem Vorhof der Klinik ist kurz, und ich nehme an, dass ich der Einzige bin, der weiß, wer hier beim Mittagessen als neuer Gast willkommen geheißen wird.

Auch Felix Klipstone hat die Ankunft des Neuen gesehen, wenngleich sein Zimmer in der

Abteilung der Freien, der Privatpatienten, nicht den vollen Ausblick auf den Vorhof hat. Das ist auch gut so, denn hier parken die Autos der Mitarbeiter. Klipstone hasst Autos, weil er Pferdekutschen liebt. Goethe hat Autos gehasst, alle großen Dichter hassen Autos, sagt Klipstone. Und dann erst die Autos der Besucher - sofern den Besuchern Besuchserlaubnis erteilt wurde. Über die Besuchserlaubnis bestimmt alleine der Klinikchef, Dr. Wagner, der noch heute Abend abtreten und den Chefsessel an eine Person der dynamischen Moderne übergeben wird, was keiner der Insassen und kein Bediensteter bislang weiß.

Sein goldmetallic glänzender Volvo-Geländewagen steht in allem Prunk direkt neben dem Haupteingang, sodass der Chef nicht unnötig viele Schritte in seinem Klinikleben verschwenden muss. „Es ist ein Firmenwagen", hat Klipstones Pfleger gesagt. Aber der grauhaarige, etwas vertrottelt wirkende Dichter mag zwar den Anschein erwecken, als sei er nicht von dieser Welt, doch er kennt sich ziemlich gut mit den organisatorischen Verhältnissen dieser Anstalt aus, und er weiß, dass die Landesnervenklinik eine Einrichtung des öffentlichen Dienstes, des Landesdienstes, ist und dass es korrekterweise deshalb »Dienstwagen« heißen muss. Der Ehrlichkeit halber

korrigiert Felix, der begnadete Lokalschrift-
steller, den Schließer, der hier Pfleger heißt,
obwohl er abends durch die Gänge geht, in die
Zimmer schaut und die Türen verschließt.

Obwohl Klipstone wirklich wirre Gedichte
schreibt, hat er doch ein hervorragendes foto-
grafisches und ein noch besseres Langzeitge-
dächtnis. So erinnert er sich nicht nur an die
gemeinsame Kutschfahrt mit Johann Wolfgang
von Goethe nach Florenz. Nein, in diesem Moment, als er Mollaths Gesicht sieht, nur kurz,
sehr kurz, sieht er die gesamte Geschichte dieses armen Menschen vor sich. Vor drei Jahren
lebte noch Walpurga Klipstone, seine textbe-
gabte Gattin, und Felix las täglich die Zeitung.
Er erinnert sich aller Informationen über diesen merkwürdigen Prozess, über diesen ma-
kabren Richter, über diese Beweisführung, die
ohne Beweise geführt wurde.

Als Mollath im Eingang der LNL verschwindet,
wischt sich der Dichter über das Gesicht, das
leicht verschwitzt ist. Er stöhnt. Er glaubt, dass
seine Krankheit einen Schub gemacht hat. Einen Moment lang denkt er, er spinnt. Er kann
nicht glauben, dass er Mollath gesehen hat.

Aber Mollath ist kein Geist. Er lebt tatsächlich,
es gibt ihn, und in diesem Moment betritt er

die Landesnervenklinik und wird Dinge erleben, die er nie für möglich gehalten hätte. Eine weitere Phase der Entpersönlichung beginnt und er wird zur Nummer in einem Geheimprojekt. Aber wie kann er das wissen? Er kann etwas fühlen, das wohl. Er wird mir später sein Tagebuch zeigen, und ich werde aufgrund seiner peniblen Aufzeichnungen seine Gefühle nachvollziehen können. Doch im Moment verschwimmt alles vor seinen Augen und vor meinen verschließt sich der Blick hinter die Empfangskulissen. Ich krame mein Manuskript unter der Matratze hervor und schreibe.

Dr. Wagner und der ihn in Kürze ablösende Dr. Dresdener sitzen in Wagners Büro und sind sich darin einig, dass man Mollath, den sie hier Möller nennen, zum Reden bringen muss.
„Den Pflegekräften gegenüber wird er immer wieder seine alte Leier wiederholen", sagt Dresdener. „Ich kenne ihn zur Genüge. Wir brauchen eine Person, die uns etwas schuldet und der wir die Freilassung in Aussicht stellen können, ohne dass uns das beim Minister Schwierigkeiten bereitet."

Wiegand Wagner wiegt nachdenklich den Kopf, obwohl er schon seit langem den inneren Beschluss gefasst hat, mich zum Spitzel zu befördern. Natürlich weiß ich davon nichts und sollte auch niemals etwas erfahren. Eine Therapiestunde mit mir - unter Drogen -, so hat Wagner es für sich selbst erläutert, wird ihn in den Besitz der nötigen Informationen bringen. Wagner will sich ein letztes Mal in seinem Job wichtig tun. „Klipstone ist zu alt und außerdem aus der Privatabteilung. Es sollte jemand aus der Geschlossenen sein, aus Möllers direktem Umfeld."

„Ein Schwerkrimineller hat nicht gerade das Vertrauen des Gerichts, wenn's zum Schwur kommt", sagt Dresdener. „Oder an wen denken Sie?"

Wagner wiegt wieder den Kopf, und ohne dass er etwas dazu kann, kommt ihm zum ersten, aber auch zum letzten Mal der Gedanke, sein Berufskollege könne keinen Doktortitel haben. Denkt er jetzt an Guttenberg? Wie könnte es einen studierten Psychiater und Psychologen beeindrucken, ob ein Gericht einem nervenkranken Schwerverbrecher glaubt? Nein, Wagner schüttelt ebenso mit dem Kopf wie er den undenkbaren Gedanken abschüttelt. Lässt sich nicht aus den Unterlagen des Ministeriums entnehmen, Kollege Dresdener eile ein hervorragender Ruf voraus?

„Nein", sagt er schließlich. „Sie haben Recht, es sollte jemand sein, der noch relativ klar bei

Verstand ist und den wir problemlos auf die Menschheit loslassen können. Was halten Sie von Ihrem neuen Patienten, Herrn Koenig, dem angeblichen Schriftsteller?"

Dresdener stutzt einen Moment, als er das Wort »angeblich« vernimmt. Überhaupt zuckt er immer zusammen, wenn bei jemandem an der Berechtigung zur Berufsausübung irgendwelche Zweifel aufkommen. Oder wenn jemand über akademische Titel sinniert. Er ist froh, dass niemand außer ihm das Zusammenzucken wahrnehmen kann. Dresdener räuspert sich. „Ich glaube nicht, dass er jemals ein Buch veröffentlicht hat oder je veröffentlichen wird. Die Gefahr, dass er eines Tages auspackt, ist gering. Aber Sie müssten ihn besser kennen als ich. Halten Sie ihn für heilbar und vertrauenswürdig?"

Das Ergebnis des Expertengespräches erfahre ich um zwölf Uhr, als Christian mich beim Mittagstisch mit Mollath bekannt macht. „Herr Koenig, darf ich Ihnen Ihren neuen Tischnachbarn vorstellen?"
Ich überhöre die rhetorische Frage und wende mich direkt an Mollath. „Schön", sage ich. „Ich bin Stefan."
„Gustav Möller", stellt sich Gustl Mollath vor, und ich schaue ihn wohl derart ungläubig an,

dass er sich zu einer Ergänzung genötigt sieht. „Siebenundvierzig Jahre alt, geschieden, kinderlos, ohne Religion und seit zwei Jahren ohne jeglichen Glauben an Gerechtigkeit."

Ich lache. „Na, dann teilen wir eine Menge Gemeinsamkeiten."

Der Neueinsteiger lacht auch, und das Eis ist gebrochen. Keiner der Insassen der LNL darf - im Gegensatz zum Frühstück - beim Mittagessen reden. Wir sollen schweigend essen, das gehört zur Therapie. Das Mittagessen ist heilig. Aber merkwürdigerweise lässt es Christian zu, dass ich Möller flüsternd eine Frage stelle.

„Ich hab Dich erkannt. Ich kenne Dich aus der Zeitung. Du bist doch der Mollath, oder?"

Normalerweise wäre Christian schon nach den ersten drei Worten dazwischen gegangen, doch diesmal hält er still.

Bevor mir Möller antworten kann, blöken Heinz und Jan fast gleichzeitig: „Die unterhalten sich! Die unterhalten sich! Die unterhalten sich! Die ..."

„Guten Appetit, wir ham uns alle lieb", sagt Christian. „Mal ganz ruhig, Jungs. Wenn ihr euch benachteiligt fühlt und euch unterhalten wollt, dann wartet bis nach dem Mittagessen!"

Ich glaube gesehen zu haben, dass unser Pfleger mir zuzwinkerte. Was das zu bedeuten hat, frage ich mich.

Nach dem Mittagessen erfahre ich, was es zu bedeuten hat. Christian kommt zu mir, als Mollath alias Möller außer Sicht- und Hörweite ist. „Mensch, Koenig", sagt er. „Der Möller ist ihr Niveau, mit dem können Sie sich anfreunden. Laden Sie ihn ruhig mal zu sich ein. Ich lass Euch beide 'nen Kaffee bringen." Wieder zwinkert er mir zu, und ich zwinkere unbewusst zurück.

„Da vorne geht er gleich in sein Zimmer. Sie müssen ihm natürlich den Einstieg hier erleichtern und ihn einladen." Ich nicke und beeile mich und erreiche den Neuankömmling gerade, als er in der Tür verschwinden will. Sein Zimmer liegt nicht unweit von meinem. Ich erkläre ihm, dass es hier üblich ist, dass man den neuen Zimmernachbarn zu einem Drink einlädt.

„Nett von Dir", sagt er. „Nur ein paar Minuten, ja?"

Kapitel 5

Heute halten die Privatpatienten in der Villa-Cotta-Abteilung keinen Mittagsschlaf. Selbst der von den Therapeuten verordnete Genesungsschlaf wird ignoriert. Die Männer der Villa planen für heute einen kleinen Herrennachmittag in Klipstones Appartement. Die Zimmer der Villa Cotta werden vom Pflegepersonal wie von den ehrwürdigen Bewohnern zurecht als Appartements bezeichnet, denn das sind sie auch - hochwertig ausgestattete Eineinhalb-Zimmer-Appartements mit einem Kühlschrank, in dem seit einigen Tagen vier eingeschmuggelte Flaschen Whisky ungeduldig auf ihren Verbrauch warten.

Klipstone hat den Whisky bei vier Damen in Auftrag gegeben, die ihn regelmäßig besuchen. Als die einzig wahren Klipstone-Fans sind sie bereit, alles für den Mann ihrer Träume zu riskieren. Auch unter der Gefahr, dass man sie selbst hierbehalten könnte, würden sie für Klipstone alles tun. Zwar wissen sie voneinander, aber keine der Damen möchte sich eingestehen, dass sie nur eine von vier Auserwählten ist. Als Felix sie um den Whisky bat - jede einzelne von ihnen anlässlich ihrer separaten Besuche - musste er keinerlei Nachfragen in Kauf nehmen.

Die Planer der Cocktailparty lachen sich an diesem Nachmittag ins Fäustchen. Whisky auf der Männerstation einer Nervenheilanstalt! Sie sehen in Klipstones Buffet nach und zählen zwölf Gläser ab. Beim biblischen Abendmahl waren es zwölf Apostel plus Jesus. Heute Nachmittag brauchen sie keinen Jesus, denken sie. Die Herren wissen noch nichts von dem Schrecken, der sie am Abend nach ihrer Party erwartet, einem Schrecken, der ihren zukünftigen Alltag in dieser Klinik, ja - ihr Leben - einschneidend verändern wird. Wenn es denn diesen Alltag überhaupt noch geben wird. Vielleicht ist es ein ewiger Tag im ewigen All?

Professor Tiefenbach nimmt an den Planungen für den Herrennachmittag nicht teil, da er noch wichtige Forschungsarbeiten zu erledigen hat. Er bittet um Verständnis, wie immer. Und wie immer zeigen seine Mitbewohner für seine unaufschiebbaren akademischen Experimente große Einsicht, zumal Tiefenbach ihnen versprochen hat, sie im Vorspann seiner nächsten Veröffentlichung zu erwähnen, vielleicht so: „Besonderer Dank gilt meinen wissenschaftlichen Mitarbeitern der Villa Cotta, die mir zu experimentellen Forschungen ihre Gelenkgeräusche zur Verfügung stellten" ... und so weiter und so weiter.

Wenn Vorfreude und Vorspiel wesentlicher Bestandteil des Hauptmenüs sind, so befinden sich die Planungsverantwortlichen für die Party nicht nur wegen ihrer Erwähnung in einem einmaligen Wissenschaftswerk gerade im ersten Stadium eines Vier-Gänge-Menüs. Die Details der Cocktailparty nehmen gerade Kontur an. Klipstone zitiert Goethe. Joachim Gauck, der hier mit »Herr Präsident!« angesprochen werden will und eine entsprechende Aura um sich verbreitet, zitiert Obama, den er für den größten Dichter der Neuzeit hält. Gauck besitzt eine multiple Persönlichkeit, die abwechselnd von Spartakus, Julius Cäsar über Karl den Großen bis zu Napoleon und Reichspräsident Hindenburg besessen ist. Am liebsten spielt er aber Bundespräsident und träumt von Auslandsbesuchen. Aber wer träumt hier nicht davon?

Norbert Lammert ist sechsundsechzig Jahre alt, besteht aber auch aus sagenhaften acht Persönlichkeiten der Weltgeschichte, auch wenn er selbst nur als eine einzige Person wahrgenommen werden kann. Am liebsten mag er zusammen mit einem Adler oder einem anderen Raubvogel fotografiert werden. Aus Trotz lässt er sich von Gauck auch als »Herr Präsident« anreden. Wenn Gauck ihn - ebenfalls aus Trotz - immer wieder fragt, welche

Art Präsident er denn sei, verweist er auf das Amt des Bundestagspräsidenten, worauf der smarte Patient Gauck eingeschnappt mit einem „So ein Quatsch!" reagiert. Manche Privatpatienten meinen, Herr Gauck habe keinen Respekt vor dem Parlament und dies sei der Beweis.

Lammert - von Freunden auch Nörbi gerufen - zitiert gerne Richard David Precht, wobei er etwas zitiert, was Precht selbst nur zitiert und was Klipstone sofort reklamiert.

„Precht zitiert bloß Shakespeare", sagt Klipstone mit einem unverkennbaren Hauch von Verächtlichkeit.

Nörbi war Studienrat, bevor er in die Klapse kam, und er kann es nicht vertragen, wenn er korrigiert wird, nur weil er etwas korrekt zitiert, selbst wenn das Zitat auch nur zitiert ist.

„Du hast keine Ahnung von Literatur!" ruft er über den Tisch Klipstone zu. Aber weil Klipstone nicht mehr ganz so gut hört, hört er nur, dass er Ahnung von Literatur hat, und dies beruhigt seine Nerven, und so kann die Partyplanung weiterhin ihren erfolgreichen Verlauf nehmen.

Während also zwei Zimmer weiter die Planung des Herrennachmittags ihren absolut verschwörerischen Verlauf nimmt - es geht um die Wahl der Musikstücke, um die Art des Imbisses und die Anzahl der Gläser -, sitzt Winni, der Extremorthopäde, in seinem Appartement, schaut aus dem Fenster auf die im Sommerwind sanft wogenden Äste der Büsche und Bäume. Er staunt über das vielfältige Grün, und dann plötzlich hört er wieder das störende atmosphärische Rauschen aus Nordosten. Es wird stärker und eindringlicher. Er hält sich die Ohren zu und vergisst, dass die Geräusche nicht von seinen Ohren wahrgenommen werden. Für ihn hört es sich an, wie das zornige Knirschen von überdimensionalen Gelenken. Es müssen Gelenke untergegangener Dinosaurier sein.

Eine Viertelstunde nach dem Mittagessen und nach meiner Einladung klopft es an der Tür, und Möller, den ich immer noch für Mollath halte, steht davor.

„Schön, dass du gekommen bist", sage ich. „Wir duzen uns doch?"

„Schon klar, ich bin der Gustav", sagt er.

„Gustav Mollath?" frage ich.

„Nein, Gustl Mollath - das war ich mal. Ich heiße Gustav Möller."

Ich schaue ihn skeptisch an. Ich bin es gewohnt, seit ich hier bin, dass mich Nervenkranke verarschen. „Mal ernsthaft", sage ich.

„Du kannst dich doch nicht einfach nennen, wie du willst."

„Man hat mir nahegelegt, es so zu tun, und ich bitte dich, darüber kein Wort zu verlieren."

Was soll man tun, wenn man einem Menschen in Not zu helfen bereit ist und nicht nachfragen soll? Ich habe seinen Namen akzeptiert. Vorerst war mir egal, wer ihm was und warum nahelegte.

„Weshalb hat man dich in Handschellen hier eingeliefert?"

„Man hat mir versprochen, das sei das letzte Mal. Bis dahin galt ich als allgemeingefährlich. Jetzt würde ein neuer Abschnitt beginnen, sagte man mir."

Wieder klopft es an der Tür. Christian fragt höflich, ob er uns einen Tee oder Kaffee bringen dürfe. Ich wundere mich sehr, lasse es mir nicht anmerken und sage: „Einen Kaffee, bitte. Für dich auch, Gustav?"

Gustav nickt, Christian geht und ich frage: „Was hat dich hergebracht?"

„Eine lange Geschichte, inzwischen."

„Wo beginnt sie?" frage ich.

„Jeder Beginn ist frei gegriffen. Die Geschichte des Römischen Reiches begann bestimmt nicht bei Romulus und Remus. Meine demgegen-

über ziemlich winzige Geschichte beginnt im nirgendwo. Viellicht beginnt sie, als bei mir Zweifel an der Tätigkeit meiner Frau aufkamen. Sie war eine Geldwäscherin, und damit konnte ich nicht leben. Vielleicht beginnt die Geschichte aber auch, als meine Frau das erste Mal begreift, dass ich es ernst meine."
„Ein Ehestreit?"

An der Tür klopft es wieder. Ich öffne Christian und er stellt uns den Kaffee auf den Tisch. „Danke", sage ich, er zögert, als erwarte er einen kleinen Zwischenbericht. Ich schaue ihn an, er macht kehrt und ich schließe hinter Christian die Tür. Wahrscheinlich lauscht er draußen. Soll er doch.

Mollath alias Möller schaut mich an und nickt: „Ja, es begann mit einem Ehestreit. Ich versuchte ihr klarzumachen, dass das alles nicht in Ordnung ist. Sie veränderte sich mehr und mehr, Schritt für Schritt in eine skrupellose Person. Ich habe sie sehr geliebt. Sie ist die einzige Person, der ich vertraut habe. Selbst wenn man kritisch ist und nicht aus Bumshausen. Als ich ihr aus Sorge um sie sagte, sie solle das lassen, antwortete sie: »Da wird nie was passieren.« Dass sie da langfristig recht hatte, konnte ich damals nicht absehen."

Ich erinnere mich – »Da wird nie was passieren« – das war damals, in den neunziger Jahren, ein weit verbreitetes Rechtsempfinden. Die Skrupellosigkeit, die Gustav alias Gustl seiner Ehefrau als Charaktermangel zuschreibt, war den Banken schon damals zweite Natur. Und nicht nur bei der HypoBank, sondern bei den meisten deutschen Großbanken. Der von ihnen vermittelte Geldstrom in die Schweiz und nach Luxemburg setzte massiv 1993 ein, in zeitlichem Zusammenhang mit dem in Kraft getretenen Zinsabschlaggesetz. Gustav Möller erzählt mir seine Geschichte und die Geschichte der Geldwäsche eine halbe Stunde lang; ich merke, er ist ein Kenner der Materie. Ich lade ihn für heute Nachmittag zur Party in die Villa Cotta ein. Gustav sagt zu.

Ich glaube allmählich immer fester daran, dass die Welt da draußen verrückt ist. Eine Welt voller Gier, voll gepflastert mit Zinsleichen und lebenden Toten in den Chefetagen der Bankinstitute. Wenn ich Kanzler von Deutschland wär'..., und so summe ich erst einmal den Traum, den Rio Reiser mir vorträumte.

Jede Nacht um halb eins, wenn das Fernsehen rauscht//Leg ich mich auf's Bett, und mal mir aus// Wie es wäre, wenn ich nicht der wäre, der ich bin// Sondern Kanzler, Kaiser, König oder Königin//

Ich denk mir, was die Merkel kann, das kann ich auch//Ich würd Vivaldi hör'n tagein, tagaus// Ich käm' viel rum, würd' nach USA reisen// Barak mal wie Waldi in die Waden beißen …

Aus der Ferne höre ich den Fernseher aus dem Gemeinschaftsraum rauschen. Viele sitzen davor und schauen sich die Bilder, hören sich die Worte an, ohne zu verstehen. Die meisten der Frauen und Männer aber legen sich nach dem Essen wieder ins Bett. Ich kann mir nicht vorstellen, was sie sich vorstellen. Ob sie träumen, ob sie an ihre Freiheit denken oder ob sie ihr Dasein hier als die Freiheit schlechthin begreifen. Wollen auch sie einmal – wenigstens für einen Tag – Kanzlerin sein? Oder Kaiser, König oder Königin?

Kapitel 6

Manchmal habe ich Tagträume, die sind angenehm. Dann kämpfe ich zum Beispiel in einem unübersichtlichen Industriegelände gegen die Finanzmafia und besiege in zahlreichen Einzelkämpfen einen Wallstreet-Wolf nach dem anderen. Das tut meiner Seele gut. Nachts aber, wenn mich die Albträume heimsuchen, geht es manchmal zur Sache; dann handeln meine besten Freunde mit Drogen und werfen sich bunte Pillen ein, von denen kein Mensch weiß, welcher heimischen Schmuddel-Produktion sie entstammen. Ich rufe ihnen dann im Schlaf Warnungen zu, muss aber mit ansehen, wie sie - in viel zu weiter Entfernung von mir stehend - mich nicht hören, sich zusätzlich die Ohren zuhalten und plötzlich in einen Abgrund stürzen.

Wie an jedem frühen Nachmittag rollt Jan Tolpert sich langsam zu der Schublade, in der er eine Schachtel mit doppeltem Boden aufbewahrt. Er wendet seinen Rollstuhl so, dass niemand, der plötzlich hereinkommen sollte, etwas sehen kann. Diesmal aber kontrolliert er nicht nur, ob sie noch da ist. Diesmal nimmt er sie heraus, öffnet sie und schaut unter den doppelten Boden. Dann zählt er flüsternd nach. Er hat vierzig Risperdal gesammelt. Das ist in seinem nun vierjährigen Aufenthalt in der LNL sein ganzes Lebenswerk; ein geheimes Lebenswerk, das aus der Mindestmenge jenes starken Beruhigungsmittels besteht, mit dem er dem Erlöser nahekommen will. Jetzt muss er möglichst nur noch hundert Prozent geben. Prozente gibt's heute Nachmittag in der Villa. Die Präsidenten haben geladen. Jemand hat geflüstert, es gäbe Whisky – und Angela Merkel habe echten Wodka eingeschmuggelt.

Jan wirft die Pillen im Fünferpack ein und trinkt nach jedem Wurf einen kleinen - einen sehr kleinen - Schluck Wasser. Nach acht Würfen lächelt er zufrieden und rollt zur Tür. Er ist langsam, er muss langsam sein, denn er darf jetzt nicht aus Hektik einen Unfall bauen und aus dem Rollstuhl kippen. Er muss jetzt überlegt handeln. Etwas Neues, etwas Fremdes hat von einem wesentlichen Teil seines Ichs Besitz ergriffen.

Manchmal habe ich einen wiederkehrenden Tagtraum, der dann vor meinem Auge auftaucht, wenn ich in allzu große Nachdenklichkeit verfalle. Dann sehe ich mich als eine der wohl bekanntesten Darstellungen für ein Proportionsschema. Ich stehe in diesem einzigartigen Moment Leonardo da Vinci, dem italienischen Universalkünstler der Renaissance, Modell; es macht mir nichts aus, dass er 1452 bis 1519 lebte. Ich träume dann, ich sei ein vitruvianischer Mensch. Durch die Verquickung der menschlichen Darstellung mit der geometrischen Konstruktion fühle ich mich wie ein Modul für Proportionen, das einen Bezug zur Quadratur des Kreises zu haben scheint. Ich ahne nicht im Geringsten, wie sich in diesen Minuten für Jan Tolpert der Kreis zu quadrieren beginnt. Später werde ich mich dennoch schuldig fühlen, wie so viele meiner Mitpatienten.

In Klipstones Appartement ist die Patienten-Cocktailparty in vollem Gange. Es ist jetzt knapp 15:00 Uhr. Die Präsidenten Gauck und Lammert stehen jeweils in einer anderen Ecke des Partyraumes, der mit Luftschlangen und Girlanden geschmückt ist. Man konnte die Sache nicht geheim halten, nicht vor Oberschwester Petra. Aber sie hält dicht und das andere Personal davon ab, in Klipstones Appartement nachzusehen. Schwester Petra gönnt den Insassen der Villa Cotta das kleine Vergnügen. Sie weiß auch, dass die Kanzlerin entgegen der Hausordnung aus dem Frauentrakt herübergeschlichen ist, um sich über die Umtriebe ihrer Präsidenten zu informieren. Angela Merkel hat sogar Wodka eingeschmuggelt. Damit hat sie sich heute in die Herzen der

Männerabteilung eingebrannt wie ein Brenneisen auf dem Pferdehintern im Wilden Westen. Schwester Petra weiß, dass die Kanzlerin hier noch einige Jahre absitzen muss und drückt ein Auge zu.

Der sattbraune Inhalt der vier Flaschen Single Malt Scotch Whisky, Klipstones gesammelte Mitbringsel seiner Verehrerinnen, plätschert in die zwölf Gläser, über die dieses Appartement verfügt. Der Wodka bleibt vorerst bei Angie unter Verschluss. Hofft sie darauf, dass Putin kommt? Joachim Gauck, mittlerweile in Person des Napoleons, zitiert ausführlich den französischen Dichter Rimbaud für Klipstone, der sein Französisch korrigiert, was der Herr Bundespräsident nur abfällig mit einer Handbewegung hinwegwischt. Einer der Partygänger mischt unübersichtliche Cocktails. Ein anderer mischt die Musik. Alles in allem ein echter Partymix.

Eine Seltenheit: Es sind außer der Kanzlerin auch andere Damen anwesend – ein besonderes Privileg vor ihrer Entlassung. Da ist Borderline-Ruth, eine pyromanische Hausfrau aus Bad Oynhausen, und dort ist die schöne Tamara Slogan, deren Vater das Patent auf irgendeine beim Bau von Drohnen unerlässliche Legierung hat und deren Einweisung auf einer ausgeprägten spätpubertären Sexualität zu beruhen scheint. Leider kann der im Moment noch amtierende Klinikchef, Dr. Wagner, nicht sehen, wie Tamara ihre ärztlicherseits bestätigte Heilung feiert. Sie feiert sie, indem sie zu viel Whisky trinkt und Winni Tiefenbach und Felix Klipstone und einigen anderen auf ihre meisterliche, unbestimmt laszive Art eine Hand auf die Schulter legt. Die Stimmung ist heiter. Gauck hofft darauf, dass Tamara sich seiner Schulter annimmt, aber Lammert kommt ihm zuvor. Die Stimmung scheint zu kippen. Da erhebt die Kanzlerin ihre Stimme, indem sie sich unüberhörbar räuspert. Die Situation ist gerettet. Die Cocktails blenden die endlosen, ereignislosen Tage der Männer für eine Weile aus.

Draußen schwingt das Wetter um; man sieht es an jenem von der Denkmalbehörde geretteten altmodischen Wetterhahn, der auf dem Turmdach der ehemaligen Jugendherberge ächzend die Position ändert. Der Sommer splittert und bricht. Der Regen wird vom aufkommenden Wind horizontal verwischt, dass man ihn fast nicht als Regen wahrnimmt. Wer sich noch draußen aufhielt und nun hereinkommt, spürt die plötzliche Windstille und stellt fest, dass alles nass ist, also muss es wohl geregnet haben.

Jan Tolpert fährt auf die Partymeile. Er spürt noch keine Wirkung. So verrückt er auch sein mag, er hat sich schlau gemacht und weiß, dass es für ihn erst richtig kritisch wird, wenn er ein volles Glas hochprozentigen Alkohol hinterhergeschluckt hat. Er muss rülpsen. Die Tür zu Klipstones Appartement steht offen und er hört schon vom Ende des Ganges die Musik. Eine Schwester sieht ihn und bewundert seine Lebensfreude, als er in seinem Rollstuhl die Tür bedachtsam, aber entschlossen durchquert. Tolpert muss sich jetzt beeilen, aber er gibt sich äußerst entspannt und begrüßt die Partygäste mit einem kräftigen „Hipp-hipp-hurra!"

Der Bundespräsident legt die Hand salutierend an die Stirn und sagt: „Respekt, Herr Offizier! Respekt für die Verantwortung, die sie wahrgenommen haben. Respekt!" Und er salutiert noch immer, auch als Jan in seinem Rollstuhl schon längst an ihm vorbeigerollt ist. Der Bundestagspräsident wird der Situation durch Pragmatismus gerecht. „Darf's ein Schlückchen Prosecco sein?" fragt er, obwohl er weiß, dass es weit und breit keinen gibt. Jan gibt ihm keine Antwort.

Jan Tolpert steuert auf die Kanzlerin zu, die den Wodka noch immer in Händen hält, bevor sie ihn abstellen und mit den Händen eine Raute vor ihrem Bauchnabel formen wird.

„Ein Glas Wodka, bitte!" sagt Tolpert und Frau Merkel sucht für ihn ein Glas.

„Darf es auch ein Whisky-Glas sein?" fragt sie den Kriegsveteran aus Afghanistan mit hörbar schlechtem Gewissen.

„Aber mit Wodka! Voll, bitte!" sagt Tolpert, während die Kanzlerin einen kleinen Moment zögert. Sie macht das Glas nur Viertel voll.

„Voll, bitte!" befiehlt er jetzt.

Die Kanzlerin wechselt einen Blick erst mit Gauck, dann mit Lammert und schließlich mit dem dritten Präsidenten, der in der Landesnervenklinik Lowbrook sein Zuhause gefunden hat. Es ist der Präsident des Bundesverfassungsgerichts, Andreas Voßkuhle, den sie hier alle nur Andi nennen und der es strikt ablehnt, mit „Herr Präsident!" angeredet zu werden.

„Voll!" sagt Voßkuhle und es klingt wie ein echter höchstrichterlicher Richterspruch.

Die Kanzlerin gießt den Wodka ein. Das Whiskyglas nimmt es ohne Murren hin. Vielleicht hört nur Prof. Tiefenbach ein mögliches Aufbegehren des Glases. Aus den Lautsprechern hört man den Traumsong aller Insassen. »Dancing In The City«, von Marshall Hain. Jan Tolpert, der deutsche Amputationskünstler aus Afghansitan, macht sich nun an die Ausführung seines Meisterwerks und achtet dabei auf jedes Detail. Er streckt der Kanzlerin die Hand entgegen. Sie reicht ihm das Glas Wodka. Es ist gefüllt, bis oben randvoll. Der Präsident des Bundesverfassungsgerichtes steht neben der Kanzlerin und beobachtet die Exekutivgewalt. Jan wendet seinen Blick erst zu Voßkuhle, dann zur Kanzlerin.

Denkt Jan jetzt an Kundus? Denkt er an die Absurdität, dass er so überlebt hat, wie er überlebt hat: indem er sich Haare, Finger, ganze Gliedmaßen ausgerissen hat, damit das Gift, das Böse, das sich in Kundus über ihn gelegt hat, als er die Granate abschoss, die fast hundert Menschen das Leben kostete, nicht bis zu seinem Herzen dringen kann? Oder denkt er an seine Eltern, die einzigen Verwandten, die er hat, und daran, dass sie ihn seither nie mehr direkt ansehen konnten, dass sie den Blick abgewendet und nach einem anderen Sohn gesucht haben, den es aber nicht mehr gab, weil er vor über zwanzig Jahren einen Starfighter-Absturz nicht überlebte? Ist das Leben vielleicht eine einzige Tat, die im Namen anderer begangen wird? Wer ist schuld, er oder die Kanzlerin? Er oder der Bundespräsident? Hätte Andreas Voßkuhle den Einsatz in Kundus nicht in letzter Minute verhindern können? Ist alles nur etwas völlig Ungewisses in einem wirren Raum des Unbewussten? Jan Tolpert schaut der Kanzlerin dankbar in die scheinheilig blauen Augen und streckt ihr seine eine intakte Hand entgegen.

Dancing in the City. Marshall Hain's Song geht in die letzte Runde. *Jetzt, Jan! Jan, have fun tonight!* Jan nimmt das Glas, das ihm die Kanzlerin freundlich lächelnd hinhält. Sie denkt gnädig über ihn, man merkt es ihr an. Dieser Mann hat sich für das Vaterland geopfert. Präsident Gauck schäkert mit Ruth, der pyromanischen Hausfrau. Das könnte ein Paar werden. Gauck sieht nicht, wie Jan das volle Glas in einem Zug leert. Die Kanzlerin schreit kurz auf, bevor sie wieder beherzt Haltung annimmt und die Raute bildet. Lammert stottert etwas, was niemand im Nachhinein, im Verhör, wiederzugeben in der Lage sein wird.

Tolperts Augen weiten sich für einen kurzen unsichtbaren Moment. Nur er selbst sieht, wie sich sein Blick weitet. Er hört Marshall Hain mit anderen Ohren als die anderen Partygäste. Er hört Farben. Anders als Professor Tiefenbach, der geniale Orthopäde, hört er die verschiedenen Blau-, Grün- und Gelbtöne. Er hört alle Farbabstufungen. Wenn die Ohren der anderen sehen könnten, dann würden sie sehen, wie die Farben draußen in der City vor Freude auf den Fußgängerzonen tanzen. Jene Fußgängerzonen, auf denen Jan vor seiner Einlieferung in die LNL eine wundersame Erfahrung machte: Man nahm ihn nicht wahr in seinem Rollstuhl. Er war unsichtbar. Es war die gleiche Erfahrung, die er in Afghanistan gemacht hatte. Der deutsche Biedermann wurde sich der Existenz dieses Krieges nicht gewahr. Afghanistan war unsichtbar.

Die halb verbotene, halb legitimierte Party in der Anstalt von Rumsmountain geht weiter. Später wird man die stillschweigende Duldung solch menschlicher Vergnügungen in psychiatrisch korrekten Worten geißeln. Auf den Fluren gehen Schwestern mit ihren adretten weißen Baumwollhäubchen und weißen, quietschenden Einheitssandalen. *Quietsch, quietsch.* Hoch über Birdmountain rasen winzige Tröpfchen singend durch die Vorläufer des sich aus Nordost nähernden Spätsommersturms. In Lowbrook, gleich hinter dem Klapsmühlenhügel, findet ein Junge die Lösung für ein mathematisches Hausaufgabenproblem. Zwei Stockwerke über ihm weint ein Mädchen um ihren Vater, der eine neue Familie gefunden hat. Drei Straßen weiter unterdrückt eine dickliche junge Frau die Tränen und gibt es auf, darauf zu warten, dass der Mann, mit dem sie gestern Abend verabredet war, sie anruft. Eine Witwe aus Weatherfield riecht an der Milch und kommt zu dem Schluss, dass sie sauer geworden und untauglich für den Kaffee ist. Computer werden an- und ausgeschaltet, Uhren ticken, Kühlschränke summen, Menschen schlafen, küssen, streiten, lieben sich.

Am Fenster von Klipstones Appartement steht Professor Winfried Tiefenbach, einer der sieben exklusiven Anstaltsdauergäste der Villa Cotta. Er hat, wie immer, seltsame Geräusche gehört und versucht, sie zu transkribieren. Die Partygeräusche, die Musik und die Unterhaltung rund um ihn herum, nimmt er nur aus weiter Ferne wahr. Denn jetzt ist da dieses schreckliche Geräusch, das sich nicht transkribieren lässt, jedenfalls nicht in Buchstaben, wie er sie kennt. Es hat Ähnlichkeit mit den Trauerschreien arabischer Frauen, nur viel, viel schriller und unendlich schrecklicher. Nach und nach löscht es all die anderen Geräusche aus, die all die anderen Dinge machen: Marshall Hain, den Jungen bei seinen Hausaufgaben, die Tränen des Mädchens, die verschmähte junge Frau, alle Regentropfen. Tiefenbach hört nicht die Farben, die in diesem Moment in Jan Tolperts Kopf immer schneller verwirbeln. Der Orthopäde kann keine Farben hören. Er ist nur Spezialist für Gelenkgeräusche. Jeder lebt hier nur sein eigenes Schicksal.

Jetzt drehen sich die Farben in einer Art Regenbogenspirale um Jan und er sackt in seinem Rollstuhl zusammen. *Vater, dein Wille geschehe.* Aus weiter Ferne hört er den Ruf des Bundespräsidenten – wahrscheinlich war es das, was er in der letzten Sekunde seines fliehenden Lebens hörte: „Verantwortung!"

In diesem Moment betreten Gustav Möller und ich das Appartement. Wir sehen, dass sich die schöne Tamara über Jans Rollstuhl beugt und ihn küsst. Vielleicht versucht sie das fliehende Leben aufzuhalten, aber wie sollte sie? Denn niemand weiß zu diesem Zeitpunkt, dass da etwas am Flüchten ist. Klipstone sagt: „Er braucht jetzt Ruhe."
Angela Merkel schweigt. Woran mag sie denken? Daran, wie sie umkommen wird?
Joachim Gauck eilt zu Tolpert und fühlt den Puls. „Alles in Ordnung. Er braucht Schlaf."
Angie schweigt weiter.

Tamara richtet sich langsam auf und ihre Augen sind gläsern. Hat sie den Geruch des nahenden Todes aufgenommen? Sie stellt sich hinter den Rollstuhl und schiebt ihn langsam zur Tür. Man wird sie später am Abend, als das große Unglück hereinbricht, neben dem toten Jan Tolpert auf dem Bett finden. Sehnsuchtsvoll schaut Gauck auf Tamaras schöne Beine.

Aber sie geht. Sie schiebt den Rollstuhl, in dem zusammengesunken Jan Tolpert in diesem Moment sein Leben aushaucht. Gauck wendet sich wieder Ruth, der pyromanischen Hausfrau, zu. Er teilt mit ihr die Lust zu zündeln. Wenn etwas in Flammen steht, kann er der Held sein, der die Flammen löscht. Ruth streichelt über seinen Arm.

Kapitel 7

Bisher war Möller in Einzelhaft. Für ihn ist die Anstalt von Rumsmountain, diese spezielle Art forensischer Psychiatrie, ein Erlebnis wie das Dschungelcamp für Richter Gnadenlos. So etwas hat Gustav noch nicht erlebt in all den Jahren seiner Wegsperrung. Er schaut mich verwundert an. „Macht ihr das hier immer so? Party, einmal die Woche?"

Ich muss lachen. „Nein, nein. Das findet vielleicht drei oder vier Mal im Jahr statt. Es ist nicht erlaubt. Aber alle Schwestern und Pfleger drücken ein Auge zu."

Ich stelle Gustav Möller der Kanzlerin vor.
„Das ist doch der Mollath", ruft sie aus.
„Ja, nein, also, ist er nicht. Nicht ganz", sage ich.
„Er heißt hier Möller. Warum, weiß der Himmel."
Er sagt: „Auch ich kenne Sie, Verehrteste. Sind Sie nicht die Frau mit der Raute? Ich kenne Sie aus der *Titanic*, einer medizinischen Fachzeitschrift." Möller lächelt dabei ein wenig hinterfotzig. Wahrscheinlich hat man die Kanzlerin dort wieder mal auf die Schippe genommen.

Präsident Gauck mischt sich ein. „Eines will ich Ihnen sagen, Herr Mollath, reden Sie mir nie wieder von einem Unrechtssystem. Unsere

Psychiatrie und unsere Justiz arbeiten unabhängig voneinander. Wir haben ein Rechtssystem!"

Gustav schaut mich verwundert an, als wolle er sagen: Sind die hier alle irre? Weder hat er je auch nur ein einziges Wort an den Bundespräsidenten gerichtet, noch hat er etwas von einem Unrechtssystem gesagt.

„Herr Gauck", Möller schaut ihn an und zwinkert ihm zu, „Sie verwechseln da etwas. Ich heiße Möller!"

„Und ich bin der Kaiser von China." Gauck schaut seinen streng-puritanischen Blick, aber Möller ist nicht beeindruckt.

„Sie sind - mit Verlaub, Herr Präsident - ein Schland-Schloch."

„Na, na, na, wer wird denn da den Kaiser von China beleidigen?" Mit dieser Bemerkung schlägt Nörbi dem Neuankömmling auf die Schultern. „Lammert, mein Name, und ich bin eigentlich der Präsident aller Präsidenten, sag einfach Nörbi zu mir!"

Möller schlägt in die ausgestreckte Hand ein, und Gauck wendet sich entrüstet von diesen Leuten ab.

Eine dreiviertel Stunde später – das Wetter hat sich zusehends verschlechtert, was die Teilnehmer der Villa-Cotta-Party nicht mitbekommen – kennt jeder der hier Anwesenden die Geschichte des Gustav Möller. Und Möller hat ein juristisches Gesprächsopfer gefunden. Der Präsident des Bundesverfassungsgerichtes sitzt ihm gegenüber auf einem gemütlichen Sessel, der mit einem bunten Stoff bezogen ist, überfrachtet mit Motiven aus dem Paradies: Schlingpflanzen, Palmen, Kokos- und Passionsfrüchte, Blumen und von Baum zu Baum springende Affen. Neben Möller nimmt die Kanzlerin Platz; sie lässt sich gerne unterhalten. Sie hat sich vorgenommen, Möller nur Mollath zu nennen. Der Bundespräsident knutscht in einer dunklen Ecke mit der pyromanischen Hausfrau. Beide lallen zwischendurch.

Ich bin in Gedanken versunken, weil ich an Jan Tolpert denken muss, obwohl ich nichtsahnend bin wie alle anderen. Er sah nur ziemlich fertig aus. Beruhigend, dass sich wenigstens die schöne Tamara seiner angenommen hat. Aber weshalb bin ich eigentlich hier? Wer hat mich – und aus welchem verdammten Grund – hier eingewiesen? Doch bevor ich mich um meine ureigene Angelegenheit kümmern kann, sagt Gustav: „Stefan, deine Meinung, bitte."

Ich habe nicht zugehört. Aber das ist an diesem Ort auch nicht notwendigerweise Bedingung, um an einem Gespräch teilzunehmen. Insoweit befinden wir uns in vollständiger Übereinstimmung mit der Außenwelt und mit sämtlichen Talkshows dieser Welt. Manchmal versinke ich regelrecht in einer Art Gedankenschaum.

„Ja", sage ich, „forensisch-psychiatrische Gutachten haben das Ziel, uns mit scheinlogischen Argumenten wegzusperren. Es ist die Rache der Gesellschaft."
Voßkuhle lächelt souverän, jedenfalls soll es souverän rüberkommen. „Aus grundsätzlichen Erwägungen schließe ich mich Ihrer Argumentation an."
„Sollten wir uns nicht alle duzen, wie immer?"
Ich kann mich nicht erinnern, dass wir, denen die Anstalt fast zum Elternhaus geworden ist, uns je gesiezt haben.
„Wenn ich mich juristisch äußere, bevorzuge ich die formal-höfliche Anrede. Als Richter habe ich eine gewisse Distanz zu wahren." Voßkuhle entfährt ein Pupser, aber er schaut mit juristisch gekonntem und Schuld zuweisendem Blick zur Kanzlerin, die irritiert zu Boden schaut.
„Verstehe", sage ich.
Angie schweigt und spreizt die Daumen.
Möller schaut Voßkuhle erwartungsvoll an: „Na, und?"

„Der von den Forensikern einmal als gefährlich Erkannte findet sich in einem nahezu rechtlosen Raum wieder, in dem dann die von uns Juristen Beauftragten stellvertretend Rache an ihm nehmen können, während wir sie wegen Unzurechnungsfähigkeit freisprechen. Der Vollzug ist damit sauber von uns an andere delegiert worden. Da Rache als archaisch und unfein gilt, hat auch sie sich verkleidet. Sie nennt sich nun Therapie und lässt den Unglücklichen täglich erfahren, dass seine Taten nicht einmal der Strafe wert sind." Voßkuhle hat den letzten Satz geflüstert. Er weiß, dass seine Ausführungen aufrührerisch sind.

Voßkuhle zuppelt an seiner Krawatte herum. „Wer schon einmal versucht hat, einen Soßenfleck dezent von seiner Krawatte zu entfernen, wird das Phänomen kennen: Beharrliches Reiben vergrößert das Malheur unweigerlich. Selbst die Verwendung von Wasser und Seife führt nicht zum gewünschten Erfolg."

Die Kanzlerin stößt einen leisen Seufzer aus. Sie denkt an Joachim Sauers letztes Krawattenmalheur beim Dinner im Weißen Haus. Putensoße.

„Am Ende aller Bemühungen", fährt Voßkuhle fort, „steht im schlimmsten Fall die Entsorgung

der Krawatte. Was der Kleidung die Bratenso-
ße ist, stellt für den Angeklagten im deutschen
Strafprozess die forensische Psychiatrie dar:
Wer einmal mit ihrem zähen Kleister in Berüh-
rung kommt, wird diesen Makel definitiv nie
mehr los!"

Die Kanzlerin räuspert sich, dann sagt sie, indem sie Voßkuhle drohend von unten herauf
anschaut: „Sie lehnen sich ziemlich weit aus
dem Fenster, mein Herr! Mir scheint, Sie stehen nicht auf dem Boden des Grundgesetzes."

Der oberste Republikrichter zuckt für eine Sekunde zusammen, reckt sich dann zu seiner
ganzen großen Größe auf und sagt: „Ich habe
mit diesen Sachen beruflich ein Lebtag lang zu
tun, während Sie, Frau Bundeskanzlerin, die
Dinge nur aus dem Kreis erlauchter Zwischen-
berichterstatter erfahren. Ich muss Ihnen zu
Herrn Mollath etwas sagen, was Ihnen nicht
gefallen wird. Der Skandal um Gustl Mollath ist
leider kein Einzelfall der lautlosen politischen
Disziplinierung. Er ist aber aktuell der spekta-
kulärste Fall und zwar auch nur deshalb, weil
er durch nationale Medien und eine große Un-
terstützergruppe bekannt wurde. Erinnert sei
in diesem Zusammenhang an den Fall der vier
Steuerfahnder aus Hessen. Da ging es um Ge-
fälligkeitsgutachten eines Psychiaters im Dien-

ste der Regierungspartei, um unliebsame Beamte zu neutralisieren. Gustl Mollath ist also durchaus kein Einzelfall. Entschuldigung, Herr Möller, dass ich Sie mit Ihrem Klarnamen benenne, aber ich bin nun mal korrekter Jurist."
Die Kanzlerin hält sich die Ohren zu und sagt: „Sie sind verrückt." Dann stöhnt sie. „Und Sie sind obendrein ein Ketzer. Wenn ich könnte, würd ich Sie entlassen."

Möller schaut sie entsetzt an. „Was reden Sie da? Was unterstellen Sie dem höchsten Richter? Ist auch er wahnsinnig? Ja, Ketzer, Ketzer! Unglaublich! Der »Ketzer« von früher »leidet« heute lediglich an »paranoiden Wahnvorstellungen«. So modern sind wir. Und der »Vogelfreie« des Mittelalters ist nach aktuellem Sprachgebrauch vielleicht an »schizo-affektiven Störungen« erkrankt. Frau Kanzlerin, danke für Ihre Offenheit, Sie haben es mit dem Begriff vom »Ketzer« auf den Punkt gebracht!"

Die Kanzlerin zeigt ihm die lange Nase und schwingt ihren Oberkörper wie eine Transe hin und her.
„Sie sind albern!" sagt Möller.
Angie glotzt in die andere Richtung - man kennt es von der Regierungsbank - und sagt: „Na und?"

In diesem Augenblick fühle ich mich selbst als Anwalt und ich höre wie ich sage: „Frau Kanzlerin, Sie haben unbewusst das Forensik-System demaskiert. Die sozialen Auswirkungen für den von diesem System Verfolgten haben sich im Vergleich zur Hexenverfolgung im Mittelalter nur wenig geändert. Der Verfolgte fällt aus dem allgemeinen Rechtssystem heraus, von nun an steht er isoliert außerhalb der Gesellschaft. Damit bezahlt er den Preis dafür, dass es uns bis heute nicht gelungen ist, unsere Instinkte mit unserem Verstand zu versöhnen."

„Das ist mir zu hoch", sagt die Kanzlerin und geht hinüber an den Tisch, wo Klipstone und Tiefenbach schweigend im Zwiegespräch vertieft sind. Der Schriftsteller kann sich mit dem Orthopäden sehr gut über Probleme der Grammatiken, Semantik und Linguistik unterhalten. Eben sagt Felix Klipstone etwas zu Winni, was beide nicht hören können, etwas, was sogar die Kanzlerin nicht hört, obwohl sie an diesem lautlosen Gespräch Anteil hat.

„Ich interessiere mich für die Allgemeine Sprachwissenschaft." Klipstone sagt das ohne jedwede Betonung, als sei ihm das trotz bekundetem Interesse ziemlich egal. Seine Lippen bewegen sich kaum.

Winni schaut kurz mit professoralem Blick auf und fragt: „Womit beschäftigt sich diese Wissenschaft?" – obwohl er es natürlich weiß.

Tonlos sagt Klipstone: „Sie beschäftigt sich in erster Linie mit der menschlichen Sprache insgesamt als natürliches System, befasst sich also grundsätzlich nicht mit Einzelsprachen als solchen, sondern mit allgemeinen Merkmalen und Funktionen von Sprache."

„Das könnte mich interessieren", sagt Winni ohne seinen Mund zu bewegen. „Ich bevorzuge das Erstellen von abstrakten Modellen hinsichtlich des Aufbaus der menschlichen Sprache."

Die Kanzlerin nickt vielsagend, hat aber kein Wort verstanden. Quantenphysik würde sie interessieren, aber davon spricht hier keiner. Sie sitzt bequem in einem der begehrten Ohrensessel und äußert sich ebenso lautlos wie die beiden. Sie hat sich zu oft mit der Erforschung des biologischen Ursprungs und der biologischen Grundlagen von Sprache und Sprachverwendung beschäftigt und als Forschungsergebnis den Schluss gezogen, dass Reden Silber und Schweigen Gold ist. Sie kann gut schweigen. Jetzt aber träumt sie.

Ihr Traum führt sie zum Kanzleramt in der Willy-Brandt-Straße 1 nach Berlin-Mitte. Gerade klingelt das mit fünfzig Sternchen verzierte Telefon. Das muss Obama sein. Er ist es. Er verspricht ihr ein neues Jackett und eine Brustvergrößerung, damit sie bei den kommenden Wagner-Festspielen gut rauskommt. Nebenbei erwartet er mehr Sanktionen gegen Putin. „Ja, ja", sagt sie und muss lächeln. Sie freut sich über Obamas Angebot. Er ist so charmant. Aber irgendwie hat er sie in der Hand und sie beginnt unruhig zu werden. Allmählich wird ihr schöner Traum zum Albtraum. Sie muss zusehen, wie sie selbst ein Dekret unterzeichnet, das es Barak erlaubt, zwanzig Atomsprengköpfe in Deutschland zu stationieren.

Da fällt ihr im Traum ein, dass bereits zwanzig Atombomben am Standort Büchel in der Eifel stationiert sind, ohne dass je eine Bundesregierung um Zustimmung gefragt worden wäre. Jetzt hört sie Obama am anderen Ende der Standleitung befehlen, sie möge pro Bombe zwanzig Millionen Dollar zur Verfügung stellen. Sie weiß - sogar im Traum -, dies dürfte dazu führen, dass die in Deutschland gelagerten freifallenden Atombomben des Typs B61 zu präzisen Lenkwaffen umgerüstet werden. Das wird Schatzmeister Schäuble um 333 Millionen Euro erleichtern. Sie schreckt aus ihrem

Traum auf und hört wieder, wie sich Klipstone und Tiefenbach stumm unterhalten.

Angela Merkel weiß, was sie nach der Party erwartet: der übliche Meprobamatdämmer, Frauenschreie und die klebrige, neblige Tristesse, die an eine nachmittägliche Bowlingbahn erinnert. Sie genießt noch eine Weile die nette lautlose Unterhaltung mit Klipstone und dem Herrn Professor der Orthopädie. Sie hat keine Erinnerung mehr an Joachim Sauer. Herr Professor Tiefenbach beeindruckt sie, weil er Gelenke sprechen hören kann. Das ist ein richtiger Professor. So etwas findet sie als Physikerin interessant. Sie hat auch einmal mit dem Mond gesprochen und mit der Geschwindigkeit. Sie hat die Massenbeschleunigung um Rat gefragt und mit den Atomfässern in einem Salzstock zu Mittag gegessen. Manchmal versteht sie nicht, was aus ihr geworden ist.

Sie hätte wahrlich mehr als nur Kanzlerin werden können.

Kapitel 8

Das Abendessen ist um 18 Uhr. Zwei Stunden vorher hat Gustav Möller seine erste Therapiestunde in der Landesnervenklinik Lowbrook. Ich erfahre es erst, als er plötzlich aufsteht und sich von mir flüsternd verabschiedet. „Ich habe jetzt einen Termin bei Dr. Dresdener. Kennst du ihn?"

Ich schaue auf die Uhr. Es ist kurz vor 16 Uhr. „Nicht wirklich", antworte ich. „Er ist neu hier. Hatte erstmalig heute Vormittag eine Therapiestunde bei ihm. Einer der üblichen Langweiler, die uns klarmachen wollen, dass wir nicht richtig ticken. Aber da ist noch etwas. Er ist einfach noch komischer als die anderen."

Gustav will gehen und ich biete ihm meine Begleitung bis zu seinem Zimmer an. Ich wünsche ihm, ohne es zu sagen, dass er von all den Verordnungen verschont bleiben möge, die man ihm hier wohl aufzudrängen vorhat. Er verabschiedet sich höflich vom Präsidenten des Bundesverfassungsgerichtes. Er schaut bei der Kanzlerin vorbei, die immer noch mit Klipstone und Tiefenbach schweigend im Gespräch vertieft scheint. Er nickt ihnen kurz zu und bedankt sich beim Gastgeber. Felix schaut zu ihm und sagt: „Keine Ursache. Sie sind mir ein immer willkommener Gast."

Möller kann es nicht glauben, dass man ihn hier so höflich aufnimmt. Gerade auch seitens der Patienten. Normalerweise haben sie sich in den Anstalten, in die er bisher verbracht wurde, untereinander zermürbt oder gar angegiftet, im besten Fall hat man sich ignoriert.

Ich begleite ihn zurück in die geschlossene Abteilung. Vor seinem Zimmer trennen sich unsere Wege. Ich gehe den Gang weiter und betrete den Raum, der mir hier zugewiesen wurde. Ich habe mich mit der Unterkunft angefreundet. Wir sind inzwischen eine Einheit. Ich vertraue auch den Matratzen, unter denen mein Manuskript versteckt ist. Plötzlich fällt mir auf, dass Möller und ich die einzigen aus der geschlossenen Abteilung waren, die an der Party teilnehmen konnten. Normalerweise ist das unmöglich. Je mehr ich darüber nachdenke, komme ich ins Grübeln, was es mit Möller und mir und unserer Vorzugsbehandlung auf sich haben möge. Und dann fällt es mir wie Schuppen von den Augen. Man will ihm endlich ein Geständnis und die Einsicht in seine seelische Krankheit entlocken. Und ich bin der Lockvogel.

Ich schaue aus dem vergitterten Fenster, wo nun die einst sommerliche Morgen- und Mittagssonne wie von Geisterhand beiseitege-

schoben und stattdessen eine Regenwand auf-
gestellt wurde. Die noch vor wenigen Stunden
lässig herabhängenden Äste der Birken mit
ihren zarten Blättchen werden von einer unsichtbaren Kraft gepeitscht, als hätten sie sich
einem SM-Studio anvertraut. Im Gegensatz
zum frühen Morgen hat sich aus meiner Sitzsituation vom Bett aus der einst sommerblaue
Himmel in eine düstere Wolkenwand verwandelt; ich sehe es durch das fein gerasterte
Fenstergitter. Bei meiner Ankunft hatte das
Gitter meine Sicht gestört, aber jetzt wäre ich
froh, wenn ich einen Rollladen aus Stahl her-
unterlassen könnte.

In der Frauenabteilung, zirka dreihundert
Schritte von meinem Zimmer entfernt, im Pa-
rallelgebäude, sitzt die Kanzlerin ihrer Therapeutin gegenüber. Wie immer schaut sie erwartungsvoll auf die Lippen der Therapeutin,
die sich allerdings nicht dazu hergeben, auch
nur ein einziges Wort zu formen. Normalerweise ist genau das die Masche der Kanzlerin,
aber dies hier trifft ihren Nerv, denn man be-
handelt sie nun schon seit Monaten auf diese
herablassende Weise, was sie sich nicht länger
gefallen lassen wird. Sie will auspacken.

„Ich bin Jungfrau", sagt die Kanzlerin.

Die Therapeutin, Manuela Schwesig, nickt und schweigt. Angela Merkel kann die Schwesig nicht leiden. Obwohl oder weil Manuela Schwesig ausgebildete Verhaltenstherapeutin ist, hatte sie sich einmal bei Frau Merkel als Familienministerin beworben, aber Angela mochte nur Frauenzimmer, die ihr ergeben waren. Sie bedankte sich für die Bewerbung und ließ die Unterlagen an Frau Schwesig zurücksenden. Und jetzt? So schnell können sich Machtverhältnisse ändern.

„Ah, Jungfrau!" sagt Schwesig.
„Erstaunt Sie das?" fragt Merkel.
„Sternzeichen?"
„Nein", sagt Merkel, „ich als Frau bin Jungfrau. Man hat mich nicht entjungfert."

Manuela Schwesig hasst Frauen, die kinderlos sind. Als Familienministerin hätte sie alles getan, damit der Jungfernstatus der Frauen gebrochen und Frauen erst einen deutschen Pass erhalten, wenn sie Mütter sind. Sie hasst auch Discos.

„Haben Sie schon einmal eine Disco besucht?" fragt sie die Kanzlerin. Dabei lehnt sich Manuela Schwesig etwas zurück, als wolle sie der Kanzlerin Entspannung signalisieren. Eine bewährte Falle.

Angela Merkel erinnert sich der Zeit, als sie noch Angela Dorothea Kasner hieß. Und sie erinnert sich daran, was ihr einmal ein attraktiver Mann in der FDJ-Disco am Berliner Alexanderplatz kurz vor Mitternacht gesagt hatte, als sie auf ihre religiöse Erziehung hinwies, um der Entjungferung zu entgehen. „Ein Mensch wird nicht dadurch gläubig, dass er in einem Pfarrhaus aufwächst."

Sie hat diesen Mann und die Disco in schlechter Erinnerung behalten, weil sie am nächsten Morgen um 7:15 Uhr ihren Arbeitstag an der Akademie der Wissenschaften in Adlershof beginnen musste. Da war sie gerade FDJ-Propagandistin geworden.

„Eine erbärmlich frühe Zeit. Also früh nach den gammeligen Studienjahren in Leipzig", sagt Angela.

„Und?" fragt Schwesig, die nicht weiß, was sie mit dieser Information anfangen soll.

„Und viel zu früh für geistige Arbeit", antwortet die Kanzlerin. Vom S-Bahnhof Adlershof aus trottete Angie an den mit hohem Stacheldraht verbarrikadierten Gebäuden des DDR-Fernsehens vorbei, sah gegenüber auf der anderen Straßenseite die mächtigen Kasernenmauern des Wachregimentes »Feliks Dzierzynski« der DDR-Staatssicherheit, steuerte auf die dichten Schlehenbüsche zu, hinter denen sich ihre Wissenschaftsbaracke verbarg, und ließ sich müde auf ihren Bürostuhl fallen, um schließlich die Ärmelschoner überzustreifen. Sie trugen damals tatsächlich noch Ärmelschoner. Es muss 1979 gewesen sein.

„Geistige Arbeit", wiederholt die Therapeutin.
„Ärmelschoner", sagt die Merkel.
„Das hat sie am meisten beeindruckt?"
„Nein, nicht das."
„Was dann?"
Manuela Schwesig nimmt wahr, wie sich die Hände der Kanzlerin unbewusst zur Raute formen.
„Wie, was dann?" sagt die Kanzlerin und ihre Stimme wirkt monoton. Sie will nicht mehr reden. Aber die Zeit scheint stehengeblieben. Sie muss hier noch ausharren, und mit einem Mal bricht alles aus ihr heraus, was sie an der Party würdelos fand. Dass Putin sie versetzt habe. Das Obama nie seine Versprechen hält.

„Waren die Herren denn anwesend?" fragt Schwesig.
„Natürlich nicht", sagt Merkel. Aber Gauck sei anwesend gewesen und mit einer pyromanischen Hausfrau durchgebrannt.
„Der Herr Präsident ist nicht mehr auf unserem Gelände?" will Schwesig wissen.
„Das hab ich nicht behauptet", sagt Merkel.

„Aber Sie haben es angedeutet."

„Kann man mit Ihnen nicht ein einziges Mal vernünftig reden?" Angela Merkel kommt selten in Rage, aber soeben hat es die Therapeutin übertrieben. Jetzt ist die rote Linie überschritten. Obama hätte schon lange vorher Sanktionen verhängt oder einen Flugzeugträger losgeschickt. Die Kanzlerin ist zu allem entschlossen. Sie wird eine erste Stufe von Sanktionen gegen ihre Therapeutin verhängen. Sie sagt: „Ich rede ab jetzt kein Wort mehr mit Ihnen. Weder teile ich mit Ihnen meine Gedanken noch meine Vokabeln."

„Kann ich etwas dagegen tun?" fragt die Therapeutin höflich.

„Ja, wenn Sie sich endlich einmal benehmen könnten."

Fast zeitgleich führt im Männerabteil der geschlossenen Anstalt, nur drei Gehminuten von der Kanzlerin entfernt, Gustav Möller sein Erstgespräch mit seinem Therapeuten, Herrn Dr. Klaus Dresdener.

„Ich kenne Ihre Akte, Herr Möller, und wir beide brauchen uns nichts vorzumachen: Sie sind hier in besten Händen. Besser aufgehoben, können Sie im Moment nicht sein. Sind Sie bereit, sich von mir untersuchen zu lassen? Sie wissen, dass man Sie nur dann freisprechen und entlassen kann."

„Eine Untersuchung kommt nicht in Frage", sagt Möller. „Sie müssten das der Aktenlage entnommen haben. Auf keinen Fall lasse ich mich psychiatrisch untersuchen. Und das ist mein gutes Recht. Oder lassen Sie sich vielleicht ohne Grund psychiatrisch untersuchen?"

Dresdener zückt einen Stift und notiert für sein später zu erstellendes Gutachten: „Der Patient weist Zeichen einer deutlichen Überheblichkeit in Form von Verweisen auf die Kenntnisse seiner Rechte auf." Damit sagt der Psychiater zwar weitaus mehr über seine eigene Verfassungstreue aus als über den Geisteszustand seines Probanden, aber dies fällt in diesem Moment niemandem auf, da niemand weiß, was der Doktor da zusammenschreibt.

„Die verantwortliche Schwester Ihrer Station hat mir etwas berichtet, wozu ich Sie fragen möchte. Weshalb tragen Sie in Ihrem Zimmer kein Schuhwerk und laufen barfuß?" will Dresdener wissen.
„Weil es mir gefällt", antwortet Möller.
„Warum bestehen Sie auf der altmodischen Kernseife als Pflegemittel?" fragt der Psychiater.
„Weil ich keine parfümierte Seife vertrage", sagt Möller.

Wieder zückt der Herr Doktor den Stift und notiert, was das Gericht später als Gutachten zu lesen bekommen wird: „Der Patient weist deutlich bizarre Verhaltensmuster mit demonstrativer Komponente auf." Als Beweis nimmt er auf die Kernseife und das Barfußgehen Bezug. Als Zeugen in dieser Sache notiert er den Stationsarzt und Schwester Linda, mit der eine Affäre hat und die ihm mit ihrem Herzblut alles bezeugen wird.

Möllers Therapeut gönnt seinem Patienten und sich eine kleine Pause. Er denkt nach. Die Kollegen in Bayern hatten von Möller die Schnauze voll. Sie waren in Beweisnot. Kernseife und Barfußgehen waren schon dort das einzige Thema gewesen; viel zu dürftig, um den idiotischsten Richter zu überzeugen.

Die eigentliche Haupttat, von der Möller sagt, sie habe nie stattgefunden, liegt zu diesem Zeitpunkt bereits vier Jahre zurück. *Was soll ich jetzt denn noch begutachten, wenn man Möller auf weitere Jahre zum Spezialgefangenen der Forensik machen will,* hat Dresdener den Minister gefragt, als ihm vor zwei Monaten in Aussicht gestellt wurde, diesen besonders hartnäckigen Fall an Land ziehen zu können. Man würde Möller in die Landesnervenklinik Lowbrook verbringen und Dresdener würde dort zeitgleich auf den Chefsessel befördert. Wünschenswert wäre, wenn es ihm gelänge, ein stich- und hiebfestes Gutachten vorzulegen, das beweist, wie gemeingefährlich Möller noch immer sei. Dr. Dresdener sagte zu. Das wäre die Krönung seines falschen Lebenslaufes. Hätte er diese Sprosse einmal erklommen, käme niemand auf den Gedanken, sich den Einzelheiten seines erfundenen beruflichen Lebenslaufes zu widmen. Vom Postboten zum Klinikchef einer landesweiten Anstalt! Der falsche Doktor hatte in sich hineingeschmunzelt.

Da Dresdener die Beweisnot erkennt, fragt er vor Möllers Einlieferung im LNL bei der Staatsanwaltschaft an, ob denn nicht Ermittlungsergebnisse jüngeren Datums gegen seinen zukünftigen Probanden verfügbar seien. Die sogenannte »Sachbeschädigungsakte«, die ihm daraufhin übersandt wird, ist für den falschen Doktor fast zu schön, um wahr zu sein: Mit zahlreichen Vorwürfen der Reifenstecherei, alle angeblich von Möller innerhalb von vier Wochen begangen, verfügt er nun über aktuelle Anknüpfungstatsachen wie aus dem Bilderbuch. Daraus, denkt er, lässt sich eine wunderschöne Gemeingefährlichkeit konstruieren. Nicht einer dieser Fälle kann Gustav Möller zugeordnet werden. Aber das stört den falschen Doktor nicht, weil es – was er noch nicht wissen kann – erst zehn Jahre später im Wiederaufnahmeverfahren gerichtlich festgestellt werden wird. Dann also, wenn auch Dresdeners erfundener beruflicher Lebenslauf auffliegt.

Der Psychiater, dem der Minister einen steilen Aufstieg versprochen hat, hat es nicht zu interessieren, ob Möller die Taten getan hat oder nicht. Ihm genügt die Akte. Er muss auch Möller nicht zu den Vorwürfen fragen. Er nimmt die Akte für bare Münze. Und daran denkt in diesem Moment der scheinbare Therapeut, als er Möller gegenüber sitzt. Er muss sich keine große Mühe mehr machen, um Möllers Gemeingefährlichkeit zu beweisen. Nur ein paar Kleinigkeiten noch, die den wirren Geisteszustand des Angeklagten, den er hier höflicherweise »Patienten« nennt, detailgetreu zu belegen. Die Kernseife zum Beispiel.

„Ich gebe Ihnen die Chance, sich von der Kernseife würdig zu verabschieden und ein normales Seifenprodukt unseres Hauses anzunehmen", sagt Dresdener. Er weiß, dass Möller ablehnen wird.

Möller schüttelt energisch den Kopf. „Kernseife ist gesünder und wäre zudem für Ihr Haus wesentlich preiswerter als die parfümierten Seifen."

Dresdener greift seinen Stift und notiert: „Der Angeklagte forderte weiter sehr haftend und fixiert Kernseife und hat sich nicht darauf eingelassen, einen anderen Hygieneartikel zur Körperreinigung zu nutzen."

Wenn Dresdener sich auf die Kernseife einschießt, so weiß er, dass es bereits gleiche Vorbefunde aus Bayern gibt. Er kennt auch die bayrische Aktenlage, in der es in einer »Pflegedokumentation« heißt: „Unter dem 17.02. ist vermerkt, dass dem Angeklagten durch einen Mitarbeiter Schmierseife mitgebracht worden war. Der Angeklagte hat daraufhin begonnen, zunächst das Kleingedruckte auf dem Äußeren der Tube zu lesen. Auf Nachfrage des Mitarbeiters kurze Zeit später, ob der Angeklagte jetzt baden würde, hätte dieser den Mitarbeiter nur angelächelt und erklärt, er hätte sich die Telefonnummer, die auf der Verpackung stand, aufgeschrieben und würde dort anrufen, sobald er wieder draußen sei. Der Angeklagte stinkt."

Der Therapeut geht zum Frontalangriff auf Möller über: „Warum haben Sie in der bayrischen Psychiatrie jegliche Körperpflege abgelehnt und noch nicht einmal Schmierseife akzeptiert?"

„Was man mir überreichte, war keine Tube sondern ein Kanister. Und er enthielt auch keine Kernseife zur Körperpflege, sondern ein Reinigungsmittel für Küchenmaschinen."

„Sie unterstellen Ihren Ärzten, man habe Ihnen aggressives Reinigungsmittel als Schmierseife angedient, um einen Wutausbruch zu provozieren?"

„Das haben Sie gesagt, Herr Doktor", sagt Möller.

„Unfassbar!" Dresdener schüttelt scheinbar entrüstet den Kopf.

„Ist es so undenkbar, dass man vielleicht auf diese Weise greifbare Ergebnisse für eine Begutachtung zu generieren versucht?" fragt Möller. „Oder haben Ihre bayrischen Kollegen schlicht Kernseife zur Reinigung von Maschinen benutzt?"

Dresdener gibt natürlich keine Antwort, denn nur er stellt hier die Fragen. „Womit beschäftigen Sie sich derzeit?"

Möller schaut ihn erstaunt an. „Natürlich mit meiner Freiheit beziehungsweise dem Mangel an Freiheit."

Dresdener nimmt den Stift vom Tisch auf und notiert für sein Gutachten: „Der Angeklagte erklärt in läppischer Weise, dass das meiste, was ihn beschäftige, seine Freiheit sei."

Der Therapeut überlässt sich und den Patienten Möller für die nächsten vier Minuten ihren eigenen Gedanken. Dresdener sagt sich, dass fast alle Irren immer nur von der Freiheit reden. Fast wäre er geneigt, gerade daran festzumachen, wie wahnhaft Möller ist. Aber dann denkt er auch an seinen Lieblingspatienten Joachim Gauck, dem die Freiheit so sehr ans Herz gewachsen ist, dass er sich gerade noch vor wenigen Stunden die Freiheit genommen hatte, seine Therapiestunde als Napoleon Bonaparte, als Kaiser Napoleon I., wahrzunehmen. Ja, Gauck als ein französischer General, als pseudorevolutionärer Diktator und Kaiser, das konnte sich Dresdener sehr gut vorstellen. Das war kein Krankheitsbild. Gauck ist prädestiniert, denkt sich der falsche Arzt, um als Bundespräsident der Bundesrepublik Deutschland endlich Reisefreiheit im Übermaß zu genießen. Für ihn hatte sich das Volk erhoben, als es rief: „Du bist das Volk! Du bist das Volk!" Für ihn, Joachim Gauck, hat sich alles rentiert im Sinne der Rendite.

Aber auch für ihn, Klaus Dresdener, hat sich die Hochstapelei gelohnt. Dresdener kratzt sich genüsslich am Kinn.

Nein, Joachim Gauck ist nicht krank, er ist hier lediglich ein gern gesehener Ehrengast. Möller hingegen ist wirklich zutiefst erkrankt. Er hat in mehreren Bereichen ein paranoides Gedankensystem entwickelt. Damit Dresdener die Gedanken, die ihm spontan einfallen, nicht verloren gehen, notiert er: „Hier ist einerseits der Bereich der Schwarzgeldverschiebung zu nennen, in dem der Angeklagte unkorrigierbar der Überzeugung ist, dass eine ganze Reihe von Personen aus dem Geschäftsfeld seiner früheren Ehefrau, diese selbst und nunmehr auch beliebig weitere Personen, die sich vermeintlich oder tatsächlich gegen ihn stellen, in dieses komplexe System der Schwarzgeldverschiebung verwickelt wären. Als weiterer Bereich eines paranoiden Systems des Angeklagten ist dessen ‚krankhaft überzogene' Sorge um seine Gesundheit, die Ablehnung der meisten Körperpflegemittel, von Nahrungsmitteln aus nicht biologisch-dynamischem Anbau und möglicherweise die von ihm gemachte Angabe, u.a. eine Bleivergiftung erlitten zu haben, zu werten."

Gustav Möller räkelt sich in seinem Sitz und sagt: „Ich bin sehr müde. Es ist mein erster Tag hier, und ich würde gerne noch etwas ausruhen."
„Sie können bald ausruhen, mein Herr, aber ich habe noch einige Fragen an Sie."

Kapitel 9

Die Kanzlerin hat ihre Sitzung heute vorzeitig beendet. Das kann sie, weil sie sich freiwillig einweisen ließ, na ja, was heißt freiwillig. Sie kann die Sitzung auch deshalb einfach für beendet erklären, weil sie ihrer Funktion gemäß über einen Sonderstatus verfügt. Eine Art Hoeneß-Status. Sie will in der Cafeteria noch ein Tässchen Kaffee trinken, bevor sie zur nächsten spannenden Sitzung geht, an der der Neuankömmling Möller noch nicht teilnehmen kann. Leider, denkt sich die Kanzlerin, denn sie hätte ihn gerne auseinandergepflückt.

Dieser kleine rachsüchtige Gedanke verschwindet jedoch schnell hinter dem großartigen Versprechen ihres afroamerikanischen Freundes Barack, der ihr für die kommenden Wagner-Festspiele in Bayreuth eine Brustvergrößerung spendiert hat. Wollte er in Washington nicht einen Gutschein für Sie zur Post bringen?

Es ist jetzt halb fünf Uhr. Draußen ziehen die Wolken über den dunklen Himmel und regnen ohne Unterlass. Der Wind wird stärker, die Vögel sind plötzlich unsichtbar. Drinnen, in der Anstalt von Rumsmountain, das den Tarnnamen *Flugsportzentrum* trägt, ist die Zeit durch

Stundenpläne strukturiert. Für die nächsten sechzig Minuten steht Gruppentherapie auf dem Plan, und alle – außer Möller – müssen heute teilnehmen. Man will den Gemeinschaftsgeist fördern, jedenfalls jetzt, kurz bevor der hessische Ministerpräsident kommt, um den Ämterwechsel in der Chefetage der Landesnervenanstalt Lowbrook vorzunehmen, wovon die Patienten erst nach dem Abendessen erfahren werden, um vorher keine unnötige Unruhe aufkommen zu lassen. Selbstverständlich wird der Noch-Klinikchef, Dr. Wagner, die Gruppentherapie persönlich leiten. Sein letzter großer Akt.

Man könnte die Männer und Frauen der LNL, die sich vor Wagner versammelt haben, als eine Familie beschreiben, die sich an den Abendbrottisch setzt: Macht, Ergebenheit gegenüber dem Oberhaupt, Bündnisse und Bedürfnisse kommen durch die Platzwahl zum Ausdruck. Der Bundespräsident sitzt ganz allein ganz vorn und hebt immer, wenn Wagner fragt, ob jemand etwas sagen möchte, die Hand, mit der er sich im Schritt gekratzt hat. Hinter ihm sitzen im Halbkreis die weniger Verrückten, zehn oder elf Männer, darunter Tiefenbach, Lammert, Voßkuhle und manchmal, wie auch heute, Klipstone, neben dem ich sitze. Hinter uns sitzen sechs Frauen, wobei die Kanzlerin durch ihre Raute hervorsticht. Dr. Wagner hat sich erst gestern mit Dr. Dresdener um die Frage gestritten, ob der Herr Bundespräsident verrückter sei als Professor Tiefenbach. Man konnte sich nicht einigen, da Dresdener meinte, der Patient Gauck sei der Vernünftigste von allen. Wagner ist vom Gegenteil überzeugt.

Alle anderen Patienten, die Katatoniker, die unter permanenter Anspannung vom Kopf bis zum Fuß leiden, die Dauerquassler und Altersdementen, deren erstarrte Körper die Korridore schmücken und die für das akustische Ambiente sorgen, das man in einer normalen Irrenanstalt erwartet, sitzen oder stehen am Rand wie der Chor in einer griechischen Tragödie. Mit diesen psychisch Kranken kommt Dr. Wagner, dessen letzte Gruppensitzung auf Rumsmountain schlägt, nur schleppend voran. Viele sitzen einfach auf ihrem Stuhl, auf den ihn die Pfleger oder Schwestern gesetzt haben, und nehmen an der Sitzung ebenso wenig teil, als wären sie auf dem Außenring des Saturn.

„Na, dann wollen wir mal", sagt Wagner. „Beim letzten Mal haben wir über Herrn Lammerts Mutter gesprochen und darüber, wie sie ihn beim Onanieren erwischt hat."

Ein runzliger Graubart aus dem Kreis der Kata-toniker steht auf und imitiert das Spiel auf ei-ner Gitarre. „Aber aus ihm ist trotzdem was geworden", ruft er in die Runde. „Er hat mich eingeladen. Er hat mich eingeladen."

„Biermann, halten Sie sich an die Spielregeln. Melden Sie sich, wenn Sie etwas zu melden haben", sagt Wagner.

Unter den Katatonikern sticht Biermann durch seine eigenartige Form des Sprechgesangs heraus. Ein widerlich-schauriges Gejammere wie aus dem verfaulten Mund eines Dra-chentöters. Freitags bewerfen ihn seine Mitpa-tienten regelmäßig mit Fisch wie Troubadix von den Bewohnern des unbeugsamen, rechts-staatlichen Asterix-Dorfes beworfen wird, wenn er zu singen anfängt. Biermann fühlt sich heute wie der Barde. Die Meinungen über sein Talent sind geteilt. Ebenso wie Troubadix fin-det auch Biermann sich selbst genial, alle an-deren finden ihn unbeschreiblich doof. Doch wenn Biermann schweigt, ist er ein weinseli-ger Geselle und man könnte ihn fast fröhlich nennen, trotz seiner ausgelebten Verbitterung.

Der DDR-Absolvent Biermann, der sich im Westen ein Millionenvermögen anhäufen konnte - so gab er hier einmal bescheiden im Kreise seiner erlauchten verrückten Zuhörer bekannt -, steht jeden Morgen wortlos auf und widmet sich penibel seinem Erscheinungsbild: Er streicht sich Pomade ins graue Haar, setzt seinen extravaganten dunkelblauen Hut mit gelbfarbenem Hutband und breiter Krempe auf, parfümiert seine leblose Gitarre, seine von Altersflecken übersäten Hände und faltet ein Taschentuch, das er in die Brusttasche seines Holzfällerhemdes steckt. Und nach all diesen morgendlichen Verrichtungen verharrt er dann für den Rest des Tages stumm und praktisch reglos und wartet auf Applaus.

Ich pflege unterdessen eine andere Absonderlichkeit. Mein Therapeut sagt, da ich es so häufig praktiziere, sei es quasi eine Zwangshandlung. Ich versuche, Gegenständen das Fliegen beizubringen. Manchmal gelingt es mir und das Frühstücksgeschirr fliegt kopfüber vom Tisch auf. Dann ist mein Tag gerettet. Was die Gruppentherapie betrifft, so habe ich gemischte Gefühle.

Auf der letzten gruppentherapeutischen Sitzung hat Dr. Wagner im Alleingang die Biografie eines Abwesenden auseinandergepflückt und mit sich selbst diskutiert. Währenddessen starrte Biermann unentschlossen ins Leere und wurde von einer x-beliebigen Ballade oder einfach von irgendeiner Phantasmagorie seiner eigenen Welt heimgesucht. Kein Mensch weiß, was er sah. Vielleicht eine Armee roter Ameisen, entschlossen, ihn zu vernichten.

„Na gut", sagt Wagner, als Biermann so teilnahmslos wirkt wie beim letzten Mal. „Dann machen wir doch bei Ihnen weiter, Professor Tiefenbach."
Tiefenbach, der eben noch vollkonzentriert den Gelenkgeräuschen von Biermanns Gitarrenknöchel zuhörte, sieht verträumt lächelnd auf.
Wagner lächelt ihm falsch entgegen. „Es gibt ein Thema, Professor, das wir einmal in der Gruppe besprechen sollten und das, wie ich weiß, etwas heikel ist. Ich glaube aber, es ist wichtig, dass wir alle Ihnen helfen, sich damit zu befassen. Damit wir an Ihrer Rückkehr in das Gießener Orthopädiezentrum arbeiten können, wo man Sie, wie ich weiß, sehr vermisst."

Natürlich hat man Tiefenbach dort seit Jahren völlig vergessen, weil Tiefenbachs Heimat und Praxis seit Jahren die Anstalt auf Rumsmountain ist.

„Ja, ja", pflichtet Tiefenbach ihm bei. Zuerst sieht man keine Regung im Gesicht des Professors.

Klipstone und ich sehen einander mit zusammengekniffenen Augen an. Wir empören uns bereits ein bisschen über Wagner, denn wir ahnen den Übergriff, die Bekanntgabe von Tiefenbachs bislang unbekannter Vorgeschichte. Die Geschichte über seine herrschsüchtige Exfrau, die nun bei einem noch besser bezahlten Radiologen in den USA lebt. Aber wir sind auch neugierig, ob Wagner es wagt.

„Dieses Thema, Professor, ist Ihre Familie", sagt Wagner.
„Meine Familie?" fragt Tiefenbach.
„Seine Familie?" denke ich.

Tiefenbachs Verwandlung hat bereits begonnen. Ich muss in diesem Augenblick an eine dieser Transformer-Figuren denken. Der freundliche, gelassene Tiefenbach umklammert sich selbst. Er schlingt die Arme um den Kopf, sodass die Ärmel seines Jacketts alles verdecken. Ärger? Leid? Tränen? Wut? Verzweiflung? Angst?

„Das ist Vergangenheit, Professor Tiefenbach. Vergessen Sie das nicht. Es kann Sie nicht noch mehr quälen, als es Sie schon gequält hat. Hören Sie mir zu: Ihre Familie gibt es nicht mehr, aber ..." Dr. Wagner scheint seine eigenen Worte sichtlich zu genießen.

In diesem Moment schließt Tiefenbach seine Transformation ab. In all den Wochen seit meiner Einweisung haben die Linien von Tiefenbachs Körper – Halswirbelsäule, Schlüsselbeine, Oberschenkel, Ellbogen, Wadenbeine – nach innen gewiesen, auf einen Punkt in der Nähe der Magengrube. Tiefenbach war wie besessen von seiner Arbeit und hat sich daraus eine Art seltsamer geistiger Höhle gebaut, in der er lebt und forscht, in der er die Wissenschaft der Gelenkgeräusche pflegt und für nachfolgende Generationen konserviert. Doch jetzt, bei Wagners bloßer Erwähnung von Tiefenbachs aufgelöster Familie, kehrt sich das plötzlich um: Arme, Beine, Kinn werden nach außen gereckt, sein Hals reckt sich empor, es ist eine Pose von bemerkenswerter Erhabenheit, die, zusammen mit den unverständlichen Lauten, die er ausstößt, eindeutig an Miraculix, den ehrwürdigen Druiden, erinnert, der im Dorf des Asterix einen Trank braut, der übermenschliche Kräfte verleiht.

„Schakala Abama Olalla dunad danud filuuk!" schreit Tiefenbach.
„Witoola Knistera!" fährt er fort, bevor er sich auf seinen Stuhl fallen lässt. Er erschlafft so vollkommen wie eine Marionette, deren Fäden man durchgeschnitten hat, und wäre auf den

Boden geknallt, wenn nicht zufällig der Stuhl dort gestanden hätte.

Vielleicht ist er aber weniger ein Magier als vielmehr ein Gläubiger in einer Pfingstgemeinde, über die jene besagte sprachliche Vielfalt hereinbricht. Und Tiefenbach hat sich aus Versehen für eine völlig unverständliche Sprache entschieden. Das alles kann nur Gott wissen. Gleich darauf verfällt der Orthopädieprofessor wieder in eine Variante seines üblichen Gelenkgemurmels.

Jetzt kratze auch ich mich im Schritt, nicht um Joachim Gauck zu imitieren, sondern um mich mental auf meinen Angriff zu konzentrieren. „Sie sind ein erstklassiges Arschloch", sage ich mit Entschiedenheit zu Dr. Wagner. „Zu schade, dass Jan Tolpert Sie damals nicht nach Kundus mitgenommen hat. Aber Sie werden den Taliban eines Tages schon noch begegnen."

Einige schauen sich nach Jan Tolpert um, entdecken ihn nicht, entdecken auch nicht die schöne Tamara, aber niemand denkt sich etwas dabei. Solange es Wagner nicht auffällt, dass die beiden fehlen, solange ist wohl alles gut. Ich bin stolz auf meine ausformulierte Empörung.

Dies, so denke ich, ist eine meiner wahren Begabungen. In Augenblicken der Wahrheit und der Wut, wo andere straucheln, wo sie Ausflüchte suchen, wo ihre Stimmen beben und ihnen vielleicht die Worte fehlen würden, fällt mir oft das Richtige ein.

„Ach, Herr Koenig", antwortet Dr. Wagner, „wenn Sie sich beteiligen wollen ..."
„O ja", sage ich.
„Oooja, oooja", wiederholt einer der Katatoniker im Bariton, als wäre es die Basspartie des von mir damals besuchten A-cappella-Quartetts »Klangküsse«. Damals, als ich noch frei war.
„Ich würde gern über das sprechen, was Sie hierhergebracht hat, Herr Koenig", sagt Wagner.
„Unbedingt", antworte ich. „Ein Streifenwagen der Polizei von Greenmountain, gefahren von einem Streifenpolizisten, der aussah, als wäre er noch auf der Gesamtschule Lowbrook und aus den Flegeljahren nicht ganz raus."

Einige der Halbverrückten lachen. Ich finde es schmeichelhaft und ermunternd. Ich sehe in ihnen meine Unterstützer, obwohl ich weiß, dass sie auch bei der Gruppe der Humorlosen, bei Gauck, Lammert, Voßkuhle, Biermann und – am schlimmsten – bei Merkel unterstützend lachen würden. Ich bin froh, dass mein schreibender Kollege, und fast möchte ich sagen: mein Freund, Felix Klipstone, unter ihnen ist und mitlacht. Für einen kurzen Augenblick scheint sogar der großartigste aller Gruppentherapeuten in seinem traurigen Anzug zu lachen, aber das könnte auch ein Husten gewesen sein. Wahrscheinlich ist Wagners Mitlächeln nur Show, um die Gruppe emotional im Griff zu behalten und den Patienten zu signalisieren, dass er diese Art von Humor versteht, dass es aber um Wichtigeres geht als einen guten Witz.

„Ich weiß, dass Sie Humor benutzen, um Ihre Angst zu verbergen, Herr Koenig", sagt Wagner und schaut in den Kreis meiner Unterstützer, denn eigentlich will er sie, nur sie, überzeugen: Dass ich ein erbärmlicher Angsthase bin. Wenn er das schafft, hat er das Lachen meiner Unterstützer gebrochen und ihnen selbst das eingejagt, was er mir in diesem Moment unterstellt. „Das ist ein weit verbreiteter Abwehrmechanismus. Aber ich möchte, dass Sie uns davon erzählen, was eigentlich zu diesem Vorfall in Facebook geführt hat. Über die Sorgen, die ihre Familie und ihre Facebook-Freunde sich gemacht haben. Warum Ihre Nachbarin zum Beispiel findet, dass Sie hier am besten aufgehoben sind."

Er meint die Ex-Tierärztin, dieses hinterhältige Psychobiest.

„Sie verdammter ...", rufe ich. „Und wer sind Sie? Ein kleinkarierter Apparatschik, der seine Gutachten im Fließbandverfahren ..., der sich mit Tricks ..."

Norbert Lammert hat die erste Hälfte der Sitzung in apathischem Schweigen verbracht, wie er es von der Tribüne des Bundestages aus gewohnt ist. Doch die Wut, mit der ich jetzt protestiere, scheint in ihm etwas freizusetzen. Er schreit auf, und es ist ein solcher Schock, ihn heftig werden zu hören, dass es auf den Bänkelsänger Biermann wirkt, als hätte man ihn schon wieder ausgebürgert – und zwar in die Deutsch-Ukrainische Demokratische Republik, wo man ihm kein Geld zustecken, sondern ihn ausrauben und ihn auf den Kriegspfad Richtung Donbass schicken wird. Lammerts Aufschrei ist für Biermann, aber auch für den Rest der Psychopathen, ein Warnschuss.

„Ich will meinen Anzug!" schreit Lammert. „Ich will meinen guten Anzug! Ich will meinen Reichstag wiederhaben! Ich will auch meinen Frack! Jetzt! Sofort! Sofort!"

„Wir werden uns mit Ihnen befassen, wenn Sie an der Reihe sind", sagt Wagner mit schlecht verhohlenem Ärger.

„Sofort! Sofort! Sofort! Sofort!"

„Sofortsofortsofortsofort", wiederholt der Bariton-Katatoniker.

Im Laufe seiner psychiatrischen Forschungen hat Dr. Wagner oftmals festgestellt, wie wichtig es ist, sich nicht von der Leidenschaft der Patienten anstecken zu lassen und in einem ruhigen, gleichmäßigen Ton zu sprechen. Obgleich in dem allgemeinen Lärm nur wenige, wenn überhaupt irgendwelche Anwesenden seine Worte verstehen können, sagt er: „Herr Dr. Lammert, wenn Sie sich als Bundestagspräsident nicht zu benehmen wissen, werden Sie von dieser Sitzung ausgeschlossen werden, was, wie Sie wissen, bedeuten würde, dass Sie vorläufig keine Bundestagssitzung mehr leiten dürfen. Außerdem verlieren Sie Teile Ihrer Pensionsansprüche." - Wagner weiß, was bei diesen harten Fällen zieht.

„Ich sagte sofort! Ich will sofort meinen Smoking haben!" schreit der Bundestagspräsident und hebt das Kliniknachthemd über den Kopf, sodass alle sein nicht gerade kleines Geschlechtsteil sehen.

Wolf Biermann will soeben einen seiner schauerlichen Gesänge anstimmen, als ihm einer der hinter ihm stehenden Katatoniker den Kopf herumreißt und ein Knäuel Kleenex in den offenstehenden Mund stopft. Biermann ist mundtot. Jetzt muss er zwingend an die DDR denken. Er verzieht das Gesicht bitterlich. Tränen rollen seine Wangen hinunter. Gauck, der neben ihm sitzt, fährt ihm mit der Hand tröstend über den Kopf, lässt aber den Knebel dort, wo er die hier Versammelten vor noch Schrecklicherem bewahrt.

Dr. Wiegand Wagner winkt den eifrigen Pflegern, die sich rasch auf Dr. Lammert stürzen und ihn aus dem Gemeinschaftsraum schleifen. Er wird erst etwas später am Abend, zur Kür des neuen Klinikchefs, wieder auftauchen. Ihn wird dann sein geliebter Smoking schmücken. Wenn er aus der Einzelzelle in den Gemeinschaftsraum zurückkehrt, wird er wieder schweigen und sogar frische Unterwäsche tragen.

„In welche Tiefen aber stürzen Ehrgeiz uns und Rachsucht?//Wer weit hinausstrebt, muss so tief hinunter//Wie er zuvor sich in die Luft geschwungen hat." Klipstone füllt die entstandene Stille mit Milton H. Erickson, dem amerikanischen Psychiater, Psychologen und Psychotherapeuten aus dem vorigen Jahrhundert.

„Herr Klipstone, könnten Sie dieses Zitat für uns in einen Zusammenhang stellen?"

„Wer überwindet durch die Macht allein,//Hat seinen Gegner doch nur halb besiegt."

Draußen durchzuckt ein Lichtblitz den erstaunlich dunklen Himmel an jenem Frühsommerabend. Die ganze Zeit über sitzt Angela Merkel in der gruppentherapeutischen Runde und schaut innerlich amüsiert diesem Spektakel zu, verzieht aber nicht das Gesicht. Sie ist froh, dass sie heute nicht an der Reihe war. Und dass niemand von ihrem Gatten, Professor Sauer, sprach. Sie schaut zum Fenster. Regen prasselt gegen die Scheiben der Landesnervenklinik Lowbrook. In einer halben Stunde ist es 18 Uhr und damit Zeit für das Abendbrot.

In Wiesbaden macht sich der Ministerpräsident des Landes, Volker Al-Bluff-Wazir, fertig. Er trägt im Gegensatz zum Bundestagspräsidenten an diesem Abend keinen Smoking, sondern einen seiner zahlreichen dunklen Einheitsanzüge. Er ruft seinen Chauffeur. Seine Polizeibegleitung steht bereit. Gleich wird er Richtung Lowbrook aufbrechen.

Kapitel 10

Dr. Dresdener hat noch über eine Stunde Zeit bis ihn der Ministerpräsident zum neuen Leiter der LNL ernennen wird. Er sitzt bequem in seinem Bürosessel und diktiert den Verlauf seiner heimlichen Exploration des Gustav Möller in ein altmodisches Diktiergerät. Als erstes verdrängt er sein Wissen über die Verstrickung der beiden Psychiater, die vor ihm den Querulanten untersuchen sollten. Ja, Wörthmüller und Lippert sind durch die Bekanntschaft mit Bankangestellten beziehungsweise Nachbarn aus der direkten Umgebung von Möllers Exfrau verstrickt in die Sache. Wörthmüller hat sogar selbst Schwarzgeldgeschäfte abwickeln lassen und vorsichtshalber seine Befangenheit gegenüber Möller erklärt. Was für ein feiger Kollege, denkt Dresdener, welch ein überkorrekter Korinthenkacker!

Dresdener wischt die Realität, die sich vor seinem geistigen Auge abzeichnet, rigoros beiseite und diktiert fast frohgemut: „Selbst wenn Möllers Vermutung zutreffen würde, dass er von der Bank als ein Mensch angesehen werde, der er gefährlich werden würde, ist damit nicht mit der allgemeinen Logik abzuleiten, dass die Psychiater Wörthmüller und Lippert mit der Bank zusammenarbeiten, um ihn aus dem Feld zu räumen. Die Hypothese einer wahnhaften Störung bleibt so lange ungeprüft, solange eine offizielle Exploration nicht zustande kommt und nicht geprüft werden kann, wie weit der Angeklagte Möller seine Anschauungen relativieren kann und in der Lage ist, frühere Einschätzungen, in die er sich wohl in einer Ausnahmesituation verrannt hat, zu revidieren."

Dresdener steht auf und macht sich an seiner Kaffeemaschine einen Espresso. Er kann es immer noch nicht verkraften, dass Gustav Möller die zweifache Sünde begangen hat, sich den höflich erbetenen Untersuchungen zu verweigern. Noch mehr macht es dem zukünftigen Klinikchef zu schaffen, dass Möller es auch nur in Erwägung ziehen konnte, einer der bayrischen psychiatrischen Gutachter könnte mit den Geldverschiebern unter einer Decke stecken. Nun gut, dass stimmte zwar, aber was ging das Möller an? Eine solche Frechheit verlangt nun mal nach lebenslangen Konsequenzen. Wie kann Möller es wagen, den Ruf der Forensik zu beschädigen!

Man bringt Dresdeners Branche, in der er sich so kreativ hochgearbeitet hat, nicht ungestraft in Verruf. Für einen Moment tauchen vor Dresdeners Augen die von ihm so sorgfältig gefälschten Zertifikate auf, die an der Wand hinter der Kaffeemaschine hängen. Niemand hat sie überprüft. Der Coup war geglückt. Glücklich lächelnd schlürft der auf diese Weise promovierte Gerichtssachverständige seinen Espresso. Er weiß, er ist ein wahrer Allround-Experte. Er liebt sich. Warum? Einfach weil er gut ist, weil er besser ist als all die anderen Schwachköpfe. Er hat es ihnen gezeigt. Und er wird es ihnen noch zeigen.

Das Diktiergerät schaut Dresdener in die Augen und Dresdeners Augen schauen auf das Gerät. Dann formen seine Lippen Worte, die so echt klingen, wie die Worte eines echten psychiatrischen Gutachters: „Weiter ist darzustellen, dass der Angeklagte paranoide Größenideen entwickelt hat, die sich beispielsweise aus seinem Schreiben vom 23.09.2004 an den Präsidenten des Amtsgerichts Nürnberg ergeben. Hier wertet der Angeklagte die Forderung des Bundeskanzlers Schröder nach einem Mentalitätswechsel in Deutschland als »persönlichen Erfolg für seine Bemühungen um das Wohl seines Geburts- und Heimatlandes. Denn Schwarzgeld-Verschieber und Steuerhinterzieher verschärfen die Schere zwischen Arm oder Reich.«

Im Rahmen der Begutachtung nicht geklärt werden kann die Wertigkeit des vom Angeklagten in einem Schreiben beschriebenen Symptom des Tinnitus und der in der vorherigen Klinik gemachten Angabe, er würde eine innere Stimme hören, die ihm sage, er sei ein ordentlicher Kerl. Es muss dabei durchaus als möglich angesehen werden, dass der Angeklagte unter Halluzinationen leidet, unter sein Tun und Handeln kommentierenden Stimmen, ohne dass diese Annahme konkret belegt werden könnte."

Als Dresdener gerade eben Gustav Möller darauf angesprochen hatte, behauptete dieser uneinsichtige Patient ziemlich dreist, er habe natürlich die Stimme seines Gewissens gemeint. Dresdener kennt dieses pathologische Stimmenhören vom Hören-Sagen. Er denkt sich seinen Teil, wie das jeder Psychiater macht und attestiert Möller eine „mit Sicherheit bereits seit Jahren bestehende, sich zuspitzende paranoide Symptomatik (Wahnsymptomatik)."

Der selbstpromovierte Psychiater und Oberarzt der LNL räkelt sich in seinem Sessel und schaut auf die Uhr. Er hat noch etwas Zeit, aber nicht all zu viel. Er will endlich zum Schluss kommen. Er beschließt, dass die Wahnsymptomatik seinen Patienten, der für das Gericht ein Angeklagter ist, beeinträchtigt. Es bestimmt ihn in allen Lebenslagen, so dass Möller zu einem weitgehend normalen Leben und der Besorgung der für ihn wesentlichen Angelegenheiten im Außenraum nicht mehr in ausreichendem Maße in der Lage ist. Dresdener holt zu seinem psychiatrischen Todesurteil aus und diktiert: „Die beim Angeklagten vorliegende schwere psychische Störung stellt eine krankhafte Störung im Sinne der biologischen Eingangskriterien der §§ 20/21 StGB dar und kann der schweren anderen seelischen Abartigkeit zugeordnet werden."

Dresdener trinkt den letzten Schluck Espresso aus dem niedlichen kleinen Tässchen. Endlich ist der bürgerliche Tod des Gustav Möller beschlossene Sache. Den einstweiligen Unterbringungsbeschluss der Bayern wird nun die unschuldige hessische Justiz in einen Dauerunterbringungs-Beschluss umformen. Backe, backe Kuchen, der Psychiater hat gerufen.

Soll er sich noch einen Espresso gönnen?
Oder soll er ...?
Dresdener ruft sich ins Gedächtnis, dass ihm heute Abend nach seiner Ernennung keine Zeit bleiben wird. Dann wird man ihn da und dort in ein wichtigtuerisches, aufgeblasenes Ge-

spräch verwickeln. Jeder wird sich bei ihm, dem neuen Alphatier der Landesnervenanstalt, einzuschleimen versuchen. Nur Schwester Linda wird es nicht nötig haben. Sie wird auf einen Quicki warten. Aber – Dresdener muss sich am Kopf kratzen – seine Gedanken und Gefühle befinden sich in diesem Moment tatsächlich in einem Wettstreit. Noch etwas ruft er sich deshalb ins Gedächtnis: Wir sind alle nur Menschen. Dieses Wissen ist auch eigentlich der Kern seiner Forschungen und der Schlüsse, die er daraus gezogen hat und jetzt umsetzt. Wir müssen unsere menschlichen Fehler und Schwächen erkennen, bevor es die Patienten tun. Wir bewahren Kontrolle, indem wir anerkennen, dass die Menschen verschieden sind und dass es Dinge gibt, über die wir keine Macht haben. Dresdener zum Beispiel weiß, dass auch er Fehler und Schwächen hat. In diesem Augenblick steht er auf und tritt auf den Flur hinaus. Er geht durch die dämmrigen Korridore zu seiner Geliebten.

„Nur jetzt habe ich noch Zeit", denkt er. „Nur noch ein paar Male, dann soll Schluss sein mit diesem Doppelleben."

Fühlt er sich jemals schuldig? Nein, Schuld kann man es eigentlich nicht nennen. Das ist es, was ihn an der ersten Affäre seines Lebens am meisten überrascht. Was er empfindet, wenn er sich zu seiner Ehefrau am Abend ins Bett legt, ist nicht Schuld. Es ist mehr eine Art Abscheu, allerdings nicht vor seiner Frau, seiner Geliebten oder vor sich selbst. Dresdener, der sich fünfundzwanzig Jahre der postalischen Zustellung von Päckchen und Paketen und erst die letzten fünf Jahre der Erforschung psychodynamischer Motive gewidmet hat, versucht, diesen unbestimmten Abscheu aus seinem cleveren Kopf zu verdrängen. Er will dieses Abscheu-Paket irgendwohin zustellen, nur nicht in seinem posttraumatischen Postauto behalten. Er beschließt, dass die Affäre bald ein Ende haben wird – sowohl die heimliche Beziehung zu Schwester Linda, die der schönen Patientin Tamara in Nichts nachsteht, als auch diese abscheuliche Empfindung, die ihn nach dem koitalen Höhepunkt unweigerlich erwartet.

„Ich habe es unter Kontrolle", sagt er sich. Er diagnostiziert bei sich eine sagenhafte Gabe: die Fähigkeit, jederzeit zwischen den diversen Varianten der Wahrheit wechseln zu können. In diesem Liebesfall allerdings spielt Verblendung mit in die Wahrheit hinein, und Dresdener weiß, was Verblendung bedeutet. Er kämpft mit sich. Er will der Verblendung, der Lust, nicht erliegen. Aber ohne Lust macht ihm der Arbeitsalltag wenig Freude. Er braucht die Abwechslung; er braucht das Abenteuer. Und doch ist er jetzt unsicher.

Als er die Tür zu Lindas Schwesternzimmer erreicht, klopft er an die Tür; im Rhythmus des verabredeten Zeichens. Es herrscht Stille. Er drückt sein Ohr an die Tür. Absolute Stille. Sie hat ihm den Zweitschlüssel gegeben, mit dem er nun aufschließt. Er hält einen Moment inne – sein Entschluss ist gefasst. Bald wird das alles ein Ende haben. Es wird ein bittersüßes Ende sein, überlegt er.

Draußen jault der Wind.

Kapitel 11

Ich sitze nach dem Abendessen in meinem Zimmer und grübele über Dr. Wagners Worte nach: „Ich würde gern über das sprechen, was Sie hierhergebracht hat, Herr Koenig." Als wüsste er es nicht. Er weiß es ganz genau. Verleumdung und der nach menschlichem Ermessen unerklärliche Aufstieg einer ungepflegten Tierärztin zur Medizinalrätin bei der Mittelhessischen Polizei. Sie hat die Strippen gezogen, ich bin mir ganz sicher. In dieses sichere Wissen hinein platzt jetzt der TV. Ich hatte ihn angestellt. Ich sehe immer die Nachrichten. Sie haben gerade angefangen.

Auf dem Bildschirm ist eine hübsche Wetterfee zu sehen. Ihr Name, Miriam Pede, wird eingeblendet. Hinter ihr prangt eine Karte mit zwei großen roten T's in der Mitte zweier großer Sturmtiefs. Eines davon liegt über der Ostsee, das andere im Süden Deutschlands. Ein lila Pfeil deutet direkt auf Lowbrook. Die Wetterfee beginnt mit dem Sturm im Nordosten.

Miriam: „Das ist der Sturm, der auf seinem Weg vom Baltikum über die Ostsee so viel Unheil anrichtet – und bisher sechzehn Tote hinterlassen hat. Bei der Überquerung der Ostsee hat er nun seine ganze ursprüngliche Kraft gesammelt und ist sogar noch stärker geworden, und hier sehen Sie seinen weiteren Verlauf ..."

Ein Pfeil erscheint in leuchtendem Gelb und zeigt einen zukünftigen Kurs, der den Sturm direkt über Magdeburg, den Harz, Nordhessen und letztlich über Lowbrook hinwegführen wird.

Miriam: „... in seiner ganzen Pracht. Und jetzt schauen Sie dorthin, da kommt es gerade nämlich knüppeldick."

Sie zeigt mit ihrer Hand auf den Sturm über der Mecklenburgischen Seenplatte.

„Das ist ein sehr untypischer Sturm, fast schon ein sommerlicher Hurrikan – ein Kaventsmann von der Sorte, die 2007 den größten Teil Westeuropas lahmgelegt und die Mitte Deutschlands und insbesondere Lowbrook zugeschüttet hat. Kyrill hieß der Bursche."
Sie lächelt schwach; wird aber gleich wieder ernst.
„Seitdem haben wir keinen ähnlich starken Sturm mehr erlebt ... bis jetzt. Wird er uns verschonen und abklingen, bevor er bis in die Mitte vordringt? Unser Computer verneint das leider. Die Bundesländer südlich der Mittelge-

birge geraten also aus einer Richtung unter Beschuss ..."

Sie tippt auf das obere Sturmtief.

Miriam: „Der Sturm zieht weiter südlich, um an einem Rendezvous mit Sturmtief Nummer zwei teilzunehmen. Und wenn sich nichts ändert, gewinnt die Gegend um Lowbrook heute Nacht den großen Katastrophenpreis – wie bereits vor sechs Jahren. Schauen Sie sich ... das ... an.""

Ein zweiter knallgelber Sturmpfeil erscheint, der von den Alpen aus mit einem leichten Linksdrall nach Norden verläuft. Dieser Pfeil trifft in der Gegend von Mainhattan auf die Wetterauer Prärie und bewegt sich dann in nördlicher Richtung hinauf, wo er ziemlich genau über Lowbrook den ersten Sturmpfeil kreuzt. An dieser Stelle hat ein Computergenie des Deutschen Wetterdienstes mit zu viel freier Zeit einen knallroten Klecks hinzugefügt, der wie ein Explosionssymbol in einer Nachrichtensendung aussieht.

Wetterfee Miriam Pede: „Wenn keins der beiden Tiefs abschwenkt, werden sie über der Mitte Hessens aufeinanderprallen und miteinander verschmelzen. Das sind schlechte Neuigkeiten für unsere Freunde rund um Low-brook, aber es kommt noch schlimmer. Sie könnten einander nämlich zeitweilig aufheben."

Irgendwie habe ich wie im Traum zugehört und mir scheint, dass ich erst jetzt, als ein Ast an mein Fenster knallt, verstehe, was Sache ist.

Miriam: „Und das Resultat? Ein absolut einmaliges Supertief, das sich mindestens vierundzwanzig Stunden, vielleicht aber sogar achtundvierzig Stunden lang über Birdmountain und den umliegenden Mittelgebirgen halten wird. Es bringt Winde in Orkanstärke sowie phänomenale Regenmengen mit. Schon jetzt werden aus der betroffenen Region kleinere Störungen gemeldet. Dazu kommen ab heute Nacht noch regionale Stromausfälle."

Ich stelle das Gerät ab und gehe hinüber zu Gustav Möllers Zimmer.
Ich klopfe. Er ruft „Herein", und ich trete ein.

Währenddessen hat Professor Tiefenbach seine eigenen Wetternachrichten gehört. Er hört sie in Form von Gelenkgeräuschen, denn auch Stürme, Tiefs und Stromausfälle haben Gelenke, die Gelenkgeräusche verursachen. Diese schrecklichen Geräusche jedoch, die ihm momentan im Ohr liegen, vermag er nicht zu transkribieren. Er beugt sich vor, um genauer hinzuhören. Er kippt fast von seinem spartanischen Stuhl. Er mag Stühle; einen Sessel hat er strikt abgelehnt. „Der Stuhl steht fester als ein Sessel", hat er gesagt, als man ihn nach seinem Wunsch fragte.

„Aber der Sessel ist bequemer", hatte ihm der Beschaffungsassistent der Klinikleitung geantwortet.

„Bequemlichkeit ist kein Argument", hatte Winfried Tiefenbach gemurmelt, als er sich noch bequemte, diese Halbsprache zu sprechen.

Heute hat er diese billige Form der sprachlichen Denunziation verlernt. Er ist auch nicht mehr bereit, sich auf diese Affensprache einzulassen. Was er über die Gelenkgeräusche an Informationen erfährt, ist völlig ausreichend. Gerade eben erfährt er Schreckliches. Er packt seine Sachen, seine Zahnbürste und seinen Hut.

Auch Möller hat aus dem TV die Wetternachrichten erfahren. „Gibt es hier niemanden, der Vorsorge treffen wird?" fragt er mich.

„Ich kann es dir nicht sagen. So eine Situation ist absolut neu."

„Sollten wir nicht die Klinikleitung informieren?"

„Die bereiten sich alle auf den Empfang des Ministerpräsidenten in der Aula vor." Ich denke einen Moment nach. „Vielleicht Schwester Linda oder Petra. Mal sehen, wer da ist." Ich habe schon lange nicht mehr mit Schwester Petra geflirtet. Diesen Gedanken behalte ich selbstverständlich für mich. Ich werde ihr spätestens morgen ein Angebot unterbreiten. Ich weiß, dass sie scharf auf mich ist. Und ich stehe auf sie. Wenn zwei das wissen und spüren, dann nimmt die Sache ihren Lauf – denke ich.

Zwei Gänge weiter, im Zimmer von Jan Tolpert, erwacht die schöne Tamara aus ihrem Wodka-Whisky-Rausch neben dem inzwischen kalten Kriegsinvaliden. Sie sieht, dass es dunkel ist, sie friert, obwohl es eigentlich ein Sommerabend ist, und sie hört den an das Fenster peitschenden Regen. Sie dreht sich um und schläft weiter.

Alle anderen zweiundvierzig Insassen der Anstalt von Rumsmountain wurden von den Pflegern und Schwestern beim Abendessen informiert und für 19 Uhr zum »Großen Schichtwechsel« in die Aula der Klinik eingeladen. Sie werfen sich jetzt gerade alle in ihre beste Schale. Es wurde ihnen gesagt, als Gast erwarte man einen hohen Politiker. Klipstone hatte bei Schwester Linda die schöne Tamara und den

Kriegsveteran entschuldigt, da sie sich angeblich auf seiner Party übergessen haben. Linda hatte Klipstone, den sie oft als altes Schlitzohr bezeichnete, zugezwinkert. Und Klipstone hatte wieder irgendein passendes Zitat auf Lager. Tatsächlich hatte Klipstone das erste Mal das ungute Gefühl, sein Alkoholgelage habe ein unerfreuliches Ergebnis gezeigt, das auf ihn zurückfallen könnte.

Der Ministerpräsident aus Wiesbaden hat jetzt auf der Kasseler Strecke noch eine fünfzigminütige Fahrt vor sich. Das Autoradio meldet: „Achtung, Stau auf der A5 in Höhe der Ausfahrt Lowbrook." Der Ministerpräsident schaut aus dem verdunkelten Seitenfenster in die unnatürlich dunkelgrauen Regenstreifen, die ihn ins absolute Nichts schauen lassen. Das Wetter ist miserabel und er hätte gerne den Termin abgesagt, aber sein Sekretariat hat die Wetternachrichten verschlafen. Und jetzt ist ein Rückzieher feige. Volker Al-Bluff-Wazir hat den Durchhaltebefehl ausgegeben. „Es wird schon nicht so schlimm kommen", hat er seinem Chauffeur und den beiden Personenschützern gesagt. Die Bodyguards haben lächelnd genickt. Der Chauffeur muss sich bei diesem Sturmregen sehr konzentrieren. Diese letzte Fahrtstrecke scheint sich zu ziehen.

Auch der leitende Oberarzt, Dr. Dresdener, hat nur noch knapp fünfzig Minuten Zeit. Als er die Tür zu Lindas Büro öffnet, denkt er, er hätte innen ein Geräusch gehört. Es ist wohl nur der Regen, der gegen das Fenster prasselt. Er tritt ein. Er setzt sich wie immer auf diesen grauen Stoffsessel, auf dem sie später knien wird, um ihm ganz persönlichen Einlass zu gewähren. Jetzt aber sitzt er alleine in dem Raum, in dem er seine Geliebte zuhause weiß, und etwas wie der vertraute Abscheu steigt in ihm auf. Geht sie vielleicht fremd wie er fremdgeht?

Vielleicht wird sie mit ihm Schluss machen, bevor er mit ihr Schluss machen kann. Das wäre nicht hinnehmbar. Nicht als Mann und nicht als erfahrener - wenn auch selbstgemachter - Psychiater und Psychotherapeut. In diesen Dingen gibt es immer ein Machtgefälle. Es gibt immer einen, der die Kontrolle hat, und das muss immer er sein. Was ist mit ihr also los? Warum ist sie nicht da? Ist die Affäre vorüber oder weitet sie sich zu einer echt ärgerlichen Affäre aus? Dresdener will auf keinen Fall alleine hier im Büro sein, allein mit seinem Versagen und seiner Machtlosigkeit, kurz vor seinem steilen Aufstieg zum Klinikdirektor eines der größten Geheimprojekte des Landes. Nicht jetzt. Nicht hier.

In solchen Momenten menschlicher Enttäuschung denkt der Psychiater im Körper des Postboten Klaus Dresdener an eine Form der Therapie, die er bei Gustav Möller anzuwenden gedenkt, sobald das Gericht einer Betreuungsregelung zustimmt. Er ist sich gerade heute in dieser gemischten Stimmung zwischen bevorstehendem beruflichem Höhenflug und gescheiterter sexueller Affäre sicher, dass er Möllers zukünftigen Betreuer wird überzeugen können. Elektrokrampftherapie! Ja, allein dieser extreme Behandlungsweg einer Elektrokrampftherapie würde Möller zur Einsicht bringen.

Es tut einen Schlag. Er wirbelt herum und schaut zum Fenster. Womit hat Möller geschmissen? Da hängt ein Ast. Erst jetzt nimmt Dresdener wahr, dass es draußen zu stürmen angefangen hat. Was aber ist ein Sturm im Wasserglas der vom Menschen beherrschten Natur, fragt sich das schlichte alte Postbotengemüt im Gewande des schlauen Psychiaters – was ist das im Vergleich zu jenem Sturm, der ihm mit Schwester Linda bevorsteht?

Kapitel 12

In der Aula trudeln allmählich die Anstaltsinsassen ein und nehmen nach einer ausgeklügelten Sitzordnung Platz. Es ist zwanzig Minuten vor 19 Uhr. Zwischen jedem fünften Patienten aus der geschlossenen Abteilung sitzen abwechselnd eine Schwester und einer der kräftigen Pfleger. Die im Auge zu behaltenden Patienten und die Katatoniker, die eintönig Dahindämmernden, werden in den hinteren Reihen platziert. In der ersten Reihe dürfen vorzugsweise die Artgenossen des Herrn Ministerpräsidenten – oder die, die sich dafür halten – Platz nehmen. In der Mitte der ersten Reihe sitzt der Bundespräsident. Links neben ihm sitzt die Kanzlerin, mit der er sich gerade tuschelnd unterhält.

„Gestatten, Frau Kanzlerin, wenn ich Sie danach frage, ob Ihnen der Herr, den wir erwarten, persönlich bekannt ist?"
Die Kanzlerin hat zu diesem besonderen Anlass extra ihr orangefarbenes Jackett aus dem Kleiderschrank geholt, denn es repräsentiert in hervorragender Weise ihren Traum von einer permanenten orangenen Revolution. Sie schaut auf Gaucks Schuhe und sagt: „Sie hätten zumindest heute Abend ein paar gleichfarbige

Socken anziehen können, Herr Bundespräsident."

Der Präsident weiß nicht, was die Kanzlerin meint, denn er hat bewusst eine rote und eine schwarz-weiß geringelte Socke angezogen. Die rote Socke möchte er nachher demonstrativ ausziehen und sie vor den Augen des hessischen Ministerpräsidenten auf die Bühne werfen, von der aus der Ministerpräsident zu ihnen sprechen wird. Wer mit der grünen Partei paktiert, ist eine rote Socke, dies gedenkt der Bundespräsident auf diese diplomatische Weise auszudrücken, ohne dem regierenden Ministerpräsidenten unhöflich ins Wort fallen zu müssen.

„Gestatten, Frau Kanzlerin", sagt der Bundespräsident, „ich möchte Ihnen gerne mit einem Zitat antworten, das von mir selbst stammt."
„Schießen Sie los!"
„Aus Anlass der Verleihung des Friedenspreises des Deutschen Buchhandels an den israelischen Schriftsteller David Grossmann habe ich gesagt: »Als Bürger der DDR haben ich und viele andere Menschen im ganzen Osten Europas Ohnmacht erlebt und trotz Ohnmacht Ähnliches geschafft: Es gibt ein wahres Leben im falschen«.

„Wenn Sie glauben, dass die verschiedenfarbigen Socken an ihren Füßen ein wahres Leben im falschen führen, dann möchte ich nicht widersprechen."

Gauck weigert sich, zu seinen Füßen hinunter zu schauen, er hält den leicht zynischen Tonfall der Kanzlerin bequem aus. Er kann es viel besser. „Wissen Sie: »Es schwächt die Schwachen, wenn wir nichts mehr von ihnen erwarten«. Das habe ich sehr zutreffend am Tag der deutschen Einheit gesagt. Ich denke, das sagt alles", sagt er und kratzt sich wieder einmal im Schritt.

Meint er mit den Schwachen mich, fragt sich die Kanzlerin, um sich sodann mit anderen Gedanken zu befassen. Zum Beispiel mit dem Gedanken, welche ihrer Sprüche sie selbst als Zitat gegenüber diesem arroganten Schnösel verwenden könne. Da fällt ihr ein, was sie einmal am 16. November 2012 zu Russlands Präsident gesagt hat, und das sagt sie jetzt zu Gauck: „Wenn ich da immer gleich eingeschnappt wäre, könnte ich keine drei Tage Bundeskanzlerin sein."

Plötzlich richten sich die Blicke der Prominenz aus der ersten Anstaltsreihe auf das Eingangsportal der Aula, in dem vier Männer erscheinen. Es sind die vier hessischen Steuerfahnder, die sich in der Landesnervenklink Lowbrook eine Auszeit gönnen dürfen. Jeder Patient hier hat Angst vor ihnen. Und dennoch werden sie nicht gefesselt in den Raum geführt. Im Gegenteil, sie plaudern miteinander und scheinen belustigt zu sein.

„Jetzt kommen auch noch diese vier Spinner", flüstert Bundestagspräsident Norbert Lammert - der Smoking steht ihm wirklich hervorragend - dem neben ihm sitzenden Gauck ins Ohr, der mit diesem Angriff von rechts nicht gerechnet hat und erschrocken ausweicht, sodass sein dicker Kopf gegen das schütter wirkende Haupthaar der Kanzlerin prallt. Etwas Pomade bleibt an der Kanzlerin hängen.

„Ich setze mich gleich um, wenn Sie sich nicht benehmen können", sagt die Kanzlerin so laut, dass es sogar der links neben ihr platzierte Präsident des Bundesverfassungsgerichts hören kann und vor Verlegenheit - wegen der zu erwartenden Unruhe, die sich zu einem Aufstand ausweiten könnte - nervös an seiner Krawatte herum nestelt.

„Vier Steuerfahnder?" fragt der Bundespräsident. „Vier fahr'n nach Lodz?"

„Mensch, haben Sie noch nichts von der Steuer-erfahnder-Affäre gehört? Was machen Sie eigentlich den ganzen Tag in Ihrem Märchenschloss?" sagt Norbert Lammert, der sich als Präsident des Deutschen Bundestages von Berufs wegen gut informieren muss, während Gaucks Begabung eher in der Planung von Auslandsreisen besteht.

„Ich kann mich nicht um alles kümmern", antwortet Joachim Gauck. „Ich habe große Reisepläne. Meine Träume von damals kann ich endlich umsetzen, und ich bitte Sie: Steuerfahndung an sich ist nun bei Gott kein Verbrechen. Unser Staat ist angewiesen auf …"

Lammert zupft am Einstecktuch seines Smokings herum, dann haut er sich mit der flachen Hand vor die Stirn. „Ja, ja, ja, ja, das ist es doch! Das mein ich ja! Wir brauchen Steuerfahnder! Aber Hessens Finanzverwaltung möchte nicht, dass zu viel gefahndet wird. Und schon gar nicht in Kreisen der Hochbetuchten und in den Reihen der eigenen Parteigänger."

„Ich muss nicht alles wissen", sagt Gauck und ihm entfährt ein kleiner Wind, was er dem Umstand zuschreibt, dass er sich wegen der Kanzlerin und ihrer künstlichen Aufgeregtheit nicht rechtzeitig im Schritt kratzen konnte.

Draußen erheben sich hingegen große Winde, was die Insassen der Anstalt und die Anstaltsbediensteten nicht ahnen; was auch Dr. Wagner, ihr derzeitiger, und Dr. Dresdener, ihr zukünftiger Chef, die sich in ihren Büros auf den bald eintreffenden obersten Beamten des Landes seelisch vorbereiten, nicht wirklich mitbekommen. Aber bereitet sich Dr. Dresdener wirklich seelisch auf Al-Bluff-Wazir vor? Oder ist er mit den Urtrieben des Menschen beschäftigt?

Andreas Voßkuhle fühlt sich berufen, diesen juristisch völlig unterbelichteten Neurotikern, die um ihn herumsitzen, die Fakten vor Augen zu führen. Wie oft musste er schon das Grundgesetz vor dem Untergang retten. Mindestens so oft, wie die Kanzlerin und das geheimdienstliche Dresdner Demonstrationsprodukt das Abendland vor dem Untergang retteten.

„Die Vier wurden zwangspensioniert", wirft er jetzt cool ein. „Weil sie gegen eine Amtsverfügung opponiert hatten, die ihrer Ansicht nach vermögende Steuersünder schonen sollte. Bei der Pensionierung stützte sich die Behörde auf psychiatrische Gutachten, die sich im Nachhinein als fehlerhaft herausstellten. Sie wurden aus ihrer Behörde rausgemobbt, wie man so schön sagt."

Wieder haut sich der Bundestagspräsident mit der flachen Hand gegen die Stirn. Ein gut gekleideter Katatoniker aus den hinteren Reihen äfft ihn nach, haut sich gegen die Stirn, worauf ihn die anderen nachäffen.

Lammert ruft: „Nein, nein, nein, nein! Herr Präsident! Kein Mobbing!"

„Neeeiiinneeeiiinn-neeeiiiiieiein", brummt der Bariton-Katatoniker laut und die anderen fallen in seinen Singsang ein.

Lammert versucht sie zu übertönen: „Unsere Ämter mobben nicht. Unsere Ämter gehen auch nicht spazieren. Unsere Ämter sind auch keine Patienten oder Erntehelfer. Ämter sind keine Menschen, Herr Voßkuhle! Wann begreifen sie das endlich? Aber wie sollen Sie als Richter solche Sachverhalte unterscheiden können!"

Der Jurist bleibt cool. Er lässt jetzt seine verdrehte Krawatte in Ruhe und konzentriert sich auf die Wahrheit und auf nichts anderes als die Wahrheit. Das ist seine Pflicht, schon ein Lebtag lang, und keiner der hier Anwesenden weiß, wie schwer ihm das fällt, welch eine unmenschliche Aufgabe es ist. „Die »Mobbing«-Vorwürfe hat der Herr Ministerpräsident des

Landes Hessen in seiner Eigenschaft als Schutzbefohlener der Beamten stets zurückgewiesen", sagt Voßkuhle.

Schutzbefohlener der Beamten, das klingt gut. Angela Merkel nickt, als würde ihr diese Aussage etwas bedeuten, dann wischt sie sich Gaucks Pomade aus dem Haar.

Der Bundespräsident hört schon lange nicht mehr hin und ist im Inneren seines pomadierten Schädels mit der Suche nach neuen Zitaten aus seinem Eigenbestand beschäftigt.

Winni Tiefenbach schleicht durch die Gänge der Anstalt Richtung Aula. Er hofft, man möge ihn an den Rand einer Sitzreihe platzieren. Er schaut nach oben. Die Aula ist ein Glaskuppelbau. Er fürchtet Glas. Er befürchtet, dass er vorzeitig gehen muss. Dass ihn die Umstände rufen – oder eben die vielen Gelenkgeräusche. Er ist zur Flucht bereit. Goodbye Anstalt von Rumsmountain. Goodbye LNL. Goodbye Flugsportzentrum. Goodbye Germany. Das Wichtigste trägt er bei sich. Seinen Hut. Seine Zahnbürste. Da fährt ihm der Schreck voll in die Glieder. Seine Manuskripte! Er hat seine Manuskripte mit all den mühevollen Übersetzungen der Gelenkgeräusche vergessen. Er macht kehrt. Kurz denkt er in blassen Konturen an seine dahingegangene Familie. Amerika. Er hat das Trauern verlernt. Er hört wieder dieses unheimliche, ihm völlig unbekannte Geräusch. Immer noch glaubt er, dass es sich um Gelenkgeräusche von wiedererwachten Dinosauriern handeln könnte. Er beschleunigt seinen Schritt. Er braucht unbedingt seine Manuskripte.

Als Gustav Möller und ich auf dem Weg zur Aula sind, sehen wir ihn in seinem Zimmer verschwinden.
„Herr Professor!" rufe ich. „Es ist Zeit, wir müssen zur Versammlung."
Er schaut sich irritiert um. Irgendwer hat ihm eben zwischen die Dino-Gelenkgeräusche gequatscht. Da erkennt er mich, lächelt kurz angebunden.

„Moi-moine-Münus-moine-skrüpte". Es ist kein Stottern, es ist kein richtiges Sprechen, es ist ein alter, fast völlig verlernter Hauch von Sprache, die der Professor einmal in einwandfreiem Deutsch beherrschte, als er noch an der Universität die Lehre von den Knochen und ihren Verbindungen untereinander lehrte.

„Ah ja!" rufe ich ihm zu. „Natürlich! Vergessen Sie nicht Ihre Manuskripte. Vielleicht gedenkt der Herr Ministerpräsident einen Einblick zu nehmen." Genau in diesem Augenblick fällt mir ein, dass ich meinen Brandbrief an den Ministerpräsidenten in meinem Zimmer habe liegen lassen. Dabei habe ich mir noch vor einer Stunde eine enorme Mühe gegeben, meine Beschwerde auf den Punkt zu bringen. In diesem Brief bitte ich den hohen Herren, sich für meine Entlassung und für die Entlassung von Gustav einzusetzen. Ich habe ihm meine Geschichte und die Leidensgeschichte von Möller – um ihn nicht zu langweilen – nur stichwortartig angedeutet und ansonsten meine Eindrücke über die forensische Psychiatrie geschildert. Meine ganze Hoffnung beruht auf diesem Brief und auf dem Briefempfänger. Und genau das ist das Problem. Wird man mir gestatten, dass ich den Brief dem Herrn Ministerpräsidenten überreiche, oder wird man mir den Brief abnehmen und er wird niemals in dessen Büro landen? Oder – auch dies durchaus denkbar – wird der Herr Ministerpräsident den Brief mit einem Lächeln entgegen nehmen, ihn an einen seiner Lakaien weiterreichen, der ihn auf Nimmerwiedersehen einsteckt?

„Gustav, ich muss in meinem Zimmer noch etwas holen." Das Angenehme an Möller scheint zu sein, dass er spürt, wann eine Nachfrage angebracht ist und wann nicht. Er fragt nicht nach. Möller und ich machen kehrt und gehen zurück zu meinem Zimmer. Ich hole den vierseitigen Brief, handgeschrieben, und stecke ihn in die Innenbrusttasche meines AnzugJacketts.

In meinem Zimmer höre ich, anders als in den Gängen der Anstalt, den Wind heulen. Mir kommt es vor wie Wolfsgeheul, nur aufdringlicher, fordernder, nicht mit jenem Hauch von Sehnsucht nach einem fernen Umlaufplaneten.

In der Aula, in einer der hinteren Reihen, heult auch Heinz, mein Lieblingsmörder. Er würde gerne bei der Prominenz in den vorderen Reihen sitzen. Aber ein Kollege Christians, auch ein bulliger Schließer, sitzt neben ihm und hat einen seiner schweren Füße auf dem Fuß von Heinz abgestellt. Körpersprache spielt hier eine große Rolle. Heinz schluchzt, aber der Schließer kennt seinen Pappenheimer und reicht ihm lediglich ein Papiertaschentuch.

In Lindas Büro ist Dr. Dresdener nach nur einigen Sekunden wieder aus dem grauen Stoffsessel aufgestanden. So etwas ist für Doggy-Style reserviert. Er schüttelt den Gedanken schnell ab. Er betrachtet sich im Dämmerlicht im Spiegel mit dem silbernen Rahmen neben dem Bücherregal. In den letzten Jahren seit seinem gelungenen Aufstieg vom Zusteller zum Psychiater hat er im Hinblick auf Spiegel eine neue Strategie entwickelt. Er stellt sich dicht davor und richtet den Blick ausschließlich auf Details: die Augenfalten, die abstehenden Härchen seiner Brauen, den Scheitel, die Zwischenräume zwischen den Zähnen, in denen anscheinend mehr Speisereste stecken bleiben als bei anderen Menschen. Er hat sich langsam daraufhin trainiert, sein ganzes Ich stück- und abschnittsweise zu betrachten. Würde er sich in seiner Komplettheit sehen, würde er vielleicht an sich zu zweifeln beginnen. Nein, vor solch einem Spiegel will er nicht versagen und sich wie ein Fremder vorkommen, lieber zerlegt er sich in Einzelteile und schaut Stück für Stück nach dem Rechten.

In solchen Momenten scheinen sein Ehrgeiz, sein Ego und seine Energie noch weiter zu wachsen. Wenn er den Aufstieg heute hinter sich gebracht hat, wenn er Klinikchef geworden ist, dann wird er voller Energie die nächste Stufe auf der Leiter des Erfolgs besteigen. Ein gefälschter Doktortitel steht selten einer Karriere im Weg. Nicht alles auf dieser Welt kann auffliegen. Das weiß er inzwischen aus all den vielen Geständnissen, die er aus dem Mund seiner Patienten vernommen hat. Geständnisse, Gewissensbeichten, die er eigentlich – wenn es nach Recht und Gesetz ginge – niemals hätte zu Ohren bekommen dürfen.

Man kann Klaus Dresdener vielleicht gar manches vorwerfen, aber er sieht die Welt unbefangen und ehrlich wie ein Pubertierender. Er sieht ihre Mängel, ihre ganze Scheinheiligkeit, die Eitelkeiten – die ihm zum Erfolg verhalfen. Er sieht auch den Verbesserungsbedarf und will derjenige sein, der die erforderlichen Veränderungen vornimmt.

Äußerlich unterscheidet sich sein Körper von einem Pubertierenden durch die erschlafften Formen rund um Augen, Hals und Wangen. Alles fängt langsam an zu hängen. Sein Bauch hat beträchtlich an Raum gewonnen. Seine Poren auf der Nase sind deutlich zu sehen. Dresdener betrachtet seinen Halbwertszeit-Zerfall im Zwielicht von Lindas Büro und hat das Gefühl zusammenzusacken, beinahe so wie bei dem unausweichlichen Abscheu nach Erreichen seines ejakulatorischen Ziels, das er krampfhaft zu erreichen trachtet, aber so, dass die Geliebte seine Anstrengung nicht wahrnimmt.

„Gefällt Dir, was Du siehst?"
Dresdener zuckt zusammen. Als er herumfährt, spürt er seinen Bauch wie ein schlingerndes Karussell. Da sitzt sie. Seine Geliebte hat auf ihn gewartet. Wie konnte er nur eine Sekunde an ihr zweifeln. Oder wird sie ihm

gerade jetzt, kurz vor seiner Beförderung, die Liebschaft aufkündigen? Linda sitzt auf der Patientencouch. Unwillkürlich lächelt Dresdener und genießt, dass seine Augen sich nur allmählich an das trübe Licht gewöhnen und sich ihr Anblick ihm stückweise enthüllt, so wie sich im Spiegel vor ihm sein Anblick nur stückweise enthüllt. Wie ein Striptease beim Table-Dance; langsam gleitet ihre ganze Erscheinung in seinen Kopfbildschirm.

„Ich dachte schon, Du kommst nicht mehr", sagt sie.
„Vielleicht hätte ich nicht kommen sollen, meinst du das?"
„Wie lange haben wir noch Zeit?"
Er hüstelt, schaut auf die leuchtenden Ziffern seiner Armbanduhr. „Noch genügend."

Dresdener setzt sich neben sie, so nah, dass sein fleischiger Oberschenkel ihr Becken berührt. Die Behandlungscouch bereitet sich seelisch auf das Schicksal vor, das sie seit Monaten erduldet. Sie wird dem Standhaftigkeitstest unterzogen. Er berührt Lindas Arme, streicht ihr sanft über die Brüste, fasst sie etwas fester, lässt los und fährt ihr mit dem Zeigefinger über die Lippen bis sie zubeißt. Ein kurzer unterdrückter Schrei. Er beißt sich auf die Lippen. Wo bleibt sein Entschluss? Er versucht sich zu erinnern, und wenn sie Gedanken lesen könnte, könnte sie jetzt erkennen, wie er krampfhaft nach seinem Vorsatz sucht, danach sucht, was für ihn gerade eben noch ein unumstößliches Gebot schien – wie jedes Mal.

Wieder hebt er ihre Brüste ein wenig und plötzlich ist da etwas, was ihn alle Vorsätze vergessen lässt, sein Mund sucht ihre Lippen, etwas, was stärker ist als bloßer Hunger übernimmt die Kontrolle. Gierig öffnet er ihren BH. Was hilft ihm sein ehrenhafter Vorsatz? Wo bleibt die ihm inhärente Entschlossenheit? Danach, vielleicht eine lange halbe Stunde später, wird er, wie immer, für einen Moment seine Litanei beginnen. Über die Falschheit seines, aber auch ihres Tuns. Er verwendet hierzu das schmeichelhafte Wörtchen »wir«. Er wird die Notwendigkeit eines baldigen Endes beschwören, doch seine geflüsterten Worte werden so falsch sein wie eh und je. Es gibt Dinge, die sind stärker als Vernunft und jegliche Vorsätze. Stärker als Entschlossenheit und Logik. Mächtiger als Wissenschaft und Moralin. Und plötzlich ist er wieder da, dieser absonderliche Abscheu.

Kapitel 13

Möller und ich sind uns der Verantwortung bewusst. Wir werden eine der für unsere Abteilung verantwortlichen Schwestern über den heranziehenden Sturm informieren. Wir haben eine Vorstellung von dem, was man ihnen hier zu leisten auferlegt, und wir ahnen, dass sie weder die Zeit noch den Nerv haben, TV zu schauen. Sie sind rund um die Uhr beschäftigt. Der Pflegeberuf ist hart und ziemlich unfair. Sie erhalten vielleicht mindestens den Mindestlohn, dürfen dafür aber länger arbeiten. Das ist eine gute Sache, ganz im Sinne fairer Sozialpartnerschaft.

Das ist deshalb natürlich eine weit vorausgedachte Sozialpartnerschaft, weil die Träger solcher Einrichtungen mit nur der Hälfte eines ausgezahlten Gehaltes Geld sparen, das zur Erweiterung der Einrichtung genutzt werden kann, sagen sie. Je größer eine solche Einrichtung angelegt ist, umso mehr Klienten, Kunden, Patienten - oder wie immer man das Klientel nennen mag -, können aufgenommen werden, sagen sie. Die Folge einer steigenden Aufnahmerate ist die steigende Profitrate, und das ist die Grundvoraussetzung für die sicheren Arbeitsplätze in diesen unsicheren Zeiten.

Das Argument hat Schwester Petra schon oft gehört, aber sie glaubt nicht an das Arbeitge-ber-Märchen, denn sie ist eine durchaus kluge Frau. Heute hat sie viel vorzubereiten, denn bald schon kommt der Ministerpräsident und die offizielle Veranstaltung in der Aula erfor-dert eine perfekte Organisation. Sie weiß nicht, dass ich gleich schon sehnsuchtsvoll an ihre Bürotür klopfen werde. Sie hat von außen ab-geschlossen und ist im Hause on tour.

Jetzt sind wir an dem Gang angelangt, in dem das Büro meiner Lieblingsschwester Petra liegt. Wie oft bin ich in den vergangenen Wo-chen diesen Gang entlang geschlendert, immer in der Hoffnung, sie möge mir abseits jenes lauten Alltagsbetriebes begegnen. „Petra", hät-te ich vertrauensvoll gesagt. „Ich bin in Sie verknallt." Nein, habe ich dann gedacht, so kann ich das Gespräch nicht beginnen.
„Schwester, gestatten Sie mir ein vertrauliches Wort?"
„Aber bitte, treten Sie ein", diese Antwort habe ich mir in zahllosen Träumen erwünscht. Jetzt stehe ich mit Gustav Möller vor ihrer Tür und klopfe an. Ich drücke die Klinke, und – wie ent-täuschend – die Tür ist verschlossen.
Möller sagt: „Lass uns zu Linda gehen. In zwanzig Minuten beginnt das Theater."

Wir erreichen ihr Büro gerade als Dr. Dresdener mit etwas verstörtem Blick aus ihrer Tür tritt. Er schaut sich nach links um, nach rechts, und entdeckt uns. Schnell fährt er sich mit den Fingern durch die Haare. Er macht nach hinten irgendein Handzeichen und dreht sich dabei halb um. Sein Hemd hängt hinten aus der Hose raus.

„Bleiben Sie, wo Sie sind und begeben Sie sich direkt in die Aula!" ruft er uns zu. „Gehen Sie nicht über Los. Ziehen Sie nicht 2000 Euro ein. Aber vergessen Sie nicht, Ihre Medikamente zu schlucken. Es wird heute wohl etwas länger dauern, meine Herren."
„Herr Oberarzt", sage ich. „Die Wetternachrichten geben Anlass zu Befürchtungen."
„Papperlapapp, machen Sie sich keine Gedanken über etwas, was nicht in Ihren und meinen Händen liegt. Wird alles nicht so schlimm kommen."

Möller schüttelt mit dem Kopf. „Man erwartet Windstärke 12, Herr Doktor. Das ist Orkanstärke. Man muss das Schlimmste befürchten."

„Da haben wir ihn wieder, Herr Möller. Merken Sie es selbst? Ihr Wahn! Und immer das Schlimmste befürchten! Oder anderen etwas sehr Schlimmes unterstellen. Herr Möller, Sie sollten endlich einsehen, dass wir Sie umfassend medikamentieren müssen. Auf freiwilliger Basis. Mit Ihrem Einverständnis", sagt Dresdener, und jetzt lugt hinter ihm Schwester Linda aus der Tür und wedelt mit einem Block, wie sie ihn bei der Visite mit sich führt. Es soll uns bedeuten: Macht euch keine falschen Gedanken, der Doktor und ich haben Krankenberichte besprochen.

„Ich weiß, was die Wetterfee gesagt hat. Das war kein Wahn. Es ist wahnsinnig, wenn Sie keine Vorsorge treffen, Herr Dr. Dresdener", sagt Möller mit fester Stimme.

„Sagen Sie es ihm!" fordert der zukünftige Klinikchef die Schwester auf.

„Wir haben gerade über ihren Fall gesprochen", pflichtet Linda ihrem Vorgesetzten bei. Natürlich weiß man, dass sie lügt, aber man merkt es ihr nicht an, weil es zu ihrer Berufsroutine gehört.

„Ich bin kein Fall", unterbricht sie Möller.

„Sie wissen, wie ich das meine", zwitschert Linda. „Jedenfalls sind wir der festen Überzeugung, dass Sie durch sich selbst, gewissermaßen durch Eigentäuschung – vergleichbar einem Eigentor im Fußball – zu wahnhaften Vorstellungen gelangen, die Ihnen vorgaukeln, die Welt sei in Gefahr. Aber das ist nur Ihr wahnhafter Zerrspiegel, den Sie in sich tragen. Er muss raus aus Ihrem Kopf. Aber wir kriegen das hin. Haben Sie schon Ihr Meprobamat für heute Abend genommen?"

Möller hat mir anvertraut, dass er in unwichtigen Dingen nicht widersprechen wird. Wobei, ich glaube, er hat es etwas anders formuliert: »In ideologischen Dingen« hat er gesagt.

Jetzt antwortet er, wieder mit seiner festen Stimme: „Ich halte mich strikt an die Regeln, Schwester. Mir liegt daran, dass wir gemeinsam zum Ziel kommen. Ich weiß es zu schätzen."

Wie gut er sich verstellen kann, wenn es darauf ankommt, denke ich. Das können nur Gesunde. Ich weiß, wie wichtig es ist, hier ein gewisses Schauspieltalent zu besitzen.

„Wir kommen Ihnen, Herr Möller, mit großem Vertrauen entgegen", sagt Dresdener und versucht unauffällig sein Hemd hinten in die Hose zu stopfen. „Sie können Ihre Medikamente unter Eigenkontrolle einnehmen. Ein Privileg, das nicht jeder hat. Es wäre schön, wenn das auch klappt."
„Klappt", sagt Möller.
Wir gehen. Und ich spüre förmlich wie Dresdener aufatmet.

Warum darf ich das nicht, frage ich mich. Warum darf ich meine Medikamente nicht unter strikter Eigenkontrolle einnehmen. Bin ich nicht durchaus zuverlässig? Doch heute Abend können wir mein Problem nicht mehr klären. Die Uhr tickt – und zwar in Sachen Aula wie in Sachen Sturm, von dem nun niemand mehr redet.

Wir erreichen die Aula eine akademische Viertelstunde vor Beginn des wohl ereignisreichsten Abends, den die LNL je erlebt hat. Man setzt Gustav und mich in die zweite Reihe hinter die Prominenz, wo bereits der Schriftsteller sitzt. Klipstone schaut mich irgendwie mit hoffnungsvollen Augen an. Er wünscht sich meinen Beistand, ich sehe es an seinem Blick. Aber wozu Beistand? Vielleicht täusche ich mich auch.

Man will Möller neben Klipstone Platz nehmen lassen, aber der allseits geschätzte Heimatschriftsteller besteht auf mir, und der Anstaltslakai lässt es nach einem kurzen Blickkontakt mit Christian, meinem persönlichen Bodyguard, wie ich ihn manchmal nenne, zu. Als ich neben Klipstone sitze, sagt er: „Danke." Mehr sagt er nicht. Was verbindet uns?

Vielleicht ist es das. Nur dieses »Danke«.

Man spürt doch, wer zu wem gehört. Vielleicht will er mit mir ein lautloses literarisches Gespräch führen, während oben auf der Rednerbühne eine langweilige sprachliche Politikersalve nach der anderen abgeschossen wird. Diese Sprache hasst Klipstone. Er hat es mir schon mehrmals gesagt. Er findet, diese gestanzten Wort- und Satzkadaver will man in unsere Hirne schießen, damit wir nicht mehr den wahren Sinn der offiziellen Reden wahrzunehmen in der Lage sind.

Die Aula ist schon fast voll besetzt. Das Geplapper rundum ist noch erträglich. Ich vermute, dass man allen eine ordentliche Menge Meprobamat verabreicht hat. Viele pfeifen es sich natürlich auch freiwillig ein, und nicht wenige - hauptsächlich die Halbkatatoniker - versuchen, an diesen Dämmerstoff durch kleine feine Bestechungsversuche heranzukommen. Mir schießt durch den Kopf, dass ich einmal – als ich noch zu Hause wohnen durfte – ein Beruhigungsmittel und ein Red Bull gemeinsam einnahm. Die Folge davon war, dass ich eine Drei-D-Brille in der Hoffnung aufsetzte, mein Kleiderschrank würde sich automatisch mit neuen Klamotten füllen. Erst einen Tag später nahm ich wahr, dass dies ein Trugschluss war. So scheint mir im Moment die Ruhe in der Aula wie eine trügerische Show.

Soeben erscheint Dr. Wagner in der Tür; er geht die erste Sitzreihe entlang, schaut sanftmütig und ein wenig neugierig über alle anderen Sitzreihen hinweg und sagt laut: „So viele!"

„Sooooo soooo viiiele", äfft ihn der eine Bariton-Katatoniker ganz hinten im Raum nach. Andere tun es ihm gleich und rufen: „Sooo viiiele." Ein ganzer himmlischer Chor erhebt sich und brummt, singt oder flötet in verschiedensten Tonlagen: „Sooo soooo viiiele."

Gauck kratzt sich im Schritt, dreht sich aber nicht um. Vor seinem geistigen Auge präsentiert sich gerade das Bild einer neuen Wirklichkeit. Er denkt, alles was wir denken, bleibt als geistiges Feld erhalten. Diese morphischen Felder können zu eigenen Persönlichkeiten werden, zu Göttern, Engeln, Geisteswesen, aber auch zu politischen, sozialen oder religiösen Kraftzentren. Welchem Denken mögen diese Katatoniker entsprungen sein, fragt er sich. Und mit einem Mal wendet er sich Angela zu. Er hat einen Verdacht.

Aber die Kanzlerin hat sich zu den Katatonikern umgedreht. Jetzt steht sie auf und verbeugt sich vor ihnen. Sie hebt ihre Arme, wie ein Dirigent seine Arme hebt, Zeigefinger nach oben, und fängt an zu dirigieren. Für manche

Ohren, die es gewohnt sind auch mit den Augen zu hören, hört es sich in diesem Moment viel harmonischer an, so als hätte die Kanzlerin tatsächlich von den Bayreuther Festspielen eine Erfahrung mitgebracht, die sie hier anzuwenden weiß. Ich drehe mich um, um diesen Chor der Dissonanzen zu bestaunen und sehe Wolf Biermann, der nur wenige Sitze hinter mir sitzt. Er hält sich die Ohren zu und verzieht sein Gesicht in tausendundeine Falte. Auf seinen Knien entdecke ich eine Gitarre aus Pappe, eindimensional, irgendwo ausgeschnitten und zusammengeklebt. Es wundert mich überhaupt nicht, dass Biermann nun aufsteht und nach vorne zur Bühne geht. Männerchöre, Klänge, Musik überhaupt, sind eine Angelegenheit für Experten. Das ist sein Spiel. Sein Einsatz. Trommelwirbel. Er betritt die Bühne mit der Pappgitarre und greift nach dem Mikrofon.

„Halt, halt!" ruft Dr. Wagner. „Sie sind noch nicht dran."

„Soll das heißen, Sie wollen mir den Mund verbieten?" poltert Biermann. „Ich habe ihn mir nicht in der sozialistischen Nervenheilanstalt verbieten lassen. Und hier in diesem Irrenhaus bin ich mein eigenes unverbogenes Ich. Lassen Sie mir meine Freiheit!"

„Frei-ei-ei-hei-hei-heit, Frei-eiei-hei-heiii-heit", dröhnt es aus der hinteren Ecke des Bariton-Katatonikers.

Der Bundespräsident springt begeistert auf, denn dies wiederum ist unbedingt sein Spielfeld. Nur sein Spielfeld. Sein Einsatz. Neuer Trommelwirbel. Er kann dies niemand anderem überlassen. Er dankt mit einem würdevollen Handgruß all den Geistwesen, die in diesem Moment in den Frei-ei-ei-hei-heit-Singsang einstimmen. Das sind alleine seine Geistwesen, die alleine seinen Gedanken entsprungen sind.

Als sie noch vor wenigen Sekunden jenes unbestimmte Spektakel summten und brummten, da waren sie von den dunklen Gedanken geboren, die in seinem Schloss wie Rußpartikel umherwabern, ganz ohne Rauchmelder aktivierbar. Aber jetzt versteht Joachim Gauck plötzlich den wahren Nutzen all der vielen Gedanken. Gedanken werden zu Göttern. Sie werden auch Katatoniker. Er selbst ist vielleicht die Wiedergeburt eines irregeleiteten Gedankens. Oder einer hervorragenden gedanklichen Leistung, was ihm viel mehr behagt. Er ist sich sicher, dass er letzteres ist. Er hat hier an diesem Ort in diesem Moment die Erfindung des wahren Denkens und seines

Nutzens entdeckt. Er ist ein Forscher und Entdecker. Der Kolumbus der Freiheit. Er klopft sich kurz auf die Brust und setzt sich wieder neben die Kanzlerin, die das Dirigieren eingestellt hat.

Zwei starke Pfleger sind auf die Rednerbühne gestiegen, haben ohne große Worte zu machen, Biermann links und rechts gepackt, haben seine Pappgitarre hinunter geworfen, direkt in Lammerts Arme. Biermann zappelt und versucht zu schreien, aber sie haben ihm einen Knebel angelegt und so hört man nichts von seinen dumpfen Gedanken außer einem leisen Schluchzen. Doch das kommt aus dem Mund des Herrn Bundestagspräsidenten.

Kapitel 14

Der Präsident des Verfassungsgerichtes sitzt erhobenen Hauptes neben all diesen Affen, wie er sie wenig juristisch betitelt, wenn er in seinen eigenen vier Wänden in Karlsruhe am Mittagstisch sitzt, den seine Frau gedeckt hat. Er ist nur fürs Abräumen zuständig. Seine Gedanken sind am Abend, als der hessische Ministerpräsident kommen soll, nicht hier in der Anstalt von Rumsmountain bei den Katatonikern und all den anderen Verwirrten. Als Gustl Mollath die Aula betrat, hat er ihn sofort erkannt. Mollath war ja auch auf der Party gewesen. Natürlich, das war wirklich Mollath! Voßkuhle hat sich mit Mollaths Fall befasst. Er weiß nicht, dass Mollath hier nun als Patient mit Sonderstatus untergebracht ist und ein Namenswechsel vorgenommen wurde. Oder weiß er es? Im Moment kümmert ihn das nicht. Im Moment ist Mollath Mollath – und das wird er für Voßkuhle auch bleiben. Er lässt sich doch nicht meschugge machen.

Andreas Voßkuhle erinnert sich sehr gut. Ein kleiner Amtsrichter aus dem Fränkischen namens Eberl hatte Gustl zum Zwecke der Beobachtung hinter die geschlossenen Mauern der psychiatrischen Abteilung des Bezirkskrankenhauses Bayreuth eingewiesen. Gegen

Gustls Willen. Das war ein glatter Verfassungsbruch. Der Präsident rutscht unruhig auf seinem Stuhl in der ersten Reihe herum. Er und seine Kammer hatten festgelegt, dass eine Anordnung zur Unterbringung in einem psychiatrischen Krankenhaus zwecks Beobachtung nicht erfolgen darf, wenn sich der Beschuldigte weigert.

Er erinnert sich auch noch genau dieses einen entscheidenden Satzes, an dessen Formulierung er so lange getüftelt hatte: „Die damit angestrebte Totalbeobachtung, die Erkenntnisse über die Persönlichkeit des Beschuldigten erbringen soll, die er von sich aus nicht preisgeben will, von denen aber erhofft wird, dass er sie unter Einflussnahme Dritter offenbart, ist unzulässig."

„Ist unzulässig", wiederholt Voßkuhle seinen Gedanken laut. Etwas zu laut, denn Lammert hat seine Worte gehört und streckt ihm einfach die Zunge heraus.
„Herr Bundestagspräsident", sagt der oberste Richter und steht auf, „so können Sie mit mir nicht umgehen. Ich erwarte, dass Sie sich einen Ordnungsruf erteilen!"
Lammert steht gehorsam auf und sagt, dass alle es in der Aula hören: „Herr Norbert Lammert, hiermit erteile ich Ihnen gemäß der hier

gültigen Geschäftsordnung einen Ordnungsruf!"

Er macht eine kleine Sprechpause und sagt
dann mit verstellter Stimme in etwas höherer
Stimmlage: „Gut so. Angenommen. Gut so. Aber
was ist der Inhalt des Ordnungsrufes, Herr
Bundestagspräsident?"

Lammert verzieht nachdenklich das Gesicht.
„Im Namen des Präsidiums erteile ich Ihnen
einen Ordnungsruf mit dem Inhalt »Hallo«,
wenn es Ihnen recht ist!"
Mit verstellter Stimme antwortet er sich
selbst: „Vorschlag angenommen!" Und laut und
deutlich sagt er in das Auditorium hinein:
„*HALLO*".

Sogleich ertönt es aus der Ecke des Bariton-
Katatonikers: „Haa-aallooo-haa-aallooo-ha-ha-
ha-hallooooo!"

Der Bundestagspräsident ist arg berührt. Hat
er doch schon früher hin und wieder beim
Freigang im Garten der Anstalt gewisse Ord-
nungsrufe geübt. Dieses feste und sichere
HALLO! Der gegenüberliegende Wald hatte
ihm in natürlicher Treue stets sein *HALLO* mit
einem gleichen *HALLO* höflich beantwortet. Im
Gegensatz zu manchen Menschen ist die Natur

durchaus höflich und zuvorkommend, hatte sich Norbert Lammert gedacht und ging weiter seine Runden im ovalen Dreieck des gepflegt angelegten Anstalt-Gartens. Er sinnierte über den Unterschied zwischen Oval und Dreieck. Er sinnierte über die Funktion des Sinus und Cosinus und machte sich dabei allerhand Gedanken zur Geometrie. Bevor er Bundestagspräsident geworden war, war er Landvermesser am Institut der Ruhr-Universität Bochum. Da kannte er Bedeutung und Intention des gepflegten Ordnungsrufes noch nicht. Er kannte noch nicht einmal den Begriff. Und nun steht er hier und hört, wie sein Ruf widerhallt.

„Haallooo-haallooo-hahaha-haaalloolllo!" Der Bariton-Katatoniker wiederholt ordnungsgemäß den Ordnungsruf in seiner eigenen künstlerischen Weise.

Auch die anderen Katatoniker und Halbkatatoniker stimmen in diese herrliche Nummer ein, und wieder steht die Kanzlerin auf und versucht zu dirigieren, was ihr diesmal nicht gelingt, bis Dr. Wagner aufsteht und in den Saal hinein brüllt: „Ruhe!"

Sofort herrscht Stille. Die Arme der Kanzlerin und ihre kleinen, dicklichen Dirigentenhände verharren hoch in der Luft, als befänden sie sich augenblicklich im Koma.

Stille. Das hat Wagner lange vorher mit seiner Mannschaft geübt. Stille will geübt und will beherrscht sein. Sein Haus kann auch ein Haus der Stille sein. In diesem Augenblick wird Dr. Wagner bewusst, dass dieses Haus nur noch für wenige Minuten sein Haus sein wird. Plötzlich rollt eine einsame stille Träne seine hängende Wange hinunter, rollt vorbei am Nasenzwickel seiner Brille, biegt scharf um die Ecke des Brillenglases und tropft bedächtig in den Schnauzbart, in dem vom Abendessen noch ein Brotkrümel auf seinen Weg in Wagners dicken Bauch wartet.

Er kann sich nicht vorstellen, dass sein Oberarzt alles besser kann. Und wie der Zufall will, biegt gerade eben Dr. Dresdener durch die Aula-Tür. Wagner würde gerne flüchten, doch die Kanzlerin steht ihm im Weg, und vielleicht ist es auch besser so. Sie verhindert eine ungewollte und ungeplante Panne im Planungsablauf dieses Abends. Die Hände der Kanzlerin sind zwischenzeitlich aus ihrem Dirigentenkoma erwacht und bilden eine geduldige Raute in Höhe ihres Bauchnabels. Joachim Sauer, der Mann, der sie eigentlich aus ihrem früheren Leben kennen müsste, hat einmal zu einem

Journalisten der *BILD* gesagt, sie sei noch Jungfrau. Das sei aber nicht alles; darüber hinaus sei sie auch jungfräulich geboren, mit anderen Worten: sie habe gar keinen Bauchnabel.

Dresdener tritt an Wagner heran und flüstert ihm ins Ohr: „Haben Sie etwas aus Wiesbaden gehört? Wann kommt er denn nun?"
„Hatten wir nicht verabredet, dass Schwester Linda sich um seine Ankunft kümmert?"
„Ja, ja!" sagt Dresdener. „Ich glaube sie ruft gerade im Büro des Ministerpräsidenten an."

In diesem Moment öffnet sich die Aula-Tür und ein unscheinbarer Mann mittleren Alters betritt den Saal. Er trägt einen grauen Anzug und ein Hemd in Rosé mit einem silberglänzenden Schlips.

„Hast Du den eingeladen?" fragt Dr. Wagner.
Dresdener nickt und eilt zu diesem mit dem Ministerpräsidenten befreundeten Psychiater. Es sind Parteifreunde. „Herr Halunk, ich begrüße Sie herzlich im Namen der Klinikleitung."

Kapitel 15

Dr. Wagner kennt diesen Menschen, den Dresdener so überfreundlich begrüßt. Er findet ihn unsympathisch. Doch auch er wird ihn höflich begrüßen, und niemals würde er nur ein Fünkchen Kritik an Dr. Halunks merkwürdigen Gutachten üben. Eine Krähe hackt der anderen kein Auge aus. Sie alle sind abhängig von lukrativen Aufträgen aus Gerichtssälen.

In Sachen der zwangspensionierten vier Frankfurter Steuerfahnder hat dieser Mann für eine Menge Wirbel gesorgt. Letztlich hat er sein Honorar behalten dürfen, und den vier Steuerfahndern war das Handwerk ein für alle Mal gelegt. Das ist das Entscheidende. Man muss nur Fakten schaffen, sagt sich Dr. Wagner, als er jetzt daran denkt. Sobald Fakten geschaffen sind, wird es schwierig, eine Fehlbeurteilung rückabzuwickeln. Er selbst wäre zwar nie ein solch skrupelloser Auftragnehmer wie Halunk, doch ein wenig von dessen Dreistigkeit hätte Wagner schon gerne. Wagner verwirft alle Gedanken zu diesem Thema und wendet sich im Geiste und in seiner Gefühlswelt dem bevorstehenden Ereignis zu, seiner Abdankung. Möge sie zumindest würdig und in Ehren vonstattengehen. Er hofft auf einen Orden.

Psychiater Thomas Halunk nimmt als Ehrengast teil, Dresdener hat ihn eingeladen. Also wird Dresdener sich um ihn kümmern. Kümmert sich der noch amtierende Oberarzt um den Frankfurter Psychiater? Nein, er lässt ihn stehen und dieser schaut sich um, wo er sich hinsetzen könnte. Die ersten beiden Reihen sind besetzt. Aber dort, in der dritten Reihe am Rande des Ganges, sitzt ein Mann, auf dessen linker Seite noch ein Platz frei ist. Er geht zu ihm.

„Gestatten, ist hier noch frei?"
„Kalusch gnosch!" antwortet Professor Tiefenbach. Er hat Halunks Gelenke schon längst gehört. Da stand Halunk noch vorne neben Dresdener, im Gespräch vertieft, wobei er gelegentlich das Stand- und Spielbein wechselte. Und das war die Geräuschquelle, aus der Tiefenbach seine neuen Erkenntnisse zu schöpfen wusste.

Diese Gelenke knarrten in einer äußerst heimtückischen und verletzenden Weise. Tiefenbach war weiß Gott kein Verschwörungstheoretiker, aber aller Theorie zum Trotz – das wusste er ganz sicher – gab es Verschwörungen. Und hier sprachen die Gelenke eines Verschwörers zu ihm. Sie sprachen einen Frankfurter Dialekt und sprachen heimlich und leise, verräterisch leise, und die benutzten Vokabeln waren reine Verschlüsselungen, die zu dechiffrieren Tiefenbach als seine vordringlichste Aufgabe empfand.

„Kalusch gnosch?" fragt Halunk zurück.
„Sappatlank Num Du!" antwortet der Professor und deutet einladend auf den freien Stuhl. Soll sich der Verräter neben ihn setzen. Umso deutlicher wird er die Sprache des Verrats, die Sprache des Komplotts, die Sprache der Intrige entschlüsseln.

„Danke." Der Psychiater setzt sich neben den Professor, der ihm jetzt sein Visitenkärtchen reicht. Diesen Trick wendet Tiefenbach an, wenn er die Gelenke des zu erforschenden Subjekts gnädig stimmen will. Gelenke lieben es, wenn sie von Orthopäden untersucht werden. Und Tiefenbach weiß, dass der Mann, der nun neben ihm mit einem Hüsteln Platz nimmt, diese Karte studieren wird. Noch in diesem Augenblick wird er lesen:
»*Professor Dr. Winfried Tiefenbach, Facharzt für angewandte Orthopädie, Gesellschafter-Geschäftsführer des Orthopädiezentrums Gießen, Leitender Direktor des Senckenberg Museums, Staatlich bestellter Gutachter für Experimentelle Orthopädie. Schreiben Sie einfach an: Prof. W. T., Postfach, Deutschland*«.

Tatsächlich sitzt Thomas Halunk neben dem Professor und liest die Visitenkarte, und plötzlich spürt er seine Gelenke, an die er vorher nie gedacht hatte, er spürt sein Knie, als er eben sein Bein vorstreckt. Er spürt seinen verrenkten Hals, an den er seit heute Mittag nicht mehr gedacht hatte. Es ist wie wenn jemand von einem Zahnarztbesuch erzählt und man fährt sich dabei automatisch mit der Zunge über die Zähne, heimlich.

„Ein Unwetter bahnt sich an", sagt der Psychiater, aber Tiefenbach reagiert nicht mehr. Der Professor hat schon am Morgen gewusst, dass sich etwas anbahnt. Am Nachmittag dann hat er die natürlichen Gelenkgeräusche gehört, die in weiter Ferne die umknickenden Bäume und Buschäste, die knackenden Gelenke der Strommasten verursachten. Tiefenbach weiß, dass etwas Schreckliches geschehen wird.

Möller und ich, die wir eine Reihe vor ihnen in der Mitte sitzen, ahnen es vielleicht. Ja, heute würde ich sagen: Wir haben es geahnt. Alle anderen waren ahnungslos. Vielleicht hatte noch der Ministerpräsident eine Ahnung, was kommen könnte, denn im Moment fährt seine Limousine mitten in das Unwetter hinein. Er hat zu diesem Zeitpunkt noch zehn Kilometer vor sich.

Kapitel 16

„Der Herr Ministerpräsident wird sich ein wenig verspäten", beendet die Chefsekretärin das Telefonat. Linda legt auf. Wie lange dieses »ein wenig« dauern wird, weiß natürlich niemand. Sie steht vorne am Empfangsportal, Regen peitscht gegen das Fensterglas, und der Pförtner reicht ihr den Hausapparat. Dresdener ist dran und fragt: „Kommt er jetzt? Soll ich Wagner Bescheid sagen und schon nach vorne gehen?"

„Er wird sich ein wenig verspäten", wiederholt Schwester Linda, die im Moment überzeugend als Sekretärin agiert.

„Ich rufe schon mal das Empfangskomitee zusammen und dann gehen wir nach vorne."

„Nehmt Regenschirme mit!" sagt Linda. „Ihr könnt aber vorerst alle im Trockenen bleiben, und ich rufe euch, wenn er hier vorfährt."

Wenn Dresdeners Geliebte jetzt durch die Leitung hindurch ihren Klaus sehen könnte, dann würde sie sehen, dass er ihren Vorschlag mit einem unnachahmlichen Blick strikt ablehnt: „Wie muss sich denn der Landesvater vorkommen, wenn er hier einfährt und feststellen muss, dass ihn kein Mensch erwartet. Keine Sehnsucht. Keine Geduld. Kein Benimm. Der erklärt uns doch alle für verrückt."

Als Dresdener mit seiner Linda über den Hausapparat in der Aula telefoniert, stehe ich gerade neben ihm, um ihn zu fragen, ob nicht auch Möller und ich dem Herrn Ministerpräsidenten die Ehre erweisen sollten. Ich habe noch heute den Blick vor Augen, wie sich Dresdener und Wagner ansehen. Das war ein verschwörerischer Blick des gemeinsamen Staunens, des gemeinsamen Entsetzens - bei gleichzeitig unerbittlicher Konkurrenz. Wagner scheint Dresdener zu hassen - allein wegen dessen Unterwürfigkeit gegenüber den politischen Statusträgern.

Um gut Wetter zu machen, sage ich: „Genau. Der fährt vor, kein Mensch da, und dann quetschen sich plötzlich alle durch die Tür. Herr Dresdener, Sie haben Recht. Wir sollten zum Hauptportal und dort auf ihn warten."
„Sie Klugscheißer!" steht in Wagners Gesicht geschrieben, kurz bevor er wieder sein Dauerlächeln aufsetzt.

Zehn Minuten später. Wir beide sind dabei. Um die zwanzig Personen stehen unter dem Vordach und drängen sich ganz dicht zusammen, da neben dem peitschenden Regen auch stärkere Böen zu wehen begonnen haben. In der ersten Reihe steht mittig der designierte Leiter der Anstalt von Rumsmountain, der zukünftige

Herrscher über ein geheimnisvolles Flugsportzentrum. Es muss für Dr. Wagner die pure Er-
niedrigung sein. Er jedenfalls steht mit zusammengekniffenen Augen neben seinem
Noch-Oberarzt und Gleich-Nachfolger, in seinem durch seine überfallartige Diät ausge-
tricksten, viel zu weiten Anstaltskittel. Und
trotzdem ist er noch dick genug.

Oberschwester Petra, meine heimliche Geliebte - ich spreche von einer platonischen Fern-
beziehung -, frisch frisiert, mit hohen Schuhen,
dadurch nach oben und unten unnatürlich verlängert, steht neben Wagner. Dahinter stehen
Möller und ich und der ganze Rest des Empfangskomitees. Gauck, Voßkuhle und Lammert
wollten im Trockenen bleiben. Direkt neben
mir steht in stoischer Ruhe die Kanzlerin in
sehr rautenförmiger Ausformung. Erst vor
wenigen Monaten hatte ich plötzlich begriffen,
dass sie kein Mann war - ich war bis vor kurzem politisch noch völlig unbeleckt, verstehen
Sie? Auch in Geschlechterkunde kannte ich
mich nicht aus. Aber man lernt hier dazu.

Hinter uns stehen noch drei andere Ärzte, vier
Schwestern, der Vertreter für die Pfleger und
einer für die Reinigungskräfte. Auch die Beiköchin und die beiden Gärtner entdecke ich. Etwas abseits, ungeschützt vom Vordach, eine

Gruppe von vielleicht sechs Patientinnen, die zur Begrüßung singen sollen.

Wagner sagt zu seinem Noch-Oberarzt: „Wenn Al-Bluff-Wazir nicht bald kommt und es noch stürmischer wird, müssen wir die Patienten reinbringen."

So stehen wir da, im kühl-nassen, stürmischen Umfeld eines Hauptportals, an dessen Stirnseite in großen Lettern geschrieben steht: *FLUG-SPORTZENTRUM.* Ich habe mich schon vor geraumer Zeit gefragt, was es mit diesem Namen auf sich hat und landete nach drei durchwachten Nächten und eintausend gefühlten Erklärungsversuchen bei einem Filmtitel. Einer flog über das Kuckucksnest.

Gustav Möller ist ein sehr praktischer und klar denkender Mensch. „Kann nicht Ihre Sekretärin den Herrn Ministerpräsidenten noch mal direkt in seinem Fahrzeug anrufen?" schlägt er Wagner vor. „Vielleicht heißt ja in der Politik »ein wenig« auch in ein oder zwei Stunden - oder es ist das Synonym dafür, dass der Besuch ausfällt. Wieviel Bilder könnten ich und die anderen Patienten malen, während wir hier stundenlang nutzlos warten."

Doch Dr. Wagner hat plötzlich ganz andere Sorgen. „Man schaue sich das an!"

„Was ist denn?" wundert sich Dresdener und denkt als erstes an die Kanzlerin oder den Bundespräsidenten, denen immer neue Maschen einfallen, damit man ihre Wünsche erfüllt. Aber immer noch sitzen Gauck, Lammert und Biermann, die ich mal als »Trio Infernale« bezeichnen möchte, brav in der Aula. Nur Voßkuhle ist soeben aufgetaucht und steht am linken Außenrand des Empfangskomitees halb unter dem Vordach, halb wird er von einem Regenschirm geschützt, den ein Pfleger über ihn hält.

„Was ist denn?" fragt Dresdener jetzt mit Ungeduld in der Stimme. Wo ist Gauck? Hatte Gauck wieder einmal in letzter Sekunde irgendeinen Heckmeck ausgeheckt? Etwas von *Heckler & Koch*? War er wirklich gewaltbereit? Hatte er vielleicht wieder mal ein Loch in den Weg zum Haupthaus gebuddelt, es mit Plane verdeckt und zur Tarnung mit Schotter bestreut? Gauck legt andere Patienten gerne mal herein und genehmigt sich eine kleine Portion Schadenfreude. Als er einmal eine Fallgrube gebaut hatte, sagte er zu dem Grubenopfer, auf das er von oben herabschaute: „Siehste, anderswo würde man Sie jetzt steinigen!" Er fand das so lustig, wie er Jan Tolpert lustig findet, selbst dann, wenn er Anteilnahme heuchelt.

Wagner lässt Dresdener auf eine Antwort warten. Keiner fragt: Wo ist Jan? Keiner weiß: Jan schläft tief und fest. Er schläft den tausendjährigen Schlaf und befindet sich in einem hunderttausendjährigen Reich. Sein Reich komme, sein Wille geschehe.

Dr. Wagner aber schaut auf seine Füße hinunter. „Das darf doch nicht wahr sein. Wir können den doch nicht durch den Matsch stiefeln lassen!" Er zeigt auf den Boden vor unseren Füßen. Da die Auffahrt seit einigen Tagen eine kleine Baustelle ist, würde der Ministerpräsident nicht direkt vorfahren können, er würde ein kleines Stückchen laufen müssen. Nicht weit, knappe acht, neun Meter. Von der Straße bis unters Vordach. Und alles voller Matsch.

Tatsächlich hatte der Sturzregen die Auffahrt aufgeweicht. Die Kanzlerin zieht eine Heulfresse. Dann gibt sie sich einen Ruck und raunt Wagner zu: „Wie wäre es, wenn ihn die Patienten rüber tragen?"

Möller und ich hören es und müssen lachen. Doch wir haben unterschätzt, wie sehr Dr. Wagner und natürlich Dr. Dresdener dieser

Besuch erregt und wie angespannt beide in ihrem Innersten sind. „Jetzt hören Sie doch auf mit dem Gequatsche. Wir müssen irgendwas machen." Wagner ruft nach hinten: „Wir brauchen hier Bretter. Ganz schnell bitte. Hier ist alles nass. Warum ist diese Auffahrt eigentlich noch nicht fertig?"

Ein Pfleger geht ins Innere der Klinik und spricht mit dem Hausmeister. Der zuckt mit den Schultern und greift zum Telefon. Auch Dresdener hat die missliche Situation erkannt und pflichtet Wagner bei: „Wir müssen was tun!"

Von diesem Hausmeister hatte mir ein Psychotherapeut, den ich hier nicht enttarnen möchte, etwas erzählt, was mich schwer beschäftigte. Erst nachdem ich ihm mehrmals versprochen hatte, niemandem ein Sterbenswörtchen zu verraten, auch meinem behandelnden Psychiater nicht, hatte er mir anvertraut: „Stellen Sie sich vor, der hat einer Krankenschwester die Brustwarze abgebissen. Aber das bleibt unser Geheimnis, versprochen?"

Wochenlang sah ich das immer und immer wieder vor mir, prüfte die Bisskraft meiner Schneidezähne und wunderte mich über den Psychotherapeuten. „Warum erzählt der mir so etwas?" dachte ich. „Ich bin doch ein Patient." Das war mir vollkommen klar, dass ein Psychotherapeut, spezialisiert auf Verhaltenstherapie, seinem Patienten nicht erzählen sollte, dass irgendein Kerl einer Frau die Brustwarze abgebissen hatte.

Endlich fährt einer der kleinen Traktoren vor, die ständig auf dem Psychiatriegelände herumkurven, um jetzt zur Sommerzeit das geschnittene Busch- und Astwerk abzufahren oder die Bierbänke und Tische zum Sommerfest zu bringen, im Herbst die Gartenbänke abzutransportieren und im Winter Schnee zu schieben und Salz zu streuen. Genau an der Stelle, wo wir seit mittlerweile über 20 Minuten durchgefroren und zerzaust von den starken Böen die Limousine des Ministerpräsidenten erwarten, hält nun dieser mickrige Traktor mit Anhänger. In aller Seelenruhe klettert der Fahrer von seinem zerfledderten und völlig durchnässten Schaumstoffkissen. „Was gibt's denn, Herr Direktor?"

Dr. Wagner ist sichtlich hin- und hergerissen. „Wir brauchen hier ein paar Bretter, Herr Propeller. Aber Sie können da nicht stehen bleiben."
„Ich hab Bretter dabei. Ich lade die hier ab."

„Bitte Herr Propeller, fahren Sie doch ein kleines Stückchen weiter."

„Wo brauchen Sie die Bretter denn?"

„Hier, bei der Einfahrt."

„Ja, warum soll ich denn dann weiterfahren?"

Dr. Wagner sieht zur Hauptstraße hinüber, von welcher aus der Ministerpräsident einbiegen wird. Es ist seltsam, aber alle unter diesem Vordach können spüren, dass er jetzt gleich kommen wird. Sehen kann man ihn nicht, hören auch nicht. Aber irgendetwas kommt näher und näher. Und dieser Herr Propeller klappt den Anhänger auf, zieht gemächlich knallgelbe Verschalungsplatten von der Ladefläche und lässt sie, eine nach der anderen, auf den nassen Erdboden klatschen.

„Sieht doch gut aus", sagt die Kanzlerin zu Wagner.

Er nickt. Der Regen wird noch stärker und trommelt auf den gelben Steg. An dessen Anfang steht Herr Propeller, sieht uns fragend an und ruft: „So, geschafft." Er winkt uns zu sich herüber.

Oberschwester Petra, die immer noch schräg vor mir neben Wagner steht, sagt leise: „Der denkt, der Weg ist für uns."

„Wie, für uns?" Dr. Wagner versteht nicht und will nur, dass Herr Propeller so schnell wie möglich mit seinem Traktor von der Straße verschwindet.

Die Oberschwester sagt zu ihm: „Na, der glaubt, dass wir hier nicht wegkommen und ihn gerufen haben, um uns zu retten."

Wagner ruft: „Danke, wirklich vielen Dank. Würden Sie jetzt bitte den Traktor wegfahren!"

Genau in dem Moment, als Herr Propeller wieder einsteigt und den Motor anlässt, ruft einer der Pfleger von ganz hinten: „Ich glaub, da kommt er." Synchron wenden wir, das wartende Empfangskomitee, unsere Köpfe. Tatsächlich biegt in diesem Moment behäbig ein schweres Auto um die Ecke und fährt auf das Psychiatriegelände ein. Ich denke im ersten Moment, dass dieser Wagen gar keine Scheiben hätte, so dunkel getönt sind sie, so Ton in Ton mit der Schwärze des Lacks und dem Grau des jetzt heftig fallenden Regens.

„Das isser! Das isser!" Die Kanzlerin richtet sich auf, zieht den Bauch ein und behält die Rautenposition bei. Wagner und Dresdener machen sich bereit. Wir alle unter dem Vordach nehmen Haltung an. Auch ich versuche, mich aufrecht hinzustellen, würdig. Nur Gustav Möller steht völlig entspannt neben mir. Der Wagen kommt näher. Aber ich höre den Motor nicht. Der Wagen fährt nicht vor, er rollt vor.

Oder übertönt der prasselnde Regen das Motorengeräusch? Scheinbar vollkommen lautlos gleitet die Dienst-Limousine des Ministerpräsidenten durch den nun peitschenden Regen und bleibt stehen.

Wir starren alle gebannt auf die Autotür des Herrn Ministerpräsidenten. Einer der Pfleger tritt aus dem Pulk heraus und dirigiert den Chor der durchnässsten Patienten. Die Kanzlerin beugt sich neben mir zum amtierenden Klinikchef vor: „Die haben nicht mal Schirme. Das sieht nicht gut aus." Wagner und Dresdener sehen unentschlossen zu ihnen hinüber. Einem der singenden Patienten rutscht Ton für Ton seine durchnässste Kappe über die Augen. Wagner sagt: „Zu spät, zu spät. Das schaffen wir jetzt nicht mehr. Oder? Nein, egal."

Zwei Männer steigen aus, stellen sich mit dem Rücken zum Auto und schicken hoch konzentriert, wie Raubvögel ruckend, ihre Blicke über das Areal - durch das dichte Regengitter hindurch. Über den neuen Parkplatz mit seinen noch schneeweißen, regenüberspülten Markierungen; über die von der psychiatrieeigenen Gärtnerei angelegten Rabatten bis hin zu den etwas weiter entfernt gelegenen Anstaltsgebäuden. Gebannt folge ich ihren umherwandernden Augen, sehe, wie der eine der

Männer Etage für Etage die Fassaden kontrolliert, seine Pupillen von Fenster zu Fenster springen. Auch uns unter dem Vordach mustern sie genau. Der eine nickt dem anderen zu, und dann wird die Autotür, hinter der, das war nun jedem der Wartenden klar, der Ministerpräsident sitzt, geöffnet.

Einer der Männer spannt einen Regenschirm auf und hält ihn schützend über die Tür. Man hat in der Wiesbadener Staatskanzlei also immerhin an Regenschirme gedacht. Doch der christliche Ministerpräsident lässt sich trotz der biblischen Regenflut Zeit. Er sitzt schemenhaft im getönten Dämmer der Limousine.

Angela Merkel staunt. „Gucken Sie mal", sagt sie zu Wagner. „Das gibt's ja nicht, der telefoniert. Der hat ein moderneres Handy als ich."
Ich frage Möller: „Wann steigt denn der endlich aus?"
Die Oberschwester sagt: „Herr Doktor, vielleicht wartet er auf Sie. Will, dass Sie zu ihm in den Wagen steigen."
Dr. Wagner macht einen beherzten Schritt nach vorn in den strömenden Regen und einen zögerlichen wieder zurück.

Da schiebt sich an einem langen Bein ein glänzender Schuh aus dem Wageninneren und landete schwer auf den nassen Brettern. Kurz darauf der andere Fuß. Gleiches Hosenbein, gleiche Socke, gleicher Schuh. Und doch völlig verschieden. Diese beiden Füße hatten nichts miteinander gemein. Es sieht nicht so aus, als ob sie sich kennen würden. Der eine träge und plump, ganz für sich auf dem Brett ruhend, der andere wippend und in der Luft federnd. Jetzt sogar knöchelkreisend, als würde sich die Schuhspitze umschauen oder den Regen abschütteln. Dann endlich ist es so weit: Als Volker Al-Bluff-Wazir aus seiner Limousine steigt, muss er sich ganz klein machen, so groß ist er. Man merkt, dass er sich ungern kleiner macht, als er wirkt. Er krümmt sich aus der Autotür heraus und richtet sich auf. Wächst und wächst. Und mit jedem Zentimeter, den der amtierende Ministerpräsident von Hessen größer wird, sich ent- und auseinanderfaltet, verändert sich etwas, geschieht etwas, das ich noch nie zuvor erlebt habe.

Noch vor wenigen Momenten, vor der Ankunft dieses Mannes, hatte ich mir von meinem relativ trockenen Platz aus alles in Ruhe angesehen, meinen Blick umherschweifen lassen können. Aber jetzt, egal, ob der Parkplatz oder die Bäume, die Laternen oder die Gebäude – neben diesem Mann verkümmert alles. Es gibt nur noch ihn. Wir alle bestaunen ihn. Nur Möller nicht. Er stupst mich an und meint: „Auch nur ein armes Würstchen, wenn man ihn mit einer Falschbeschuldigung für sieben Jahre in die forensische Psychiatrie schicken würde."

Der Ministerpräsident hebt den Kopf und blickt zu uns hinüber. Sein Haar ist perfekt geschnitten, ein akkurat gescheitelter Silberhelm. Das ist er also, der große regierende Rechtsanwalt aus dem kleinbürgerlichen Wiesbaden. 1999 von der Staatsanwaltschaft wegen Parteienverrats belangt. Ich habe den Ministerpräsidenten schon einige Male im Fernsehen, in den Nachrichten gesehen. Mit diesem Mann aber, der da leibhaftig aus der Limousine in den Himmel gewachsen war, hat das nicht das Geringste zu tun.

Ich bin mir sicher, dass er mir, nur mir, direkt in die Augen sieht. Erwähnen Sie mich nicht in Ihrem Manuskript, scheinen mir seine Augen zuzurufen. Doch später behaupten auch andere aus dem Empfangskomitee, sogar meine heimliche Geliebte, dass er auf dem Weg vom Auto bis zu uns sie - und nur sie! - angesehen hatte. Während er unter dem Schirm über den gelben Bretterweg schreitet, schwenken seine Augen zu den singenden Patienten im strömenden Regen hinüber. Hellbrauner Matsch wird durch sein Gewicht schmatzend an den

Bretterkanten hervorgepresst. Das waren doch mindestens acht Meter. Warum aber braucht er nur vier, fünf Schritte, bis er vor uns steht? Eigentlich habe ich Normalgröße, und Gustav Möller neben mir ist ein wenig größer. Doch jetzt ist alles anders. Al-Bluff-Wazir ist groß, Gustav Möller klein und ich winzig.

„Ich freue mich ganz außerordentlich", sagt Dr. Wagner, „dass Sie es trotz der unangenehmen Wetterlage noch zu uns geschafft haben, Herr Ministerpräsident." Der nickt bloß, nickt und sieht uns an.

„Darf ich vorstellen: Oberarzt Dr. Dresdener. Und das ist die Patientensprecherin, Frau Angela Merkel!"

Die Kanzlerin lächelt milde und sagt: „Wir kennen uns ja."

Der Ministerpräsident schmunzelt und verzieht das Gesicht in Richtung Nachdenklichkeit, was ihm im Tagesgeschäft recht schwer fällt.

Dresdener, den eigentlich nichts so schnell verunsichert und der das ist, was man schlagfertig nennt, macht, als ihn der Ministerpräsident begrüßt, einen Diener. Niemand von uns hatte ihn jemals einen Diener machen sehen. Ich wusste nicht, dass er das konnte. Als Volker endlich auch mir die Hand gibt, meine

Hand in der seinigen verschwindet und für einen kurzen Moment wie in einem herrlich vorgewärmten Handschuh steckt, fühle ich mich plötzlich ganz glücklich, in dieser Anstalt zu sein, ohne genau zu wissen, warum.

Gustav Möller begrüßt ihn – ich würde rückblickend sagen – mehr nebenbei. Ihm geht keiner ab. Er stellt sich den Ministerpräsidenten wahrscheinlich gerade nackt im Ehebett vor, wo ihm seine Frau sein Versagen mit einem betrüblichen Blick vorwirft. Vielleicht bläst sie ihm sogar einen. Ich jedenfalls weiß nicht, was Möller sich gerade vorstellt, als ein schelmisches Lächeln über sein Gesicht huscht.

Kapitel 17

Dr. Wagner sagt: „Wenn es Ihnen recht ist, dann zeige ich Ihnen jetzt unser Klinikum – und danach schreiten wir in der Aula zur Amtsübergabe."
Ein Mann, den ich noch nicht bemerkt habe, tritt zu dem Gast: „Herr Ministerpräsident, wir haben sechzig Minuten."

Ich sehe die Enttäuschung auf Wagners Gesicht. Er hat sich etwas ganz Besonderes ausgedacht: eine Führung, die es dem Wiesbadener Herrscher über die Nervenheilanstalt erleichtern würde, ihm die Landesverdienstmedaille zu überreichen. Ihm würde auch schon die hessische Katastrophenschutz-Medaille zur Ehre gereichen. Nur kein Karnevalsorden; Karneval mag Wagner nicht. Es erinnert ihn an seinen Onkel, den traurigsten und humorlosesten Menschen auf diesem Planeten. Aber er war Präsident des größten Kölner Karnevalsvereins.

Bevor der Ministerpräsident in unser Reich eintritt, wendet er sich dem komplett durchnässten Patienten-Chor zu, der tapfer *»What shall we do with the drunken sailor«* singt. Ich höre, was er zum Anstaltsleiter sagt, alle hören es: „Herr Doktor, das ist ja Sünde."

Wagner antwortet mit einem unterwürfigen Grinsen: „Ja, da haben Sie selbstverständlich vollkommen recht. Wir wurden vom Regen überrascht."

Jemand ruft: „Bitte ein wenig näher zusammen!" Es ist ein stadtbekannter Oldie. Ein sogenannter Bürger-Reporter unserer Regionalzeitung, den ich schon oft gesehen habe, ein angeblich ehemaliger Pfarrer. Er trägt immer dasselbe abgewetzte Jackett, und an Samstagen flaniert er durch die Innenstadt. Er knipst jetzt mit einer antiken Kamera ein paar seiner üblichen belanglosen Fotos. Und dann, bevor es endlich mit einer guten Stunde Verspätung am Pförtner vorbei in die Anstalt von Rumsmountain hineingeht, verharrt der Ministerpräsident einen Moment noch auf dem matschigen Boden.

„Diese Klinik", so sagt jetzt Dresdener und versucht den Regen zu übertönen, „wird der endgültige Abschied sein von einer rein verwahrenden Psychiatrie. Ab jetzt steht die experimentelle Therapie, das Wohl des Patienten, im Mittelpunkt."
Jeder merkt, dass der Ministerpräsident eigentlich rein will. Dass er gedenkt, endlich in der Aula seine Ansprache zu halten. Er antwortet dem designierten Klinikchef: „Diese Klinik

ist wirklich ein großartiges Projekt geworden. War ja nicht ganz einfach, aber ...“

Er betritt den letzten gelben Steg, bevor er Trockenland erreicht. Er schreitet flankiert von den Koffermännern auf das geöffnete Hauptportal zu – und da geschieht es.

Al-Bluff-Wazir hat bereits unwillkürlich seinen Kopf gesenkt, um das Portal zu durchschreiten. Da ruft jemand laut: „Hände hoch oder ich schieße!“

Noch nie zuvor habe ich gesehen, wie ansatzlos sich eine Situation im Bruchteil einer Sekunde in eine komplett andere Situation verwandeln kann. Die beiden Koffermänner stürzen sich auf den Ministerpräsidenten, werfen ihn nieder. Aber das ist ein großer Mann. Der fällt nicht so leicht. Sie rammen ihn um. Im Fallen öffnen sie ihre Koffer und ziehen schwarze Pistolen heraus. Der Ministerpräsident klatscht der Länge nach in den Matsch. Auf ihn drauf die Männer mit den gezückten Waffen.

Ich erstarre. Und jetzt erstarrt selbst Gustav Möller neben mir. Aber nicht der Ruf „Hände hoch oder ich schieße!“ hat uns erschreckt. Die Stimme kannten wir ja. Alle, die sich unter dem Vordach versammelt haben, ist diese Stimme wohlbekannt. Was mich so maßlos überrascht, ist die Wirkung, die sie hat.

Die Männer zielen in die Richtung, aus der der Ruf gekommen ist. Dr. Wagner schreit: „Bitte! Bitte! Es ist alles in Ordnung! Bitte! Bitte nicht schießen!" Die Männer rutschen auf dem Ministerpräsidenten enger zusammen, schützen ihn mit ihren Körpern.

„Wirklich, bitte. Es besteht keine Gefahr. Es ist einer unserer Patienten." Hinter einem der erst kürzlich aufgestellten und zur Feier des Tages üppig bepflanzten Blumenkübel taucht ein grauer Haarschopf auf, darunter ein breit grinsendes Gesicht, breiter als ein Handteller, mit eng stehenden mausgrauen Augen, einer silbern umrandeten Brille und einer grauen Spaßbremse über der Oberlippe. Die Männer richten ihre Waffen auf den Mann. Wagner hebt die Hände, Handflächen nach unten. Mit beschwörender Stimme spricht er überdeutlich und ruhig: „Bitte glauben Sie mir. Es ist alles in bester Ordnung. Das ist Wolfi, einer unserer Patienten. Er ist völlig harmlos. Er macht das öfter. Sie kennen doch Wolf Biermann, oder?"

Da hat Dr. Wagner vollkommen Recht. Es stand wohl niemand hier draußen, dem Wolfi nicht auch schon auf dem riesigen Areal der Psychiatrie aufgelauert hat. Der Grauhaarige hinter dem Betonblumenkübel sieht überglücklich aus. Solch einen mächtigen Effekt hat sein »Hände hoch oder ich schieße!« noch nie gehabt. Noch nicht einmal damals, im Bundestag. Er tritt hervor, hebt seinen silbernen Colt und zielt auf die Männer im Matsch.

Wagner ruft: „Wir wollen jetzt nicht mehr spielen. Wirf deine Pistole weg!" Wolfi zieht eine seltsame Grimasse und macht einen weiteren Schritt.
Einer der Koffermänner brüllt los: „Wenn der noch näher kommt, knall ich ihn ab! Der soll die Waffe wegwerfen!" Biermann strahlt und strahlt und macht noch einen Schritt. Wagner tritt in die Schusslinie. „Wolfi, guck doch mal, die liegen doch schon am Boden. Die haben verloren. Du hast gewonnen. Jetzt steck mal deine Waffe weg."

Wolfi überlegt. Dann wirft er seinen Revolver hoch in die Luft, und das Geräusch, mit dem er auf der Straße aufschlägt, klingt so eindeutig nach Plastik, dass die Männer im Schlamm zu ahnen beginnen, dass Dr. Wagner die Wahrheit gesprochen hat. Einen kurzen Moment lang herrscht eine geradezu feierliche Ruhe, zumal der Regen eben eine Pause zu machen scheint. Ein kollektives Innehalten der besonderen Art.

Dann rollen die Männer sich vom Ministerprä-sidenten herunter. Wagner und Dresdener betreten den gelben Steg. Die Kanzlerin folgt ihnen. Zwei Pfleger rennen zu Wolfi. Drehen ihm, völlig übertrieben wie ich finde, die Arme auf den Rücken. Die Oberschwester fährt sich mehrmals impulsiv mit den Fingern durch ihr Haar. Möller sagt leise: „Wow, das war ja der Hammer!"

Der journalistische Ex-Pfarrer knipst in ra-scher Folge ein paar Fotos. Und der hessische Ministerpräsident rührt sich nicht, liegt wie erschossen auf dem Bauch im Matsch. Neben ihm knien Wagner und Dresdener: „Herr Mi-nisterpräsident, es ist alles gut", sagt der am-tierende Klinikchef und ahnt, dass ihm keine Ehrenmedaille zu teil werden wird.

„Sie können jetzt aufstehen", sagt die Kanzle-rin.

Volker der Große hebt langsam den Kopf. Mit einem schlürfenden Sauggeräusch zieht er ihn aus dem Schlamm.

„Kommen Sie. Ich helfe Ihnen auf." Wagner streckt die Hand aus. Die verschmierten Män-ner haben ihre schwarzen Koffer aufgehoben und die Waffen darin verschwinden lassen. Volker will keine Hilfe, selbst als die Beiköchin mit einem Küchentuch ankommt und ihm die Hand hinhält. Unbeeindruckt, vielleicht ein ganz wenig brüchig, sagt er: „Danke, das geht schon. Das schaffe ich gut allein."

Und dann steht er auf. Wieder wächst und wächst dieser Mann. Der MP von ganz Hessen steht da, tropfend, und sieht aus wie ein Schwein. Ein riesiges, aufrecht stehendes tropfendes Schwein, das sich zusammen mit seinen beiden besten Freunden ein ausgiebiges Schlammbad genehmigt hat. Dr. Wagner bittet den unbarmherzigen Fotografen, keine weiteren Fotos zu machen. Der nickt triumphierend und stolziert wie ein stolzer Storch durch den Matsch, steigt in seinen Kleinwagen und braust davon.

„Herr Ministerpräsident, ich sorge für neue Kleidung. Kommen Sie. Ich kümmere mich um alles", sagt Wagner. Die beiden Bodyguards holen aus dem Kofferraum des Dienstwagens zwei große Seemannssäcke, die ihre Ersatzkleidung enthalten. Und so ziehen sie mit ihrem Ministerpräsidenten samt unversehrtem Chauffeur, mit Dr. Wagner, mit Dr. Dresdener - der beim Umkleiden nicht fehlen will -, mit der Oberschwester und einer der Hausdamen los. Eine seltsame Prozession. Der Rest des Empfangskomitees geht zurück in die Aula.

Möller und ich sehen uns an und müssen plötzlich laut lachen.

Kapitel 18

Als wir die Aula betreten, wirken die Patienten eingeschüchtert, so, als wären sie unmittelbar vor unserem Erscheinen gnadenlos zusammengebrüllt worden. Ich kann mir lebhaft vorstellen, welch ein Spektakel und Höllenlärm hier in der Zeit herrschten, als wir draußen, umtobt vom stürmischen Nass, auf die politische Hochglanzfigur warteten. Vier oder fünf Pfleger gehen durch die Reihen und bieten kalte Getränke an. Der Flurfunk war schnell. Man will die Mannschaft ruhig halten und weiß, dass die Reinigungs- und Neueinkleidungsaktion der hohen Herrschaft und ihres Gefolges gewiss noch dreißig Minuten dauern wird.

Die Kanzlerin sitzt wieder auf ihrem Platz und hält die Hände bedächtig in Rautenform. Neben ihr sitzt unbeweglich der Schlossherr von Bellevue und denkt über den Sinn eines Plakates nach, das ihm irgendwelche erzürnten Wutbürger mal vor langer Zeit vor Augen gehalten hatten. »Du sollst nicht töten, Herr Pfarrer!« Damals befand er sich noch in Kontakt - auf asphaltierten Straßen - mit lebenden Bürgern, wenn auch im Eier-wurf-weiten Abstand von fünfzig Metern. Weiß Gott, warum er gerade jetzt daran denken muss. Normalerweise spielt ihm sein Gewissen keinen solch unvorhersehbaren Streich.

Auch Wolf Biermann sitzt wieder auf seinem alten Platz, hat aber diesmal rechts und links je einen Pfleger mit Drachentöter-Blick neben sich sitzen. Zur Demonstration seiner Machtlosigkeit haben sie ihm seine zerknüllte Pappgitarre auf den Schoß gelegt, die er zärtlich streichelt. Die zwei neben Biermann sitzenden Drachentöter glauben, der Liedermacher habe kein Gewissen, weil sie ihn nur als Egomanen kennen. Aber Wolfi hat durchaus Gewissensbisse; er beißt mit den spitzen Zähnen seines Gewissens gerne in die Herzen anderer, die ihm politisch nicht angepasst erscheinen.

„Sie selbst waren doch ein Unangepasster", hat seine Psychotherapeutin letztlich gesagt. „Warum sind Sie so unerbittlich gegen die, die heutzutage unangepasst sind?"

Wolfi hatte diese dumme Frage nicht für beantwortungswürdig empfunden; er war aufgestanden und in seine Unterkunft gegangen. Er ist sehr sensibel, wenn es um ihn, um seine Befindlichkeiten geht. Jetzt sitzt er unweit von mir und lächelt still in sich hinein, umrahmt von den beiden Bewachern.

Ich nutze die Zeit, um Gustav Möller meinen Brief an den MP lesen zu lassen. „Vielleicht hast Du ja noch eine Idee", sage ich. „Die könnte ich kurz noch handschriftlich hinzufügen."
Gustav schaut mich eine Spur zu skeptisch an, wie ich finde, nimmt schließlich meinen Brief und liest.

„Sehr geehrter Herr Ministerpräsident,
seit vielen Jahren ist Herr Gustl Mollath unschuldig in der forensischen Psychiatrie eingesperrt, abgeschnitten vom normalen Leben eines Menschen, obwohl er nur menschlich Verständliches und Normales gesagt und getan hat. Auch mich hat man grundlos weggesperrt, wahrscheinlich nur aufgrund eines unsympathischen Facebook-Fotos. Sie haben die Macht, um diese Ungerechtigkeit zu beseitigen. Gestatten Sie mir bitte, dass ich Ihnen hierzu meine bisherigen Erfahrungen mit der Forensik schildere. Als erstes räume ich natürlich ein, dass es tatsächlich Menschen gibt, die Straftaten in schuldunfähigem Zustand begangen haben, weil sie seelisch krank sind. Darum handelt es sich in unserem Falle jedoch nicht ..."

Gustav rückt seine Brille auf der Nase zurecht und sagt: „Na, danke Dir, dass Du Dich für mich einsetzt. Nur mach Dir bitte keine zu großen Hoffnungen!"

Ich sage: „Die Hoffnung stirbt zuletzt."
Möller lächelt müde, dann liest er weiter.

„... Viele Apologeten der forensischen Psychiatrie erliegen, wie ich hier erfahren musste, offensichtlichen Omnipotenz-Fantasien. Sie sind von sich und ihrer Profession derart eingenommen, dass sie sich eigentlich selbst das Gefangensein in einem geschlossenen Wahnsystem diagnostizieren müssten. Da sie das im Grunde ihres Herzens mehrheitlich wissen, ist das Aufheulen in der Branche groß, wenn man das Menschenbild zu hinterfragen wagt, das hinter diesem Denkgebäude steckt.

Am Beispiel des vieljährigen Psychiatriemartyriums von Gustl Mollath will ich dennoch auf diesem brieflichen Wege – vielleicht in Fortsetzungsbriefen, wenn Ihnen alles in einem einzigen Brief zu viel ist – versuchen, die Gesetzmäßigkeiten einer Branche zu durchleuchten, deren Wirken nicht nur fragwürdig, sondern mit einem modernen Rechtsstaat unvereinbar ist.

Sie, Herr Ministerpräsident, sind ja auch Rechtsanwalt. Vielleicht werden Sie meine Gedanken teilen, und dann liegt alles Weitere eigentlich an Ihnen. Thema Beweismittel – die Arbeitsergebnisse der forensischen Psychiatrie erfüllen mehrheitlich nicht ansatzweise die

Mindestanforderungen, die man an jedes andere Beweismittel stellen würde, sondern spinnen ihre Opfer in ein dichtes Gewirk aus halbgaren Mutmaßungen und übergriffigen Feststellungen ein.

Hierzu bedienen sich psychiatrische Gutachter nahezu beliebiger Anknüpfungstatsachen: Ein in Wut geschriebener Brief, vielleicht auch noch verfasst in unterschiedlichen Schriftgrößen; vielleicht mein Brief an Sie – der unangemessene oder »anmaßende« Protestbrief eines kleinen Aufmüpfigen an einen Landesfürsten. Eine merkwürdige Begebenheit in der Jugend, ein biografischer Bruch, ein häufiger Stellenwechsel – fast jeder willkürlich gewählte Ausschnitt eines Menschenlebens kann eine Anknüpfungstatsache darstellen, die im Einzelnen gar nicht bedeutsam sein muss, in der Summe jedoch zum spitzen Stift wird, der dem Psychiater zur Zeichnung eines bizarren Persönlichkeitsbildes dient.

Damit treffen seine Feststellungen den Menschen dort, wo er am verletzlichsten ist: in seinem innersten Wesenskern. Gleichzeitig vernebelt ein forensisch-psychiatrisches Gutachten nicht selten den Blick des Gerichts auf eine seiner wichtigsten Aufgaben, nämlich den sauberen, zweifelsfreien Tatnachweis.«

Gerade als Möller das liest, steht in der Sitzreihe vor ihm Frau Merkel auf und geht auf die Aula-Bühne zum Rednerpult.

Eben stolpert die Kanzlerin über das ausgetreckte Bein von Gauck. Sie beherrscht sich und geht in Würde weiter Richtung Bühne. Ein Gemurmel setzt ein, das Möller von meinem Brief aufblicken lässt.

Angela Merkel rückt das Mikrofon zurecht und ruft „Eins, zwei, drei" hinein. Und „Eins, zwei, drei" schallt es überlaut aus den Lautsprechern zurück, die in jeder Ecke der Aula wie gelangweilte Fledermäuse unter der Decke hängen. Dann setzt dieses nervige Quietschen ein, irgendwas ist übersteuert. Inzwischen ist auch wieder der brustwarzenbeißende Hausmeister in der Aula erschienen. Er steht auf und geht an das Mischpult. „Abstellen oder nur leiser?" fragt er einen der vorne sitzenden Pfleger leise.

„Ein wenig Unterhaltung verkürzt die Wartezeit. Lassen Sie die Kanzlerin reden. Das kann sie doch gut", antwortet der bullige Mann ebenso leise. Er weiß, dass er das eigenmächtig tut, aber er weiß auch, dass er Recht hat. Der Hausmeister dreht den Ton herunter und man hört jetzt keinen beißenden Pfeifton mehr, sondern hört Angela, die leise in sich hineinflucht. „Verdammte Technik. Nicht mal so was funktioniert, wenn man eine Ansprache an sein Volk richten möchte. Und so was nennt sich Hochzivilisation!"

„Hallo, Frau Kanzlerin", ruft der Hausmeister ihr zu. „Man kann Sie jetzt gut verstehen. Entschuldigen Sie bitte die Panne."
Angela Merkel nickt ihm gnädig zu.
„Meine sehr verehrten Gäste", beginnt die Kanzlerin ihre Rede, wie sie schon tausende ihrer Reden begonnen hat.

Unten im Saal schauen sich die Pfleger und Schwestern untereinander fragend an. Da weder der Chef noch der Oberarzt hier sind, wissen sie nicht, was zu tun ist. Soll man die Kanzlerin wirklich reden lassen? Auch die Oberschwester ist nicht hier, weil sie ein Stock höher mit dem Ankleiden des Ministerpräsidenten beschäftigt ist. Der Pfleger in der ersten Reihe steht auf und hält seine rechte Hand und den Daumen nach oben. „Alles okay!" ruft er in den Saal. „Bitte um Aufmerksamkeit für die Kanzlerin der Bundesrepublik Deutschland, Frau Angela Dorothea Merkel!"

„Vielen Dank, Herr Angestellter", sagt die Kanzlerin. „Ich möchte heute die Gelegenheit nutzen, um zu reden, einfach zu reden. Wie Sie alle wissen, ist das eine meiner wesentlichen Aufgaben. Hier im Bundeskanzleramt sitzen wir heute zusammen, um denen da draußen, die bei kaum verschleierter Fremdenfeindlichkeit und Deutschtümelei auf den öffentlichen Straßen herumirren, entgegen zu rufen: Wir sind das Volk! Wir sind das Volk!"

Sofort hört man den Bariton-Katatoniker in der hinteren Sitzreihe rufen: „Viiier viiier siind daas Vooolk!" Und schon stimmen fast ein halbes Hundert Stimmen voller Verzweiflung, Hoffnung, durchsetzt mit Zorn und Resignation in den Kanon der Katatoniker ein: „Viiiier siiiiind daaaas Voooolk" – bis ...

Bis die Kanzlerin beschwichtigend abwinkt und dann mit einer herrischen Attitüde, einem entschlossenen Nach-oben-reißen ihrer Arme dem vielstimmig-dissonanten Kanon Einhalt gebietet. Und es funktioniert. Die Masse im Saal hört auf die Kanzlerin. In der ersten Reihe ärgert sich der Bundespräsident, dass er nicht schneller als die Kanzlerin war, er hätte ihr gerne die Show gestohlen, aber so ist das Leben, das hat er wohl begriffen.

„Das hier", fährt die Kanzlerin fort, „ist meine Neujahrsansprache. Meine ganz alleine."

„Allllleeiieeiine", singt der Bariton-Katatoniker. Diesmal stimmt Biermann dem Katatoniker zu. Er stimmt in den Singsang ein. Seinen Gesang, der ihm aus dem halb geöffneten Mund entweicht, können die beiden Bewacher ihm nicht nehmen. Gemeinsam mit dem Bariton und einigen Halbkatatonikern singt Biermann einen Singsang, der auch von Sido gesungen werden könnte: „Alleeii-eeiinealleeii-eeiine-alleiine ..."

„Schluss mit dem Unsinn!" ruft die Kanzlerin unwirsch. „Und was ich im neuen Jahr überhaupt nicht mag, sind solche Demonstrationen, wo man uns dumme Parolen entgegenschleudert: Ihr gehört nicht dazu - wegen eurer Hautfarbe, eures Geisteszustandes oder eurer Religion. Zu oft sind Vorurteile, ist Kälte, ja, sogar Hass in den Herzen der Menschen außerhalb dieses schönen Kanzleramtes!"

„Schöööön-schöööön-schööön-schööön..." geht es wieder los.

Die Kanzlerin blickt in diesem Moment mit ernster Miene drein, hebt den Zeigefinger und plötzlich herrscht wieder Ruhe. „Ja, ja, ja. »Schön« ruft ihr. Schön, schön, schön. Ja, bei aller Sorge über die Entwicklungen des vergangenen Jahres gab es ein wirklich schönes

Ereignis 2014, das die Rückschau ein wenig mildert: die Fußball-WM in Brasilien. Beim Titelgewinn haben uns unsere Elf unvergessliche Momente beschert", sagt sie. Dann tritt sie neben das Rednerpult und faltet die Hände zur Raute vor ihrem nichtexistenten Bauchnabel. Beifall brandet auf und ebbt ab, brandet erneut auf und erlischt endgültig.

Neben mir schüttelt Gustav Möller den Kopf. Dann nutzt er die Atempause im wirren Geschehen dieses Ortes, nimmt wieder meinen Brief auf und liest.

„Herr Ministerpräsident, es ist so erschreckend einfach, einen Menschen zwischen psychiatrischen Nebelwänden ganz legal verschwinden zu lassen. Werden die Weichen in der entsprechenden Weise gestellt, ist die Abwärtsschiene vorgezeichnet und ein Entrinnen kaum noch möglich. Was immer der Unglückliche unter diesem Vorzeichen sagt, wird durch die Brille seiner einmal diagnostizierten Verrücktheit betrachtet und allenfalls mit einem wohlwollenden Therapeutenlächeln zur Kenntnis genommen. Wirklich zuhören wird ihm nur noch der nächste Gutachter, zwecks Gewinnung weiterer Anknüpfungstatsachen für die nächste Anhörung bei der zuständigen Strafvollstreckungskammer. Vermeidet der Betroffene aus diesem Grund, mit

dem Gutachter zu sprechen, stellt diese »man-
gelnde Bereitschaft zur Mitwirkung« eine An-
knüpfungstatsache für sich dar, denn mangeln-
de Krankheitseinsicht ist der direkte Weg zur
Verlängerung der Unterbringung in einer ge-
schlossenen Anstalt um ein weiteres Jahr. Neue
Webfäden also, die das Fangnetz immer dichter
werden lassen."

Möller stupst mich an. „Das ist klasse formuliert."
„Ist mein Job", antworte ich ihm. „War doch so
bei Dir?"
„Haargenau so!" Gustav nickt mir anerkennend
zu, ich fühle mich geschmeichelt, obwohl ich
weiß, dass diese niedergeschriebene Erkennt-
nis gar nicht so viel Hirnschmalz beansprucht.
Möller liest weiter.

„Die Folge solcher falsch gestrickter Anhalts-
punkte ist, dass für die beteiligten Gutachter,
Richter und Staatsanwälte die Frage nach der
Schwere der ursprünglichen Anlasstat in der
Praxis immer mehr in den Hintergrund tritt.
Wer krank ist und keine Einsicht in seine
Krankheit hat, wird offenbar immer kränker.
Auch die Fragen nach dem Wahrheitsgehalt der
Gefährlichkeitsprognose und der Verhältnismä-
ßigkeit der Unterbringungsdauer stellen sich

dann in der Praxis gar nicht mehr. Es gibt für den Untergebrachten kein Entkommen."

Möller schaut zu mir und hält den Daumen nach oben. Er kann nicht die kleinen Ereignisse in der Aula wahrnehmen. Er hört nicht, wie eine Reihe vor uns der Präsident des Bundesverfassungsgerichtes, Voßkuhle, dem Bundespräsidenten Joachim Gauck eine Ohrfeige androht. Er hört nicht, wie der Bundestagspräsident Lammert rülpst. Er hört nicht, dass direkt neben ihm Klipstone ein Zwiegespräch mit Johann Wolfgang von Goethe führt, einem der besten realen Freunde des Lowbrooker Lokaldichters – außer Schiller, den Klipstone schon einmal in Weimar besucht, ihn aber nicht angetroffen hatte. Möller sieht auch nicht, wie Wolf Biermann liebevoll die Reste seiner Pappgitarre streichelt. Möller ist viel zu konzentriert und liest weiter:

„Wie viele Menschen in unserem Rechtsstaat aufgrund leichter oder mittelschwerer Straftaten oder gar Falschbeschuldigungen auf unbestimmte Zeit im Maßregelvollzug sitzen, kann in meinem Schreiben an Sie, Herr Ministerpräsident, nur vermutet werden. Klar ist, dass es noch weitere »Mollaths« gibt, die im Bermudadreieck zwischen Justiz, Forensik und mangelnden Außenkontakten einen verzweifelten Kampf füh-

ren. Ich möchte hier gar nicht mal meinen Fall groß schildern; ich kann nur sagen, ich bin ein ganz normaler Mensch mit dem einen Unterschied: Ich bin künstlerisch und schriftstellerisch tätig und publiziere in Facebook. Ist das krank?

Von den verzweifelten, heimlichen - und verheimlichten - Kämpfen in den forensischen Kliniken gibt die große Zahl entsprechender Briefe ein beredtes Zeugnis, die ich im Rahmen meiner Befassung mit dem Fall von Gustl Mollath erhielt. Jedes Schreiben Beleg eines menschlichen Dramas. Viele dieser Geschichten mögen so scheinbar harmlos ihren Anfang genommen haben wie die von Mollath selbst, an deren Beginn zwei Frauen miteinander Kaffee tranken.

Wenn Sie sich dafür interessieren, was in Ihrer landeseigenen Nervenklinik geschieht, so stehe ich Ihnen für ein Gespräch jederzeit zur Verfügung.

Mit freundlichen Grüßen

Stefan Koenig

P.S.: Ich bringe zu diesem Gespräch auch gerne die Geschichte mit, in der über den oben angedeuteten Kaffeeklatsch berichtet wird."

Wieder stupst mich Möller an. „Hast Du die Geschichte über den Kaffeeklatsch meiner Ex aufgeschrieben?"

„Na klar."

„Willst Du mich das mal lesen lassen?"

„Wann?" frage ich.

„Wenn nicht jetzt, während dieser langweiligen Veranstaltung, wann dann? Hast Du die Story dabei?"

„In meinem Zimmer. Ich hole sie Dir." Ich stehe auf, und während ich mich erhebe, um Christian, meinen Betreuer, um Erlaubnis zu fragen, wird die Aula-Tür aufgestoßen und ein ziemlich durchnässter, verstörter Mann mittleren Alters stürzt herein.

Es ist Peter Pan, Lowbrooks attraktiver Bürgermeister, der nach meiner Kenntnis heute Abend auch eine kleine Rede halten sollte. So jedenfalls hatte mir heute Nachmittag meine geliebte Oberschwester Petra berichtet. Pan eilt mit Entschlossenheit nach vorne und schaut sich irritiert um. Sein Blick wandert durch die erste Reihe und bleibt für einen Augenblick an der Kanzlerin hängen. Dann sieht er in meiner Reihe Christian sitzen, auf den ich gerade zugehe, und kommt zu uns.

„Orkanmeldung für Lowbrook und alles was über 350 Meter über dem Meeresspiegel liegt. Wir müssen evakuieren. Wo ist der Chef?" Peter Pan ist völlig außer Puste. Von seinem durchnässten Jackett tropft es auf Christians Knie.

Mein Blick wandert vom Bürgermeister meiner Gemeinde zu meinem Pfleger. Ich ergreife die Gelegenheit. „Christian, ich kann Herrn Pan gerne zu Dr. Wagner begleiten", sage ich.
Peter Pan nickt mir aufmunternd zu. „Es eilt sehr." Der Bürgermeister reibt sich mit einem Taschentuch die Haare trocken.
Christian stimmt zu, und Peter Pan und ich eilen aus der Aula.

Kapitel 19

Als wir uns ein Stockwerk höher dem Büro des Anstalt-Chefs nähern, kommt uns bereits einer der beiden Bodyguards entgegen.

„Der Herr Bürgermeister", sage ich. „Er muss dringend mit Dr. Wagner sprechen."

Wagner hat uns gehört und schaut aus der halb geöffneten Tür. „Herr Bürgermeister, Sie sind spät dran. Aber die ganze Veranstaltung hat sich sowieso verzögert."

„Sie wird sich noch weiter verzögern!" sagt Pan. „Ich habe im Rathaus soeben vom Regierungspräsidium die Eilnachricht erhalten, dass Lowbrook und insbesondere die LNL wegen ihrer zusätzlichen Hügellage im unmittelbaren Gefährdungsgebiet eines Orkantiefs liegen."

„Oh Gott!" entfährt es Dresdener, der vor seinem geistigen Auge seine heutige Ernennung zum Leiter der Landesnervenklinik dahinsausen sieht.

„Wir müssen die Klinik sofort evakuieren!" sagt Peter Pan und seine Stimme überhöht sich ein wenig.

Jetzt erst nimmt der Bürgermeister den in einem Jogginganzug eingekleideten Ministerpräsidenten wahr. „Guten Abend, Herr Ministerpräsident."

„Hallo!" antwortet Al-Bluff-Wazir. „Vielleicht schalten Sie für einen Moment Ihre Panikattacke ab. Evakuierung kommt nicht in Frage. Ich bin trotz tückischer Windböen und stürmischem Regen gut hier angekommen, und es besteht kein Grund, die Nerven zu verlieren."

„Also gefahren bin ich", wirft der Chauffeur ein.

„Ja, danke. Das habe ich nicht bestritten", sagt der MP. „Sie haben das gut gemacht."

Herausfordernd schaut der Landeschef jetzt auf den nur scheinbar geduckten Bürgermeister hinab.

„Ich habe die Anweisung vom RP", sagt der Bürgermeister. Er ist ein Kopf kleiner als der Landeschef, aber er duckt sich nicht weg, sondern geht noch einen halben Schritt näher an seinen Landesvater heran.

„Der RP, der RP!" äfft Al-Bluff-Wazir den Bürgermeister nach und wird laut. „Wessen Wort gilt? Meines oder seines? Ist er der Landeschef oder ich? Na also!"

Peter Pan gibt nicht auf. „Es ist so, wenn faktisch die Gefahr besteht, dass ..."

Al-Bluff-Wazir schaut nun mit böser Miene drein.

„Es gibt keine Gefahr. Und wenn, dann gibt's hier doch bestimmt einen Keller." Der MP schaut zu Dr. Wagner.

„Ja, gibt es, wir können alle Patienten und Mitarbeiter im Notfall in die Schutzräume im Keller verbringen."

Der Bürgermeister bleibt höflich. Er ist ein verbindlicher Mensch. Er hätte Diplomat werden können, aber das Auswärtige Amt hatte zur Voraussetzung gemacht, dass er sich nach Saudi-Arabien versetzen lässt. Das hat Peter Pan abgelehnt. Er ist ein Familienmensch. Seine Frau, vollverschleiert, keine Fahrerlaubnis und diese Dauerhitze über 40 Grad Celsius. Das wäre für den guten Mann ein Familienleben im Dauerfieber. Nein, das wollte er nicht.

„Ich habe ihnen pflichtgerecht berichtet, und wenn die Herren meinen, dass die hiesigen Schutzräume ausreichend sind, dann sehe ich meine Aufgabe als erfüllt an", sagt er und täuscht eine Verbeugung an. „Gestatten Sie, dass ich zurückgehe, um mich noch einen Moment in der Aula auf meine Rede vorzubereiten."

Er bekommt keine Antwort außer einem zustimmenden Nicken von Dresdener, der es sich mit dem Stadtchef nicht verderben will. Ich gehe zusammen mit dem Bürgermeister eine kleine Strecke zurück. Er brummelt etwas von »ignoranten Sturköppen«, und ich sage ihm, dass ich noch etwas aus meinem Zimmer zu holen habe, während er die Aula ansteuert. Als ich zu meiner Zelle gehe – Zelle beschreibt den Raum am besten – stelle ich mir vor, wie im Moment die Anstalt aussieht, wenn ich sie von außen sehen könnte. Das Haus selbst ist beleuchtet wie ein Ozeandampfer auf stürmischer See; der vorsorgende Hausmeister hat vielleicht schon den Notgenerator zum Laufen gebracht. Vielleicht sehen wir hier oben auf dem Klapsmühlenhügel aus wie eine Insel der Sicherheit und des relativen Komforts in einer bösen Nacht. Allerdings hat die *TITANIC* wahrscheinlich genauso ausgesehen, bevor sie mit dem Eisberg zusammengestoßen ist.

Ich hatte in der Eile vergessen, den TV auszuschalten und gerade höre ich, was die Wetterfee plappert: „... diesmal wird es eine völlig andere Geschichte sein. Wir haben im Moment starke Regenfälle in der Region Mittelhessen. Aber schon in den nächsten zwei bis drei Stunden werden Sie dort einen Temperatursturz von 12 Grad erleben und es gibt Graupelschauer mit orkanartigen Böen."

Ich kann nicht verhindern, dass ein gefühlter Schauer meinen Rücken hinunterläuft. Ich hole mein Manuskript unter dem Bett hervor und stecke es in eine Plastikfolie.

Im TV sagt Miriam Pede: „Wie schon gesagt, und ich wiederhole es noch einmal: Es besteht kein Grund zur Panik! Das ist nicht das erste und auch nicht das letzte Mal, dass die Menschen im deutschen Mittelgebirge einen heftigen Sturm erleben. Viel öfter trifft es üblicherweise die Küstengebiete an der Nord- und Ostsee. Aber die schiere Größe dieser aufeinander zusteuernden Tiefdruckgebiete hat selbst altgedienten Wetterfröschen den Frosch im Hals stecken bleiben lassen." Miriam muss über ihren kannibalischen Witz selber lachen, guckt dann aber gleich wieder finster wie das Wetter.

Als ich zurück zur Aula eile, habe ich mein Manuskript unter dem Pullover versteckt. Ich möchte nicht gefragt werden, warum ich mit so viel Papier herumlaufe. Für Möller hole ich es wieder heimlich hervor, damit er lesen kann. Auf der Bühne läuft jetzt ein Nonstop-Unterhaltungsprogramm. Der Patientenchor ist wieder in trockenen Tüchern und singt munter drauf los, während die Katatoniker mit einer gewissen Zeitversetzung die halben Texte und die entstellten Melodien in einem wirren Singsang wiederholen, als habe ein Echomat Dünnpfiff. Immer wieder derselbe Song:

What shall we do with the drunken sailor?
What shall we do with the drunken sailor?
What shall we do with the drunken sailor?
Early in the morning? Hoo-ray, and up she rises.
Hoo-ray, and up she rises. Hoo-ray, and up she rises. Early in the morning.

Ich gebe mich einem meiner geliebten Tagträume hin. Ich befinde mich auf dem Mond, geschützt vor Strahlung und der Eiseskälte des Alls in einem Raumanzug, und habe es mir bequem gemacht. Ich schaue hinaus in die Weiten des Universums und trinke eine Flasche Bier mit einem ausgeklügelten Trinkhalmsystem. Allerdings trinke ich zu schnell und zu viel und fühle mich beschwipst. Bevor ich aus diesem fantastischen Traum erwache, stelle ich mir jedes Mal aufs Neue die Frage, wie ich wieder auf unseren blauen Planeten zurückkommen mag. Der Traum denkt im Traum nicht daran, sie mir zu beantworten. Derweil liest Gustav Möller in meinem Manuskript, das weniger von harmlosen Tagträumen, vielmehr von einer Albtraumwelt aus der Mollath-Realität erzählt – so der physikalisch korrekte Begriff.

Kapitel 20

Seite 1 des Manuskriptes:

Die Psychiatrisierung beginnt mit einem Kaffee-klatsch. Wie das so ist. (Aber wie es natürlich nicht sein müsste.) Frauenfreundschaften. Frau-en treffen sich zum Kaffee. Man spricht über dies und das. Eine von den beiden Frauen hat einen Hintergedanken. Sie trägt zu diesem Zeitpunkt noch seinen Namen, Petra Mollath. Den Hinter-gedanken kann die befreundete Ärztin nicht erkennen. Frau Mollath wird ihrer Freundin ein folgenreiches Attest abringen. Das ist ihr Ziel an diesem Tag. Die Psychiaterin kann auch nicht wissen, dass Petra Mollath erst einen Tag zuvor den Arbeitsprozess gegen die außerordentliche Kündigung ihrer Bank mit einem Vergleich be-endet hat. Frau Mollath hat, das ist nun ge-richtskundig, mit ihrer Schwarzgeld-Verschiebe-rei massiv gegen die Arbeitsordnung ihrer Bank und gegen ihre Loyalitätspflichten verstoßen. Zudem hat sie gegen § 17 UWG verstoßen, hat also Betriebs- und Geschäftsgeheimnisse eigen-nützig verwendet. Das alles weiß die Ärztin nicht.

Gustl Mollath hingegen kennt sehr wohl diese Sachverhalte, weiß aber nichts um diesen Ar-beitsprozess, kann also nicht die Fakten aus die-

sem Prozess für seine Verteidigung nutzen. Er wird dies alles erst 12 Jahre später im Rahmen des Wiederaufnahmeverfahrens in Erfahrung bringen. Dann hat er schon sieben Jahre im psychiatrischen Knast, sieben Jahre Demütigung und Entwürdigung hinter sich und sieben Jahre lang Ignoranz und Arroganz durch Justiz und forensischer Psychiatrie erleben müssen. Auch die mit Frau Mollath befreundete Ärztin ahnt nicht, was der Kaffeeklatsch mit ihrer Bankberaterin im Leben eines ihr völlig fremden Menschen anrichten wird.

Am 17. September 2003 also fährt die – inzwischen bei ihrem neuen Lebensgefährten Martin Maske in Berlin lebende – Petra Mollath extra nach Erlangen zum kaschierten Kaffeeklatsch. Sie besucht an diesem Tag in dem dortigen Klinikum am Europakanal die Fachärztin für Psychiatrie, Frau Dr. Krach. Petra Mollath hatte an diesem Tag bereits die Ladung zu der für den 25. September 2003 terminierten Hauptverhandlung gegen ihren Ehemann Gustl Mollath wegen des von ihr gefakten Vorwurfs der Körperverletzung in den Händen. Sie plant einen juristischen Coup. Dabei spielt die Ärztin eine Rolle, was diese aber noch nicht weiß.

„Stefan, woher hast Du diese Informationen?" fragt mich Möller und stupst mich an.

„Ist das denn so wichtig? Lese doch erst einmal alles, dann sehen wir weiter." Ich habe keine Lust, gerade jetzt mit ihm die Herkunft meines Wissens zu diskutieren. Obwohl, und das sehe ich durchaus ein, er ein Recht auf diese Information hat. „Komm, lies!" sag ich.

Seite 2 des Manuskriptes:

Zu diesem Zeitpunkt kennen sich Petra Mollath und die Erlanger Ärztin bereits seit Jahren. Ein- bis zweimal jährlich habe man sich gesehen, denn Frau Mollath sei ihre Bankberaterin gewesen, wird die Psychiaterin am 10. Juli 2014 im Rahmen ihrer Zeugenaussage vor dem Landgericht Regensburg ausführen. Schon ein Jahr zuvor habe man sich im Rahmen eines gemeinsamen Kaffeetrinkens über die Eheprobleme der Frau Mollath ausgetauscht, wobei die Ärztin über das Gehörte »sehr betroffen« gewesen sei. Dabei sollte die Medizinerin noch nicht ahnen, dass dieses private Gespräch unter Frauen nicht nur zum Hintergrund eines sich anbahnenden, unfassbaren Psychiatriedramas werden, sondern auch ihre eigene berufliche Reputation mittelbar schwer beschädigen würde. Über dieses erste, im Herbst 2002 geführte Gespräch berichtete Frau Dr. Krach zwölf Jahre später in der Hauptverhandlung vor dem Landgericht Regensburg folgendes:

„Frau Mollath habe eine Wesensänderung bei ihrem Mann festgestellt. Sie hat mich wissen lassen, dass sie schon lange mit ihm verheiratet ist und in den letzten Jahren wohl das Geschäft von Herrn Mollath keinen Gewinn mehr gebracht habe. Das Geschäft musste aufgegeben werden. Sie hatte mir so erzählt, dass der Gewinn nicht eingetreten ist, weil Herr Mollath sich um diese Dinge nicht gekümmert hat, die Existenzsicherung angehen, sondern in seiner Welt sich sehr intensiv beschäftigt hat. Das hat sich dann wohl fortgesetzt nach Geschäftsaufgabe mit anderen Themen. Sie hat gesagt, er war dann vor dem TV gesessen, es waren Jalousien abgedunkelt, wenn sie heimkam, er ist dann unnachvollziehbar aufgestanden, habe um sich gefuchtelt und hat Schriftsätze verfasst über mögliche Zusammenhänge zwischen Politik und Finanzen."

Das ist natürlich sehr verdächtig. Das macht einen Menschen absolut verdächtig, wenn er so langsam abdriftet, nachdem er geschäftlich gescheitert ist. Halt, »geschäftlich gescheitert«? Lediglich eines der vielen Märchen, die Frau Mollath in die Welt setzt.

Besonders verdächtig ist natürlich zudem, wer ins Politische abdriftet, um dort unglaublichen Zusammenhängen nachzugehen. Die sehr gut verdienende Psychiaterin konnte die Sorgen ihrer Bankberatungsfreundin offensichtlich ohne Nachfragen nachvollziehen. Solche Ehemänner sind pfui. Vielleicht sogar echte Versager. Jedenfalls führte sie auf der Hauptverhandlung weiterhin aus:

„Im Weiteren hat Frau Mollath erzählt, dass die Situation sich immer mehr zugespitzt hat. Sie durfte bestimmte Zimmer nicht mehr betreten, durfte im Zimmer nichts mehr verändern, Jalousien mussten unten bleiben. Was mich sehr betroffen hat, dass sie zuletzt nur noch in der Küche auf dem Bügelbrett essen konnte."

(Hier muss ich als Schriftsteller, der stets bemüht ist, seine Romanfiguren in einem logisch-glaubwürdigen Zusammenhang agieren zu lassen, einschreiten: Eine Frau Mollath, die alle Tricks dieser Welt beherrscht, um ihren Mann in die Psychiatrie zu bekommen, die es fertigbringt, ihre Freundin und die Justiz zu blenden, die zudem alle Tricks der Welt beherrscht, um ihren Arbeitgeber und den Fiskus ungestraft zu bescheißen, die auch noch bei ihrem Arbeitgeber [der von ihr betrogenen Bank] eine saftige Abfindung herausschindet – so eine stabile Haudegen-Lady lässt sich zum Essen von einem »instabilen Ehemann« auf das Bügelbrett verweisen? Wie lächerlich ist das denn? – Lassen wir Gustav Möller in der Aula der LNL mit staunenden Augen weiterlesen, was die Arztfreundin über die Erzählungen seiner Ex zu berichten hat.)

Seite 3 des Manuskriptes:

„Was sie auch berichtet hat, war ein unvermitteltes Aufstehen des Mannes und wütendes Schreien, dass sie das auch erleben hat müssen, dass er zwei Mal so wütend auf sie losgestochen ist und sie gewürgt hat. Sie hat einmal erzählt, der Mann hätte sie auf den Boden gedrückt, sie sei auf dem Bauch auf dem Boden gelegen, habe sie so lange gewürgt, bis sie bewusstlos geworden ist."

Und Petra Mollath, die Scheinheilige, stellt sich dar als eine Person, die in einer ausweglosen Situation sei, die sich aber auch große Sorgen um ihren Ehemann mache. Über ihr mit Petra Mollath am 17. September 2003 geführtes Gespräch berichtet Frau Krach in der Hauptverhandlung in Regensburg einige andere Dinge, die hier im Moment nicht von Interesse sind. Von großem Interesse muss allerdings sein, was Frau Mollath ihrer Bank-Kundin und Freundin an diesem Tag NICHT berichtet.

Frau Mollath berichtet nicht, was sie zwei Tage zuvor dem Arbeitsrichter in Berlin gegenüber erklärt hat: „Er (das ist Mollath) hat durch Denunziation dafür gesorgt, dass ich meine Arbeitsstelle verliere."

Sie berichtet auch nicht, dass am Tag zuvor der Verlust des Arbeitsplatzes durch den beim Arbeitsgericht geschlossenen Vergleich endgültig geworden ist. Stattdessen stellt sie ihre berufliche Situation bei der Ärztin so dar, „dass der Mann versucht(!), an ihrem Arbeitsplatz den Arbeitgeber zur Kündigung zu bewegen, indem er beschuldigende Briefe schreibt." (So Dr. Krach.)

Auf keinen Fall will Petra Mollath bei der Ärztin den Eindruck erwecken, ihr Besuch und das erwünschte Attest gegen ihren Mann habe irgendetwas mit Ranküne oder gar mit Rache zu tun. Hierzu gehört auch, dass sie den Gegenstand des anstehenden Gerichtsverfahrens verändert. Dass der bevorstehende Gerichtstermin mit den Körperverletzungsvorwürfen zu tun hat, die Petra Mollath SELBST gegen ihren Ehemann erhebt, verschweigt sie geflissentlich. Stattdessen, so behauptet sie bei der befreundeten Ärztin, gehe es in diesem Verfahren um ihren Bruder, bei dem sie gewohnt habe, nachdem sie aus dem gemeinsamen Haus ausgezogen sei:

„Sie hat erzählt, dass Herr Mollath in das Haus, in dem sie wohnt, eingedrungen ist, da habe der Bruder mit drin gewohnt, der muss wohl den Zugang verwehrt haben. Da habe es wohl eine Rangelei im Treppenhaus gegeben, das war das, was sie als Zeugin bestätigen sollte."

Ja, das war nun wieder mal eine glatte Lüge unter Freundinnen. Denn während der Rangelei im Hausflur am 23. November 2002 war Petra Mollath zusammen mit ihrer Mutter auf einer Auslandsreise. Sie konnte zu dem Vorfall am 23. November 2002 gar nichts bezeugen. Sie war auch nicht vom Gericht als Zeugin einbestellt worden. Mithilfe dieser Unwahrheit will Petra Mollath bei Frau Krach – die man hier jetzt nur noch ungern als Psychiaterin bezeichnen möchte, obwohl sie es natürlich ist – dem Eindruck entgegenarbeiten, sie wolle die Ärztin für eigene Intentionen instrumentalisieren. Ihre eigentlichen Absichten sollen verborgen bleiben.

Deshalb soll auch der Zweck des erwünschten Attestes nicht offenbart werden. Der Ärztin gegenüber tut sie so, dass sie dieses Attest eigentlich nur zur Selbstbestätigung, allenfalls noch zur Besprechung mit ihrer Anwältin brauche. Vor allem aber zur Selbstbestätigung, dass sie mit ihren Ängsten und Sorgen nicht alleine stehe, dass diese Ängste und Sorgen auch von je-

mand, der sich in psychischen Krankheiten aus-
kennt, geteilt werden.

Wieder stupst mich Möller an, während auf
der Aula-Bühne immer noch der Patientenchor
irgendwelche schrägen Lieder trällert. Er fragt
mich flüsternd: „Bist Du überzeugt, dass Frau-
en so sind?"
„So können Frauen sein. Aber auch Männer.
Aber anders. Mehr mit offenem Visier. Also
ritterlicher."
„Wenn das hier eine der Psychotherapeutin-
nen gehört hätte, hätten wir jetzt drei Tage
Hofgang-Sperre."
„Bitte nicht ausflippen, meine Damen, würde
ich unsere Psycho-Expertinnen bitten. Es ist
lediglich mal so völlig leicht dahingesagt. Vielleicht täuscht man sich ja gründlich", antworte
ich Gustav und frage ihn: „Fertig gelesen?"

Er schüttelt den Kopf und vertieft sich wieder
in mein Manuskript, während jetzt, nach dem
dritten Lied, es schon wieder von der Bühne
herunterschallt: *What shall we do with the
drunken sailor?*

Möller rutscht unruhig auf seinem Sitz neben
mir hin und her, dann liest er weiter. Derweil
träume ich von einer Welt voller Friedfertig-

keit. Im Prinzip orientiere ich mich in solchen Situationen ausschließlich am Paradies.

Seite 4 des Manuskriptes:

Hat man erst einmal gemerkt, wie vertrauensselig und gutgläubig das Gegenüber ist, dann kommt die Fabulierfreude richtig in Schwung. Petra Mollath berichtet der Ärztin en passant einen Mordversuch Gustl Mollaths, der in den vor Gericht verlesenen Notizen der Frau Dr. Krach wie folgt beschrieben wird:

„Immer wieder tauche er vor dem Haus oder im Hof auf, habe bereits ihr Motorrad manipuliert, sodass sie es nicht mehr lenken konnte und um ein Haar an einem schweren Sturz vorbeigekommen ist."

Diese Geschichte hatte Petra Mollath weder vorher jemals berichtet noch später. Diese Story war offenbar allein dem Einfallsreichtum jenes Tages zuzuschreiben. Das erinnert an die angeblichen Morddrohungen Gustl Mollaths, die Petra Mollath am 15. Januar 2003 dem Kriminalbeamten Feldmann noch am Rande schildert, die aber wegen behaupteter Terminnöte der Petra Mollath nicht mehr ins Protokoll aufgenommen werden konnten.

Die Ärztin nimmt von all diesen manipulativen Einwirkungen auf ihr Vorstellungsbild nichts wahr. In banger Sorge um das Wohl und Wehe ihrer Bankberaterin, lässt es Frau Krach krachen und schreibt am 18. September 2003 folgendes Attest:

„ÄRZTLICHE STELLUNGNAHME
für Frau MOLLATH Petra, geb. 29.09.1960

Sehr geehrte Damen und Herren,
Frau Mollath hat mich zu einer psychiatrisch-psychotherapeutischen Beratung insbesondere in Sachen Ehescheidung und in ihrer Eigenschaft als Zeugin eines Verfahrens gegen den Ehemann in Sachen Körperverletzung hinzugezogen.

Auf Grund der glaubhaften von psychiatrischer Seite in sich schlüssigen Anamnese gehe ich davon aus, dass der Ehemann mit großer Wahrscheinlichkeit an einer ernstzunehmenden psychiatrischen Erkrankung leidet, im Rahmen derer eine erneute Fremdgefährlichkeit zu erwarten ist.

Ich habe Frau Mollath nicht nur empfohlen, Vorsichtsmaßnahmen zu ergreifen und den Sachverhalt mit ihrer Rechtsanwältin zu besprechen, sondern auch eine psychiatrisch-

nervenärztliche Abklärung beim Ehemann an-
zustreben.

In der Hoffnung, mit meinen Angaben gedient
zu haben, verbleibe ich
mit freundlichen Grüßen
Dr. Krach
Fachärztin – Institutsambulanz"

Das geschieht auf dem Briefbogen des »Klini-
kums am Europakanal Erlangen – Klinik für
Psychiatrie und Psychotherapie«. Ein Adressat
findet sich in der Stellungnahme nicht. Wer die
„Sehr geehrten Damen und Herren" sind, denen
gegenüber Frau Krach der Hoffnung Ausdruck
verleiht, „mit meinen Angaben gedient zu haben", weiß sie wahrscheinlich selber nicht.

Dass die erwünschte ärztliche Stellungnahme in
einem Strafprozess vorgelegt werden wird, in
dem Petra Mollath als Zeugin einer IHR SELBST
zugefügten angeblichen Körperverletzung gegen Gustl Mollath aussagen soll, wird der Ärztin
verschwiegen. Ohne dass Dr. Krach etwas davon
ahnt, wird die von ihr gefertigte Stellungnahme
am 23. September 2003 dem Amtsrichter Huber
zur Vorbereitung der für den 25. September
2003 angesetzten Hauptverhandlung per Tele-
fax übersandt. Rechtsanwältin Woertge, die
damals Petra Mollath als Scheidungsanwältin

vertritt, gibt auf dem Übersendungsbogen keinerlei erläuternde Zusätze. Es ist deshalb zu vermuten, dass diesem Fax ein Gespräch zwischen dem Richter Huber und der Rechtsanwältin vorausging. Es hatte den Effekt, dass Gustl Mollath vor Beginn der Hauptverhandlung im Sitzungssaal durch Polizeibeamte auf Waffen durchsucht wurde.

In der jetzt folgenden Hauptverhandlung beginnt Petra Mollath, vom Richter auf den Vorfall vom 12. August 2001 (hier soll Mollath seine Frau tätlich angegangen haben) angesprochen, nicht unmittelbar mit einer Schilderung des Geschehens. Thematisch beginnt sie mit der seelischen Verfassung ihres Ehemannes. Im Protokoll ist notiert:

„Es war oftmals so, dass, wenn er eine Sendung gesehen hat, dass er festgestellt hat, dass die ganze Welt schlecht wäre und ich auch schlecht wäre. Ich glaube einfach, dass mein Mann unter Bewusstseinsstörungen leidet."

Im Einklang mit diesem Thema, das sie als erstes anspricht, übergibt sie das Original der Stellungnahme von Frau Krach, die als Anlage zum Protokoll genommen wird. Anschließend erklärt sie sich kurz zu den Vorwürfen. Nach der Zeugenaussage der Petra Mollath ist für den Rich-

ter klar, was zu tun ist. Es wird der Beschluss verkündet, die Hauptverhandlung auszusetzen und ein psychiatrisches Gutachten zu der Frage einzuholen, ob bei Gustl Mollath zum Zeitpunkt der ihm vorgeworfenen Straftaten die medizinischen Voraussetzungen der Paragraphen 20 und 21 Strafgesetzbuch vorgelegen haben.

Die ärztliche Stellungnahme von Dr. Krach war der Schritt weg vom Weg. Sie war für Gustl Mollath die Büchse der Pandora.

[Ende von Teil 1 des Manuskriptes]

„Das ist ja der Hammer", sagt Möller, der hier seinen Schicksalslauf genau erkennen kann. „Hätte ich das alles nur vorher gewusst! Ich habe immer geahnt, dass da Intrigen im Hintergrund gestrickt werden. Aber wenn ich es auch nur ansatzweise erwähnte, wurde ich als Verschwörungstheoretiker abgetan."

„Wir zwei kommen hier raus!" sage ich. Ich sage ihm nicht, dass ich ganz auf etwas setze, was sich im Augenblick in den höheren Sphären über Lowbrooks Himmel zusammenbraut.

Kapitel 21

Während ich mir Gedanken über die gemeinsame Flucht von Möller und mir mache, geht genau in diesem Augenblick die Tür auf und im Gefolge der zwei voranschreitenden Koryphäen unserer Anstalt, Dr. Wagner und Dr. Dresdener, erscheint der hessische Ministerpräsident samt Tross sowie Oberschwester Petra. Die Schwestern und Pfleger zwischen den Reihen der Patienten stehen auf und halten die Finger mit einem »Pssst« an ihre Münder. Alle stehen jetzt auf, und aus den Reihen der Katatoniker ertönt ein langgezogenes »Psssssssst psssssssst psssssst«.

Man setzt sich wieder, und dann herrscht wirklich eine unglaubliche Ruhe.
„Haben Sie Ihren Laden so gut im Griff?" fragt der Herr aus Wiesbaden leise Dr. Wagner, während sie die kleine Treppe zur Rednerbühne hochgehen.
„Hmm, scheint so", sagt Wagner und schaut dabei am MP vorbei in die Runde seiner völlig unberechenbaren Patienten.
Auch Dresdener fühlt sich angesprochen und sagt: „Mal sehen."

Einige der Schwestern und Pfleger schauen besorgt auf die Uhr. Die Patienten brauchen ihren Schlaf und ihre Medizin; der Zeitplan ist durcheinander, Katastrophe, fast eine Dreiviertelstunde Verzug. Wagner geht flott, aber würdig, zum Rednerpult. Die Begrüßung des Ministerpräsidenten fasst er kurz zusammen; er hat nach dem Matschbad des hohen Herrn nichts mehr zu verlieren. Als letzten Satz seiner Begrüßungsrede sagt er an die Adresse von Al-Bluff-Wazir gewandt: „Was uns besonders freut ist der Umstand, dass nun Sie, Herr Ministerpräsident, als Experte in Sachen der Nervenheilkunde sich unseres Hauses persönlich angenommen haben. Respekt!"

Wagner geht zu den drei Stühlen hinter dem Rednerpult, reicht dem MP die Hand, der nun seine Stelle am Pult einnimmt, und Wagner setzt sich auf den Stuhl neben Dr. Dresdener.

„Mein verehrten Herren Präsidenten, Frau Kanzlerin, Herr Direktor Dr. Wagner, Herr Dr. Dresdener, verehrte Abgeordnete ..."

Gustav und ich sehen uns an und glauben, uns verhört zu haben. Aber nein, er hat uns als Abgeordnete angesprochen. Wahrscheinlich ein mit Wagner und Dresdener abgekartetes Spiel, um die Patienten ruhig zu halten.

„Ich bin heute hier, um die besondere Stellung Ihres Flugsportzentrums zu würdigen. Ich weiß, verehrte Frau Kanzlerin, verehrte Herren Präsidenten und Abgeordnete, Sie alle wollen gerne fliegen. Fliegen ist der Traum der Menschheit. Sich in die Lüfte zu erheben, sich die Welt von oben anschauen und erschließen – wie viele Träume wurden hierüber geträumt, wie viele Lieder gesungen und Gedichte geschrieben. Aber Sie hier, die Sie hier sitzen, lernen das Fliegen praktisch. Und nicht unwesentlich haben Sie dies Herrn Dr. Wagner zu verdanken, der sich seit nunmehr vierzehn Jahren der Entwicklung dieses Zentrums gewidmet hat. Heute darf er fliegen. Er ganz allein. Dr. Wagner, Sie haben als Chef Ihr Leben unserer Einrichtung geopfert. Ja, ich sage ganz bewusst: geopfert. Weit über die Landesgrenzen hinaus haben Sie ganz persönlich für das Renommee unserer Landesfluganstalt gesorgt.“

In den Reihen der Ärzte, Pfleger und Schwestern beginnt ein Gemurmel.

„Sicher, ich möchte Ihr großartiges Team nicht unerwähnt lassen und mich an dieser Stelle für die hervorragende Arbeit der Landesbediensteten, der Ärzte, Schwestern und äh, und äh ...“

„... Ministranten!" ruft ihm Biermann zu.

„... und Ministranten – Danke, Herr Doktor – ganz herzlich bedanken!" sagt der Ministerpräsident.

Der links neben Biermann sitzende Pfleger, der ihn immer noch mit seinem aufgesetzten Fuß in Schach hält, tritt Biermann gehörig auf denselben. Der rechts sitzende stößt ihm in die Rippen.

„Auuuaa, Ihr Scheißer!" brüllt Biermann.

„Auuuuuuuaaaaa-Auuuaaaaa-Auuuuaaaaa-Auuuuuuuaaaaa", ruft der Bariton-Katatoniker.

Und jetzt rufen es alle, außer denjenigen in der ersten bis dritten Sitzreihe: „Auuua-Auuuu-aaaa-Auuua-aaaa-Auuuu-aaa!"

Einer von Biermanns Bewachern steht auf, während die Kanzlerin versucht, den Chor zu dirigieren. Er ruft gegen den Lärm in Richtung des Rednerpultes: „Herr Ministerpräsident, Herr Biermann wollte mit Bedauern zu verstehen geben, dass er kein Doktor ist und mit Ministranten uns Pfleger meint – eine Art interner Fachbegriff! Entschuldigen Sie ihn bitte."

Der MP lächelt etwas verzerrt, dann sagt er wohlwollend: „Entschuldigung längst angenommen!" Er wendet sich wieder Dr. Wagner zu. „Und so darf ich Sie, verehrter Herr Dr. Wagner heute in den verdienten vorzeitigen Ruhestand entlassen. Ich glaube, es wird Ihnen nicht schwerfallen, sich nun in Ihrer Freizeit all den wundervollen Hobbys zu widmen, denen sie schon immer frönen wollten."

Während sich Wagner über diese angeblich wunderschönen Hobbys den Kopf zerbricht, denke ich darüber nach, wie Möller und ich dieser Zumutungshölle entkommen können. Auf der rechten Seite ganz am Seitenrand, eine Reihe hinter mir, sehe ich aus den Augenwinkeln, wie sich Tiefenbach erhebt. Er hat einen Hut in der einen Hand, in der anderen eine Zahnbürste. Jetzt sagt er zu einem in der Nähe sitzenden Pfleger etwas in seinem Kauderwelsch, was ich aus der neun-Meter-Entfernung nur zu erahnen vermag.

Es klingt wie: „Schakulla, wiewei meikan, wa chiwi!" Vielleicht heißt es: »Ich will in mein Zimmer«. Und ja, er steht auf und geht zum Ausgang. Er darf sich frei bewegen, das weiß ich, weil er hier freiwillig zu Gast ist. Offensichtlich muss er für seinen Aufenthalt auch

eine Menge zahlen, denn alle seine Sonder-
wünsche werden ihm stets erfüllt.

Am schlicht-eleganten Rednerpult quält sich
der Ministerpräsident immer noch für vielleicht zwei Minuten mit dem Lobgesang auf Dr.
Wagner. Jetzt scheint er zu Ende zu sein und
schaut bereits zu Dr. Dresdener. Aber da unterbricht ihn die Kanzlerin aus der Frontreihe
und ruft hinauf: „Herr Ministerpräsident, gestatten Sie mir zum Abschied auch ein Dankes-
Wort an Herrn Dr. Wagner?"

Der MP sieht fragend zu Dresdener. Wagner ist
schon nicht mehr sein Ansprechpartner, obwohl Dresdener noch nicht im Amt ist. Dresdener nickt zustimmend.

„Na, dann kommen Sie mal rauf, Frau Kanzlerin!" sagt Al-Bluff-Wazir, und etwas behäbig
setzt sich die Kanzlerin in Bewegung in der
Meinung, diese langsame Bewegung sei ihres
Amtes würdig.

Möller flüstert mir ins Ohr: „Die spielt sich
jetzt als Patientensprecherin auf und stimmt
eine Lobeshymne auf das kaputte System der
Forensik an, wetten?"

„Verehrte Präsidenten und Abgeordnete, meine Damen und Herren! Als frei gewählte Kanzlerin der Bundesrepublik Deutschland sage ich Ihnen nichts Neues, wenn ich behaupte: Uns ging es noch nie so gut wie heute. Auch hier im Flugsportzentrum ging es uns noch nie so gut wie heute – und das dank meines Freundes, Mitmenschen und Ko-Kanzlers, dem Leiter dieses einzigartigen Flugsportzentrums, Herrn Dr. Wiegand Wagner! Ich danke Ihnen im Namen aller Anwesenden und möchte dies mit einem dreifach donnernden Hurra unter Beweis stellen: HURRA! HURRA! HURRA!"

„Huuuuura-huuuuura-huuu-huuura", jault der Bariton-Katatoniker, und alle Halbkatatoniker, Borderliner, Schizophreniker, Dementen, Dauerquassler, Phobiker und Tourettegestörte stimmen in großer Dankbarkeit in den Dreifachruf ein, der von Sekunde zu Sekunde, von Minute zu Minute im Sinne einer Dauerschleife zu einer Art Permanent-Dankesruf anschwillt, dem niemand mehr Einhalt zu gebieten vermag.

Wie um das Theater zu einer wirklichen Uraufführung werden zu lassen, tut es plötzlich einen gewaltigen Schlag, Glas splittert und fällt in kleinen und großen spitzen Brocken aus sechs Metern Höhe zu Boden. Menschen schreien auf. Blut beginnt zu fließen. Die Betroffenen schauen entsetzt und verständnislos an sich hinunter. Alle anderen, die nicht bluten, schauen zur Decke, wo die Glaskuppel im Durchmesser eines Verkehrskreisels, über die bis vor zwei Stunden noch das Tageslicht eines Sommerabends hineinschien, verschwunden ist. Wir sehen ein großes Loch, über dem ein pechschwarzer Himmel thront, lichtdurchzuckt von fernen oder nahen Blitzen. Im Loch hängt ein großer Baumstamm, dessen eines Ende völlig zersplittert in den Raum hineinragt. Durch zwei abstehende große Äste wird der Stamm am Abrutschen nach unten gehindert.

Alles ist in Aufruhr, das Schreien ist unerträglich. Die Pfleger und Schwestern wenden sich den Verletzten zu, die anderen laufen wie aufgescheuchte Hühner durch die Aula, die nun tatsächlich einem Hühnerstall gleicht. Und jetzt endlich fällt bei Dr. Dresdener der Groschen. Er stürzt zum Mikrofon und gebietet in herrischem Ton: „Alle Pflegekräfte und Patienten gehen sofort nach unten in die Schutzräume Nummer Eins, Zwei und Drei. Die Drei ist für die Verletzten. Dort versorgen die Schwestern die verletzten Patienten."

Plötzlich sind die Abgeordneten also doch wieder nur bedeutungslose Patienten – und nicht einmal nur ihrem Gewissen verpflichtet. Das Gewissen nehmen ihnen jetzt die Pflegekräfte und Ärzte ab.

„Die anderen Teilnehmer verteilen sich bitte auf die Räume Eins und Zwei." Dresdener, Wagner und die ansonsten bedächtige Kanzlerin beeilen sich von der Bühne zu kommen, als gehe es um ihr Leben - was auch nicht auszuschließen ist - und rennen Richtung Ausgang.

Als die Glaskuppel zusammenkracht, hat der hessische Ministerpräsident an diesem Abend sein Déjà-vu-Erlebnis erster Klasse. Wieder erfahre ich, wie ansatzlos sich eine Situation im Bruchteil einer Sekunde in eine komplett andere Situation verwandeln kann. Seine beiden Bodyguards stürzen sich auf ihn, werfen ihn vom Stuhl. Aber das ist nicht nur ein großer, sondern auch ein schwerer Mann. Der fällt nicht so leicht vom Hocker. Wieder rammen sie ihn um. Wieder öffnen sie ihre Koffer und ziehen schwarze Pistolen heraus. Der Ministerpräsident klatscht der Länge nach auf die Bühne. Auf ihn drauf die Männer mit den gezückten Waffen. Jetzt erstarren sie und sehen wie alle anderen hoch zur Decke, durch deren Loch der Baumstamm hinabzustürzen droht und durch das der Sturmregen in Kübeln hineinplatscht. Im Streufeld von zehn Metern sind alle Insassen im Nu völlig durchnässt.

„Raus hier!" brüllt jetzt Wagner. Und offensichtlich meint er auch die Sicherheitsleute des MP. Jedenfalls schleifen die Bodyguards den Landesherren ziemlich ruppig die Bühnentreppe hinunter und eilen, ihn untergehakt, mit dem Strom der Abendshowgäste durch die Aula-Tür, wo es zu einem gewissen Stau kommt, bis der Brustwarzenhausmeister die zweite Flügeltür geöffnet hat.

Gustav Möller und ich sehen uns an. Wir blicken zur Stau-Tür und ich zeige mit einer Kopfbewegung zum Notausgang auf der gegenüber liegenden Seite. Wir eilen hin. In diesem Abschnitt der Aula hören wir - nachdem wir die Notausgangstür geschlossen haben - das Stimmengewirr unserer Freunde wie durch einen Schalldämpfer. Übertönt wird alles vom Singsang des übermütigen Orkans. Es klingt erschütternd, als bebe da draußen die Welt. Wir gehen von diesem Gang aus einen kleinen Umweg durch die Flure der leerstehenden Frauenabteilung und gelangen von der Hinterseite in unseren Männertrakt.

Ohne uns zu unterhalten, haben wir beide die gleichen Gedanken, da bin ich mir ziemlich sicher. Wir wollen abhauen.

„Brauchst Du noch was aus Deinem Zimmer?" frage ich Gustav.

Er schüttelt den Kopf.

„Dann lass uns noch kurz bei mir reinschauen, ob ich nichts vergessen habe." Für mich ist es eine Art Zwangshandlung; ich muss stets wissen, ob ich an alles gedacht habe, bevor ich eine weitere Aktion auf meinem täglichen Lebensweg starte.

Wir gehen in mein Zimmer. Ich schließe die Tür hinter uns und werfe bei dieser Gelegenheit sogleich einen Blick durch das gegenüberliegende Fenster nach draußen. Gustav steht links neben mir am Fenster. Wir zwei schauen uns einen kleinen Augenblick das Kräftespiel der Natur an. Draußen ist es etwas ruhiger geworden. Eine kleine Verschnaufpause der Natur. Ein stürmisch-regnerischer Silberschleier hat die Felder zwischen Rumsmountain und Lowbrook zu drei Vierteln überquert. Am Horizont sehen wir eine mächtige Windhose; sie gleicht einem riesigen, mit rasender Geschwindigkeit herumwirbelnden UFO zwischen dem tiefhängendem schwarzen Himmel und den Feldflächen, die grau umherschwabbeln, durchzogen von weißen nebligen Chromstreifen. Die Felder sehen gespenstisch aus wie ein Ozean, mit seinen hohen Wellen, die bedrohlich heranrollen.

Es ist ein hypnotischer Anblick, von dem ich mich nicht losreißen kann. Schlagartig wird es stockfinster, noch finsterer als zuvor. Die Windhose, es ist wahrscheinlich die zweite, hat uns fast erreicht, als ein wahnsinnig greller Blitz aufzuckt. Das hausinterne Telefon gibt ein ironisches »Kling« von sich; ich drehe mich zur Seite und nehme erst jetzt bewusst wahr, wie nervös Gustav ist. Im Normalfall bietet mein Fenster ein großartiges Panorama der flach abfallenden Feldlandschaft zwischen der hoch gelegenen Anstalt und dem Städtchen Lowbrook. Aber jetzt prasselt der Regen mit einer unglaublichen Wucht und verstellt uns die Sicht, als wolle er uns den Blick für das, was noch kommt, untersagen.

Im selben Moment habe ich eine jener schrecklichen Horrorvisionen, die vermutlich nur Krimi- und Thriller-Autoren vorbehalten sind – mein vergittertes Panoramafenster zerbirst mit einem tiefen, harten Klirren und bohrt seine zackigen Glassplitter in unsere Gehirne. Dass die Splitter meine Staffelei samt Bild, an dem ich seit zwei Wochen arbeite, zerfetzen könnten, ist mir in diesem Moment wirklich keinen einzigen Gedanken wert.

Ich packe Möller ziemlich unsanft und reiße ihn zurück. „Was zum Teufel machen wir hier? Lass uns von hier verschwinden!"
Gustav wirft mir einen bestürzten Blick zu. Er sieht mich an wie jemand, der gerade aus einem tiefen Traum gerissen wurde.
„Nach draußen abhauen, ist keine gute Idee", sagt er.
„Ja, im Moment ein schlechte Idee", sage ich und führe ihn in das fensterlose Schlafabteil und mache Licht. Nebenan gibt das Telefon wieder ein ironisches Klingklong von sich.

Dann ist der Wirbelsturm direkt über uns. Es ist so, als hätte das Gebäude vom Boden abgehoben wie ein schwerer, mit Raketen bestückter NATO-Kampfhubschrauber. Es ist ein hohes, atemloses Pfeifen, dann wieder ein dröhnender Bass, der Sekunden später in ein keuchendes Kreischen übergeht.

„Lass uns nach unten gehen", sage ich, und jetzt muss ich wirklich brüllen, um mich verständlich zu machen. Direkt über der Anstalt mit all ihren Gebäuden trommelt der Donner mit riesigen Stöcken.

Kapitel 22

In Schutzraum Nummer Drei sitzt bereits Prof. Dr. Tiefenbach völlig alleine und transkripiert ungeachtet allen Gebrülls vieler Menschen, die sich von der Aula her zu nähern scheinen, jene ganz speziellen Gelenkgeräusche, die er als einmalige Versuchsreihe zu erkennen vermag. Nur heute, nur jetzt, wird er je in seinem Leben eine solche Gelegenheit erhalten, diese völlig fremden Gelenkgeräusche ins Reine zu übersetzen. Er hat all seine anderen Übersetzungen retten können. Er hat einen Stift, aber kein Papier. So dreht er seine Blätter um und schreibt auf die Rückseite, obwohl dies ein echter Wissenschaftler im Normalfall nie machen würde. Doch soeben sind ganz besondere Umstände eingetreten, vom Normalfall kann keine Rede mehr sein.

Winni will sich jetzt der Forschungsfrage zuwenden, ob und inwieweit Windhosen aus Scharniergelenken, Eigelenken und Sattelgelenken bestehen. Auch ist von Interesse, wo die Windhose ihre Kugel- und Drehgelenke trägt. Zur Rotation bedarf es zweifellos wie beim Menschen eines Zapfen- und Radgelenks. Beugung, Streckung, Seitwärtsbewegung, Innen- und Außenrotation, das alles erfordert Gelenke, mit denen sich der Professor unterhalten möchte. Die er interviewen möchte, um die Interviewergebnisse in einer wissenschaftlichen Fachzeitschrift zu veröffentlichen, vielleicht sogar in *GELENKE HEUTE.* Aber, wie gesagt, er muss sie nicht nur befragen, sondern das, was sie ihm in ihrer eigenartigen Sprache berichten, für die Nachwelt ins Wissenschaftliche transkripieren.

Er kann seine Aufgaben erledigen, auch als die anderen Insassen seinen Raum hektisch und mit viel Geschrei fluten. Er weiß, dass ein Wissenschaftler ohne Konzentration keine wirklichen wissenschaftlichen Forschungsergebnisse erarbeiten kann. Er kümmert sich nicht um die Verletzten und um die Schreihälse, deren Geschrei er sowieso nicht hört; darum kümmern sich bereits die Pfleger und Schwestern, die mit Notfall- und Erste-Hilfe-Kästen zugange sind.

Die Kanzlerin, die Herren Präsidenten, der Herr Ministerpräsident, sein Chauffeur, die zwei Sicherheitsbeamte, Bürgermeister Peter Pan sowie der soeben pensionierte Leiter, Dr. Wagner, und der noch nicht berufene Leiter in spe, Dr. Dresdener, sitzen zusammen mit vielleicht zwanzig Unverletzten und der Psychotherapeutin Manuela Schwesig in Schutzraum Nummer Eins.

Möller und ich treffen auf unserem Weg nach unten meinen Schriftstellerkollegen Felix. Er ist kein Hektiker, er könnte auch keiner mehr sein. Er ist alt, fast älter als seine Werke, seine Beine funktionieren nur noch langsam, und so schleicht Klipstone vor uns her, bis wir ihn einholen. Auch in dieser hektischen Situation erscheint Klipstone in Mimik und Gestik - trotz seiner offensichtlichen Verrücktheit - von einem überirdischen Glanz und einem einmaligen Genius geleitet. Auch wenn ich darüber eingangs gelächelt habe, dass der gute alte Felix meint, er sei Goethe, Voltaire oder weiß Gott wer, sehe ich ihn in diesem Moment als nichts anderes als ein wandelndes dichterisches Werk. Vor den Augen von Möller und mir läuft die Dichtung persönlich. In Klipstone wird die Dichtung zur einzig wahren Wirklichkeit und manifestiert sich in seiner Person.

„Wollen Sie sich einhaken?" frage ich. „Wir gehen in einen der Schutzräume."
„Danke, nicht nötig", sagt Klipstone. „Ich schaffe das alleine." Er schaut mir und dann Möller ins Gesicht und bleibt stehen. Auch wir stocken im eiligen Vorübergehen und bleiben einen Moment auf seiner Höhe.
„Haben Sie es so schrecklich eilig?" fragt er.
Jetzt stehen wir ruhig vor ihm und sehen ihn fragend an.

„Wissen Sie, wenn ich etwas kann außer Schreiben und Kutsche fahren, dann ist es hellsehen." Klipstone lacht.

Wir lächeln mehr schräg als echt.

Ich frage: „Und was sehen Sie gerade außer einem höllischen Orkan, der sich in eine Windhose ohne Oberteil gekleidet hat?"

Klipstone schaut uns schelmisch an. „Sie wollen hier raus. Das sehe ich. Machen Sie sich keine Sorgen, ich petze nicht. Es ist legitim. Wenn Sie jetzt verschwinden, ist es der ideale Zeitpunkt. Aber Sie können nicht nach draußen in die Hölle. Da kommen Sie um."

„Wir – und verschwinden?" vergewissere ich mich.

Klipstone schweigt und schaut uns nur verständnisvoll an. „Folgen Sie mir!" sagt er mit einer völlig unpoetischen Bestimmtheit und tippt mir mit dem Zeigefinger an die Brust. „Wenn Sie es überleben, dann schreiben Sie wenigstens was Nettes über mich!"

Und plötzlich kann der alte Mann seine Schritte sehr wohl beschleunigen. Er ist lange nicht so schnell wie wir, aber immerhin doppelt so schnell als er vorher war. Im Untergeschoss passieren wir den Schutzraum Drei, in dem auf Decken die verletzten Patienten auf dem Boden liegen und von den Schwestern versorgt werden. Ich kann sehen, wie man einigen der

Verwundeten ein Mittel spritzt; es wird keine Tetanusspritze sein, sondern etwas, was die Patienten bis morgen früh in einen schaurig-ruhigen Schlaf einlullen wird, etwas, was sie am Leben und seinen Widrigkeiten nicht mehr teilnehmen lässt. Und was ihnen den Schmerz nimmt.

Als wir an Schutzraum Zwei vorbei eilen, sehe ich viele Mitpatienten aus dem geschlossenen Vollzug, die ansonsten vorzugsweise vor der Glotze hängen und sich Einkaufssendungen anschauen. Hier entdecke ich auch die vier Steuerfahnder wieder, die im Jahr 2001 mit zahlreichen Kollegen gegen eine Amtsverfügung protestiert hatten, die nach ihrer Ansicht zur Schonung reicher Steuersünder führte. Später werden die vier in Raum Eins wechseln, um ihrem Psycho-Peiniger, Dr. Halunk, in die Augen sehen zu können.

„Erinnerst Du Dich?" frage ich Möller. „Nicht nur die vier wurden damals von Amts wegen drangsaliert. In der Folge wurden alle Fahnder, die protestiert hatten, in andere Bereiche der Finanzverwaltung umgesetzt oder versetzt. Die vier Ex-Beamten, die im nachfolgenden Untersuchungsausschuss im Mittelpunkt standen, wurden zu guter Letzt durch Mobbing krank."

Obwohl wir weiterlaufen, schaut Klipstone mich von der Seite ein wenig vorwurfsvoll an, als wolle er sagen: Na, ich kenne mich da auch gut aus. Bin noch nicht so senil wie es scheint. Ganz so abwesend vom Leben da draußen bin ich nicht; ich kenne die Story zwar, nur war der Stoff nicht geeignet, ein Gedicht zu werden. Dann sagt er: „Vor drei Jahren wurden die vier ehemaligen Fahnder mit dem Whistleblower-Preis ausgezeichnet, der von der Vereinigung Deutscher Wissenschaftler und anderen Organisationen vergeben wird. Die Frankfurter Rundschau griff den Fall auf und machte die Affäre bekannt. SPD und Grüne erwirkten die Einrichtung eines Untersuchungsausschusses."

„Genau." Ich sehe ihn bewundernd an, und Klipstone genießt offensichtlich meinen anerkennenden Blick, bevor ich fortfahre: „Besonders heftig umstritten waren dort bis zum Schluss die Gutachten des Frankfurter Psychiaters Thomas Halunk. Er hatte den vier Ex-Fahndern eine »paranoid-querulatorische Entwicklung« und »Anpassungsstörungen« bescheinigt und vorgeschlagen, sie ohne spätere

Nachuntersuchung dauerhaft in den Ruhestand zu schicken."

„Und dieser Halunke hat sich heute auch noch hierher getraut!" sagt Möller. „Gott hat ihn mit einem Glassplitter geehrt." Aber Gustav hat sich geirrt. Halunk geht es blendend, er ist unverletzt und sitzt bei den wichtigen Herren und Damen der politisch-geistigen Elite.

Wohin, frage ich mich, haben Sie eigentlich den Ministerpräsidenten und all die anderen Cracks gebracht? Ein paar Schritte weiter, als wir Schutzraum Eins erreichen, beantwortet sich die Frage. Hier sitzen unsere Promis beisammen, und ich höre, wie Dr. Dresdener gerade vorschlägt, man möge mit der Ernennung des neuen Anstaltsleiters das Amtseinführungsprozedere abschließen.

Möller, Klipstone und ich wollen gerade weitergehen, als mir der Brief an den MP einfällt. „Huscht ihr schnell an der Tür vorbei, während ich meinen Protestbrief beim Ministerpräsidenten abgebe. Das ist jetzt eine gute Gelegenheit. Wartet da vorne auf mich." Ich hole den Brief aus meiner Jackentasche hervor und vergewissere mich, dass keine meiner Manuskriptseiten verloren geht.

In Schutzraum Eins unterbreiten Dr. Wagner und die Verhaltenstherapeutin, Dr. Manuela Schwesig, gerade einen Vorschlag. „Wir sollten zuerst eine Stunde Verhaltenstherapie spielen, äh ..., abhalten", sagt Schwesig. „Jeder sollte sich in dieser Gefahrensituation mit den Eventualitäten vertraut machen und wir sollten gemeinsam einen Plan A und einen Plan B erstellen."

„Dem kann ich nur zustimmen", pflichtet ihr Wagner bei. „Es existieren heute Abend einmalige, ich möchte sagen: ideale Voraussetzungen für eine erfolgreiche Gruppentherapie. Es ist ja so, dass Ihre Beförderung, Herr Kollege Dresdener, abgemachte Sache ist und die offizielle Ernennung nur noch ein kleiner formaler Akt. Lassen Sie uns das doch bitte auf die Zeit nach der Verhaltenstherapie vertagen."

„Aber wenn der Herr Ministerpräsident in der Zwischenzeit nach Wiesbaden oder nach Berlin gerufen wird ...", wendet Dr. Dresdener ein.

„Berlin ist ausgeschlossen!" ruft Angela Merkel dazwischen. „Berlin sitzt hier und wird niemanden rufen."
„Ich meine, heute Abend und wahrscheinlich heute Nacht kann niemand diese Einrichtung verlassen, ohne in Lebensgefahr zu geraten.

Rein organisatorisch gesehen haben wir alle Zeit der Welt", gibt Oberschwester Petra zu verstehen.

Jetzt trete ich durch die Tür. „Entschuldigen Sie bitte die Störung", sage ich. „Aber ich bin gleich wieder weg." In diesem Augenblick, wo ich das sage, muss ich fast lächeln, denn ich bin vielleicht wirklich bald weg. Ich reiße mich zusammen und sage: „Ich möchte nicht, dass diese ganz persönliche Note an den Herren Ministerpräsidenten durch die eingetretenen Umstände verloren geht." Ich gehe auf den MP zu, der mit verknautschter Präsidentenmiene unter dem silbergrauen Haar-Helm in der Mitte des Raumes auf einem Plastikstuhl sitzt, flankiert von seinen beiden übereifrigen Boys, die mich mit grenzenlosem Misstrauen von Kopf bis Fuß mustern.

„Nur ein Brief", sage ich. „Aber ein schicksalsschwerer!"
Einer der Sicherheitsbeamten streckt mir die Hand entgegen.
„Nein!" sage ich. „Dieser Brief ist wirklich sehr persönlich gehalten und eine höhere Macht hat mich gebeten, das Schreiben nur an den Herren Ministerpräsidenten persönlich zu übergeben!"

Ich weiß nicht, ob es der Berufung auf die höhere Macht oder meinem entschiedenen, ja kompromisslosen Auftreten zu verdanken war – jedenfalls schob Al-Bluff-Wazir die Hand des Beamten zur Seite und nahm mir den Brief aus der Hand.

„Vielen Dank!" sagt der MP, und ich antworte: „Versprechen Sie mir, das Schreiben zu lesen?" „Noch heute Nacht!" gibt er zur Antwort, und ich muss gestehen, dass ich nie erfahren habe, ob er sein Versprechen eingehalten hat.

Als ich den Schutzraum verlasse, biege ich rechts ab und schaue den Flur entlang. Meine beiden Ausbüchser sind nicht zu sehen. Eigentlich bin ich mir auch nicht sicher, ob Klipstone überhaupt ausbrechen mag. Ich glaube eher nicht, denn als Freiwilliger kann er jederzeit die Anstalt verlassen. Ich biege um die Ecke in den nächsten Gang, und da stehen sie und warten auf mich. „Alles okay", raune ich ihnen zu. „Weiter geht's!"

Mir scheint, dass der Dichter etwas weiß, wovon er uns erst in letzter Minute erzählen wird. Jedenfalls geht er sehr bestimmt durch die abzweigenden Gänge des Untergeschosses, als würde er sie kennen wie seine Hosentaschen. Wobei ich mir natürlich nicht sicher bin, wie gut er seine Hosentaschen kennt. Ich jedenfalls kenne mich hier unten nicht aus und doch durchflutet mich irgendwie das Gefühl, dass Klipstone unsere Rettung sein wird.

„Ich, äh, ich bleibe natürlich hier", sagt Klipstone plötzlich. „Ich bin hier zu Hause, wenn Sie verstehen." Er sagt es wie selbstverständlich. „Aber Sie, meine Herren, werden jetzt gleich dem Namen des Flugsportzentrums alle Ehre machen, indem Sie den Abflug machen."
„Wie soll ich das verstehen?" fragt Möller. „Einerseits haben Sie, ebenso wie wir, Bedenken, ob man da draußen die nächste halbe Stunde am Leben bleibt, andererseits wollen Sie uns einen Ausbruch ermöglichen."
„Tunnel!" antwortet Klipstone kurz angebunden und macht keine Anstalten irgendeiner Erläuterung.

Tunnel? frage ich mich. Vor einiger Zeit - ich habe es zufällig am Rande aufgeschnappt - haben die Pfleger, wenn sie unter sich waren, manchmal irgendwelche scherzhaften Bemerkungen über einen Tunnel gemacht. Ich dachte, es sei entweder der Name einer Lowbrooker Bar außerhalb der Anstalt oder irgendein Gewölbe in Lowbrooks Schloss, in dem die Pfleger und Schwestern manchmal zwischen ihren Achtstunden-Schichten heimlich Cocktails tranken. Aber selbst einen Tunnel graben, das war natürlich eine geniale Idee von Klipstone.

Möller und ich blicken einander an. Der Gedanke ist so verwegen, dass sich unsere Augen weiten. Eine Möglichkeit, über die nachzudenken ich mir bisher nicht gestattet habe, steht plötzlich im Raum. Einen Tunnel graben und darin verharren bis der große Sturm vorüber ist. Es ist eine verrückte Idee, das weiß ich. Der Ausgang der Geschichte wird womöglich erbärmlich sein, aber wir müssen es versuchen. Welche Wahl haben wir?

Doch der Dichter steuert auf eine dunkle Ecke zu. „Haben Sie sich je gefragt, was hinter der verschlossenen Tür da ist?" fragt Klipstone und zeigt auf ein verrostetes und nur notdürftig mit Farbe überstrichenes Portal am dunklen Ende eines völlig verwinkelten Ganges, den wohl kein Mensch in den letzten Jahren betreten hat, wenn man den Spinnweben nach urteilt.

»Betreten verboten« steht an der Tür.

„Hier war ich nie", muss ich gestehen.

„Hier war wohl noch nie jemand - außer mir. Hier gehe ich meditieren, ohne dass man mich jemals hätte stören können", sagt der Schriftsteller. „Es ist ein Geheimgang aus dem 16. Jahrhundert. Die frühere Jugendherberge durfte den Eingang mit Spanplatten verdecken. Der Landesnervenklinik machte die Denkmalbehörde zur Auflage, die alte Eisentür wieder freizulegen, aber den Zugang nicht bekannt zu machen."

Ich bin erstaunt, dass Klipstone, der mir ansonsten großes Vertrauen entgegenbrachte, quasi von Kollege zu Kollege, diese Tür niemals erwähnt hat: die grifflose Tür mit dem rostigen Schloss am Ende eines unbekannten Korridors. Eine himmlische Erleichterung durchzuckt meinen Körper. Als hätte ich seit Klipstones Tunnel-Stichwort eine komplette altmodische Telefonzelle wie einen Rucksack mit mir herumgeschleppt, die nun in dem Moment von meinem Rücken abfällt, wo ich begreife.

Klipstone zieht einen Schlüsselbund mit mindestens einem Dutzend Schlüsseln aus der Hosentasche. An diesem Bund befindet sich ein kleines kugelschreibergroßes Taschenlämpchen. Er knipst es an, sucht einen Schlüssel und steckt ihn ins Schloss. Der Schlüssel dreht sich knarrend im Schloss, er drückt mit seiner Schulter gegen die Tür und sie geht mit einem quietschenden Geräusch auf.
„Verdammt, woher haben Sie den Schlüssel?" entfährt es mir.

„Zufall", sagt Klipstone. „Ich habe ein Faible für Schlüssel. Für jeden meiner Romane habe ich einen Schlüssel. Ja, meine Romane sind Schlüsselromane. Und als ich eines Tages auf Erkundung ging und hier ankam, probierte ich, neugierig wie wir Schriftsteller sind, alle meine Schlüssel aus. Und einer passte."

Da fällt mir nichts mehr ein und ich schweige. Wir betreten den Tunnel und machen die Tür hinter uns zu ohne abzuschließen.

Kapitel 23

Es muss jetzt drei Stunden vor Mitternacht sein. In Schutzraum Eins hat man sich darauf geeinigt, eine Gruppentherapie sei auch zu dieser Uhrzeit absolut sinnvoll. Gerade jetzt, den Naturgewalten zum Trotz. Den tobenden Orkan hört und spürt man hier unten nur wie aus weiter Ferne, als rolle ein grollender Güterzug am Horizont entlang. Nun also ist es beschlossene Sache. Dr. Dresdener wird für die nächsten sechzig Minuten die Gruppentherapie leiten, noch vor seiner offiziellen Ernennung zum psychiatrischen Direktor dieser hervorragenden, ja einmaligen Experimentaleinrichtung. Wieder müssen alle im Raum mitmachen, das ist Bedingung. Doch man hat in diesem Moment den Eindruck, dass alle ausgesprochen gerne und freiwillig an der Gruppentherapie teilnehmen.

Vor wenigen Minuten ist Professor Tiefenbach aus Schutzraum Drei in den Einser-Raum gewechselt, denn trotz aller Konzentration auf seine Transkriptionsarbeit hat er den Anblick des vielen Blutes nicht verkraftet. Schmerzensschreie kann er ausblenden. Farben nicht. Er reißt sich zusammen, denn er betritt den Raum des Ungewissen. Er weiß nicht, was ihn in Nr. 1 erwartet; woher auch.

„Gestatten, gestatten!" ruft der Orthopädie-Professor in einwandfreiem Deutsch und in formal korrekter Grammatik in den Raum, und alle Blicke des hier versammelten Establishments richten sich auf ihn. „Ichschsch musch die Grugrugruppe wechseln."

Biermann springt von seinem Stuhl auf, hätte ihn fast umgeworfen, wenn Lammert den Stuhl nicht aufgefangen hätte, und brüllt: „Kein Platz mehr! Was soll das, Sie haben Ihren eigenen Schutzraum! Das Boot ist voll, sehen Sie das nicht!"

Tiefenbach starrt ihn verständnislos an, strafft seinen Körper und ruft in aller Bestimmtheit: „Schakulla widulla schnapsrotz frechwang!" Dem Ausruf folgt ein langgezogenes „Grrrr-grrrrgrrrr".

Da springt die Kanzlerin auf. „Schluss mit dem Unsinn!" ruft sie unwirsch an Biermann gewandt. „Ich wiederhole es nur ungern, aber ich mag es überhaupt nicht, wenn hier jemandem eine derart dreiste Fremdenfeindlichkeit entgegengeschleudert wird. Von wegen solche Sachen wie »Du gehörst nicht dazu« - wegen deiner Aussprache oder weil du stotterst oder schielst. Oder wegen deinem Dialekt oder deiner Hautfarbe - oder wegen deinem verwirrten

Geisteszustand oder wegen deiner Religion! So können wir die gegenwärtig sehr schwierige Situation nicht meistern!"

Dresdener springt vom Stuhl auf. „In dieser Situation müssen wir den Gemeinschaftsgeist fördern und den Willen zum Überleben mobilisieren!" ruft er pathetisch in den Raum, in dem neben der Kanzlerin alle Präsidenten, ein paar unverletzt gebliebene Ganz- und Halbkatatoniker, die vier angeblich verwirrten Steuerfahnder sowie Bürgermeister Peter Pan, Psychiater Halunk, Diplom-Psychologin Manuela Schwesig, Oberschwester Petra, Schwester Linda, der hausmeisternde Brustwarzenbeißer und Dr. Wagner sich in Sicherheit gebracht haben.

Dr. Dresdener, das ist schon klar, wird seine erste Gruppentherapie im Tiefgeschoss dieses Hohen Hauses genießen. Sein erster großer selbständiger Akt, ohne einen unfähigen Vorgesetzten. Und ... er kann sich vor dem Landesvater beweisen.

Auch in dieser Konstellation könnte man die Männer und Frauen der LNL, die sich vor Dr. Dresdener versammelt haben, als eine Familie beschreiben. Allerdings als eine Art Mafiafamilie, die sich an den Abendbrottisch setzt, und mit wohlsortierten Füßeleien unter dem Tisch heimliche Absprachen trifft.

Bedeutung, Macht, Unterwürfigkeit gegenüber der Prominenz, biedermännische Bündnisse und sexuelle Bedürfnisse kommen durch die Platzwahl selbst unter diesen extremen Bedingungen zum Ausdruck. Der Bundespräsident sitzt wieder einmal ganz vorn, diesmal allerdings im Schneidersitz auf dem Boden. Er hebt immer, wenn Dresdener fragt, ob jemand eine Idee hat, die Hand, mit der er sich vorher traditionell im Schritt gekratzt hat. Er ist trotz des Schocks der einstürzenden Aula-Kuppel also doch ganz und gar der Alte geblieben. Menschen verändern sich nur über Generationen, hat einmal Karl Marx geschrieben, als er noch schreiben konnte, weil er noch lebte.

Hinter Joachim Gauck sitzt völlig brav in einer Stuhlreihe die vielleicht weniger irre Elite, darunter die Kanzlerin, die sich, wie es scheint, Zentimeter für Zentimeter dem hessischen Ministerpräsidenten nähert. Auch Professor Tiefenbach, Lammert, Voßkuhle und Manuela Schwesig haben in dieser prominenten Sitzordnung ihren Platz gefunden. Bänkelsänger Biermann darf dort nicht fehlen. Ihn hat Voßkuhle aus Scherz vorhin gefragt, ob er der berühmte Gründer der weltbekannten Hardrock-

Band »Böse Bänkels« sei. Biermann hat angefangen zu weinen und Onkel Lammert – ja, Biermann nennt ihn »Onkel« – hat ihm tröstend über den Kopf gestreichelt.

Hinter ihnen sitzen sieben oder acht Frauen, wobei die Oberschwester und Schwester Linda durch ihre weiße Anstaltskluft, die mit roten Blutspuren verziert ist, hervorstechen. Bürgermeister Pan wird von den beiden eingerahmt. Am äußeren Rand sitzt der Frankfurter Psychiater, Dr. Halunk, und man kann den Eindruck gewinnen, dass er sich schämt oder sich seiner Blöße bewusst ist. Schuldbewusst sieht er sich gelegentlich nach den vier Steuerfahndern um, die dem Chaos unverletzt entkommen sind und zwei Reihen schräg hinter ihm Platz genommen haben. Sie ignorieren ihn, obwohl sie sich vorgenommen hatten, ihm unentwegt in die Augen zu schauen. Aber jetzt ekelt er sie nur noch an. Er ist Vergangenheit.

Dr. Wagner sitzt abgeschlagen in der letzten Reihe bei dem knappen Dutzend Katatonikern und Altersdementen. Mit diesen psychisch Kranken fühlt sich Dr. Wagner jetzt - im Gegensatz zum frühen Abend - sehr verbunden. Haben viele von ihnen vor dem großen Schockereignis einfach nur auf ihrem Stuhl gesessen, auf die sie die Pfleger oder Schwestern gesetzt haben, und waren abwesend, so nehmen sie gerade an der Sitzung teil, als wären sie auf einem arabischen Basar beim Handeln. Als könnte man seinen Goodwill gegen die draußen tobenden Naturgewalten als Tauschware anbieten. Immerhin handeln sie flüsternd, denn die zur Verwirrung Verdammten möchten vermeiden, dass die Naturgewalt ihre Schlitzohrigkeit durchschaut.

„Na, dann wollen wir mal", leitet Dr. Dresdener die Gruppentherapie ein. Das ist ein Standardsatz, den er von Dr. Wagner übernommen hat. Die Psychiatrie und Psychotherapie hat ihre sehr eigene Tradition. Hier kommt sie perfekt zur Anwendung. Und das bedeutet, dass Dresdener natürlich seinen Anknüpfungspunkt genau dort sucht, wo auch Wagner seinen Anknüpfungspunkt suchte, von dem er Dresdener kurz berichtet hat. „Beim vorletzten Mal haben Sie bei meinem Vorgänger über Herrn Lammerts Mutter gesprochen und darüber, wie sie ihn beim Onanieren erwischt hat."

Diesmal springt Biermann entnervt auf, imitiert das Spiel auf seiner verlustig gegangenen Pappgitarre und brüllt überlaut: „Ich sag's nur noch einmal: Aus Onkel Lammert ist trotzdem was geworden!"

„Herr Biermann, die therapeutischen Regeln besagen, dass Sie sich erst zu Wort melden, wenn ich um Wortmeldung bitte", erwidert ihm Dresdener.

Die Kanzlerin fasst Biermann an der Hand, fast zärtlich, und zieht ihn wieder auf seinen Sitz, wo er wie eine Gummipuppe, aus der die Luft entwichen ist, zusammensinkt.

„Na gut", sagt Dresdener, als er Biermann jetzt so deprimiert dasitzen sieht. „Dann wenden wir uns eben Ihren Problemen zu, Herr Biermann."

Wird Biermann wieder wutschäumend aufspringen oder wird er noch weitere Luft ablassen, bis er sich völlig in Luft auflöst? Es ist dieser spannungsgeladene und völlig starre atmosphärische Moment, in dem der Oberschwester etwas Schreckliches auffällt. Sie springt wie von der Tarantel gestochen auf und ruft: „Jan Tolpert! Tamara Slogan! Wer hat sie gesehen?"

Tiefenbach, der eben noch vollkonzentriert den Gelenkgeräuschen von Biermanns knarrenden Kieferknöcheln zuhörte, sieht verschreckt auf. Er hört Tamaras Kehlkopfgelenke, die beim Ein- und Ausatmen gleichmäßige Geräusche machen. Aber Jan Tolperts Gelenke kann er nicht orten. Wenn Tiefenbach bei voller Konzentration etwas, was er orten will, nicht orten kann, dann schlagen seine Alarmglocken in schrillsten Klängen.

Jetzt kann man genau sehen, wie Tiefenbachs Verwandlung beginnt. Einige der Irren, die hier versammelt sind, werden sich in diesem Augenblick wieder an eine dieser komischen Transformer-Figuren erinnert fühlen.

Der ruhige, souveräne Professor umklammert diesmal nicht sich selbst, sondern die vor ihm zirkulierende Luft. Er rüttelt und schüttelt an ihr, was die Katatoniker in den hinteren Reihen außerordentlich zu erfreuen scheint. Der Professor richtet sich in seiner ganzen Größe auf und sein eben erst gebeugter Rücken wirkt wie eine Rakete auf einer Abschussrampe, bereit, ins All zu starten.

Tiefenbach schreit: „Schakala Erbama Olalla!"

Der Bariton-Katatoniker fängt an, im Singsang zu wiederholen: „Schallala-schallala-Oooh-Oh-Baamamama". Einige andere fallen in den Singsang ein, bis Dr. Dresdener einen Urschrei loslässt. Dann plötzlich herrscht absolute Ruhe.

„Was wollen Sie uns damit sagen, Professor Tiefenbach ...", fragt Dresdener.

„Es ist was Schreckliches passiert. Das heißt es!" erwidert die Oberschwester. Sie packt, über Pans Kopf hinweg, Linda am Ärmel und zieht sie zur Tür. „Wir schauen im Zimmer nach den beiden!"

In diesem Moment schließt Tiefenbach seine Transformation im Rückwärtsgang ab.

„Danud filuuk!" sagt er noch in gebrochenem Deutsch oder wie immer seine Sprache heißen mag. „Poschenkoo Knastera!" fährt er fort, bevor er sich wieder auf seinen Stuhl fallen lässt. Er erschlafft so vollkommen wie ein Mormone, dem mit nur einem Wort der Glaube an Gott genommen wurde. Es ist anzunehmen, dass er wieder in eine Variante seines üblichen Gelenkgemurmels versinkt.

Kapitel 24

Im Tunnel riecht es muffig. Es riecht auch nach Schimmel, und an den Natursteinwänden läuft das Regenwasser runter, das draußen die Landschaft flutet und seinen Weg Richtung Hölle sucht. Wir müssen, einer hinter dem andern, in halbgebückter Stellung laufen.

„Wohin führt das Ganze?" frage ich.
„Gleich. Ich begleite Sie bis zur entscheidenden Gabelung, dann erfahren Sie, wohin es Sie führt. Keine Sorge, Sie haben die Wahl zwischen Zivilisation und Vergangenheit, zwischen Wirtshaus und Adel, zwischen Ortsbäckerei oder Pestburg." Klipstone beginnt zu husten.

Ich merke, dass ihm die Anstrengung zu groß und die Luft zu stickig wird. Auch Möller merkt es, und da er hinter mir geht, klopft er mir auf die Schulter.
„Sollten wir Herrn Klipstone hier nicht verabschieden? Wir packen das auch alleine."
Klipstone hat es gehört. Hin und wieder funktioniert sein Gehör doch besser, als er selbst es wahrhaben kann. „Es sind nur noch einige Minuten bis zur Freiheit", sagt er.
Ich breche beinahe in ein ausgelassenes Kichern aus. Die Befreiung. Da taucht auch schon

im schummrigen Licht seiner kleinen Funzel eine Tunnelgabelung auf.

„Es ist alles miteinander verbunden - dieses Gebäude mit dem Schloss; die Bäckerei am Marktplatz mit dem Wirtshaus am Park und dieses wiederum mit der Pestburg mitten im drei Kilometer entfernten Wald. Und alles zweigt von hier ab."
Wofür entscheiden wir uns?
„Ich lasse Ihnen die Taschenlampe; ich finde allein zurück. Alle meine Sinne, meine Augen haben sich an die Dunkelheit hier unten gewöhnt. Aber Sie! Sie sollten Licht dabei haben. Wer weiß, welche Überraschungen Ihnen das da oben tobende Unwetter hier unten noch bereitet. Ein Erdrutsch, ein Einsturz der Natursteinmauer dieses uralten Ganges – alles ist möglich."

Klipstone drückt mir die Hand, dann umarmt er Möller. „Sie sind für mich als Gustav Möller nur eine Romanfigur; ich bewundere Ihr Durchhaltevermögen als die Person, die Sie wirklich sind, Herr Mollath! Sie sind das Opfer eines Justizskandals. Ich wünsche Ihnen viel Erfolg in einem baldigen Wiederaufnahmeverfahren. Und kommen Sie beide gut hier raus!" sagt er, und dann geht er halbgebückt in diesem engen Gang zurück.

„Gustav", sag ich, „für mich bist Du ab jetzt auch nur der, der Du wirklich bist, nämlich Gustl Mollath. Schluss mit dem Versteckspiel. Wir haben bereits das Gelände der Anstalt verlassen, sind aber noch nicht wirklich frei. Ich möchte Dich schon jetzt bei Deinem richtigen Namen nennen, wir sind doch nicht verrückt, okay?"

Gustl Mollath nickt. „Okay."

Es muss um diese Zeit herum sein, als Professor Tiefenbach die Gruppentherapie verlässt, um auf Toilette zu gehen. Er wird sich verlaufen. Er wird Geräusche hören, die ihn nach draußen locken. Er findet den Haupteingang, der durch einen ersten Steinschlag beschädigt und offen ist. Er geht in das Unwetter hinaus.

Winni schaut die Felswand hinauf; über zwanzig Meter Erde und Bruchstein türmen sich auf dem Gipfel des Rumsmountain in unmittelbarerer Nachbarschaft zur LNL auf. Der Orkan hat nachgelassen, der Regen nicht. Etwas kommt ins Rutschen, ganz langsam, unbemerkbar für die Menschen, noch unbemerkbar, als Winni das Anstaltsgelände verlässt und schon nach wenigen Metern völlig durchnässt die Straße Richtung Lowbrook entlangläuft. Eben fallen die ersten Hagelkörner. Sie tun ihm nichts. Er spürt sie nicht. Er hat es nicht eilig.

Er hat nichts zu verlieren. Die Papiere mit den Transkriptionen führt er in der Innentasche seines Anzugs mit sich. Werden sie in trockenen Tüchern bleiben? Sie werden nicht trocken bleiben. Die Tinte wird zerfließen, und somit werden die einzelnen Buchstaben und Worte automatisch zu einer neuen babylonischen Sprache transferieren.

Winfried Tiefenbachs Weg führt ihn von Rumsmountain hinunter ins Städtchen und er glaubt, er hat sie gehört. Ja, seine Ex-Frau hat nach ihm gerufen; und natürlich hört er auch die Stimme seiner Tochter. Sie können nicht in Amerika sein. Jenseits der Senke ertönt ein Katzenschrei durch das vom Himmel fallende unendliche Nass. Da, das pfeifende Geräusch. So hat sie gepfiffen, wenn sie im gemeinsamen Garten sich an die Kaffeetafel setzen wollten. In der Luft über ihm tönt ein scharfes »Heh«, die verdeckten Gestirne im Universum machen »Om«.

In diesem Augenblick verschmelzen alle Laute zu der Stimme, die auch Jan Tolperts Selbstmord begleitete. Die erst leise ansetzende Todesstimme, die immer lauter und lauter wird, die anschwillt, als wäre sie der wahre Orkan und nicht das Geschehen, das Winni Tiefenbach um die Ohren fliegt. Winni fühlt keinen

Schmerz mehr. Er hört die Hoffnung. Seine Frau ist hier. Seine Tochter ist hier. Er weiß es. „Wantusch sakkula!" ruft er. Tiefenbach ist fest entschlossen, seine verlorengegangene Familie zu treffen.

Genau zu dieser Zeit reißt Schwester Petra die Tür zu Jan Tolperts Zimmer auf. Schon weht den beiden Schwestern das Chaos durch die zersplitterten Fensterscheiben entgegen. Ein armdicker Ast liegt auf der Fensterbank; durch die Öffnung prasseln tennisballgroße Hagelkörner in den Raum. Überall liegen durcheinander gewirbelte Kleider. Jans Rollstuhl liegt umgekippt neben seinem Bett, auf dem zwei menschengroße Hügel unter zwei Bettdecken liegen. Das Bett steht in einer Nische. Es ist von der Nässe und den Hagelkörnern verschont geblieben.

Linda zieht die Bettdecke zur Seite und voller Entsetzen sehen sie die schöne Tamara neben dem unvollständigen, leichenblassen Kriegsinvaliden liegen. „Tamara, was ist los mit Dir?" schreit Linda und rüttelt an ihr mit einer Stärke, die auf der gefühlten Windstärken-Skala an die Nummer Acht heranreicht. Nach Beaufort entspricht dies einem stürmischen Wind mit 34 bis 40 Knoten. Draußen herrscht Windstärke 12, verwüstende Orkanstärke an Land – auf

See hält jetzt kein Segel mehr Stand. Tamara schreckt aus einem Albtraum auf, in welchem sie gerade von einem Tsunami überrollt wird. Ihre Augen sind noch glasig, sehr glasig. „Wo bin ich?" fragt sie mit rauer Stimme.

Der großartige Schriftsteller Felix Klipstone hat Gustl Mollath und mich zurückgelassen und kehrt gemacht. Er nähert sich in dem feuchten, muffigen Geheimgang jener Stelle, an der er vor vielleicht zwanzig Minuten fast Halt gemacht hätte, wie er so oft an dieser Stelle stets Halt machte. Aber er hatte sich diesmal zusammengerissen. Ist das jetzt noch nötig? Klipstone führt ein mürrisches Selbstgespräch, obwohl es doch eher nur dahingesagte Wortfetzen sind und kein Gespräch im Sinne der geistig Gesunden.

Der Schriftsteller, der eigentlich Maler ist, und diese verdammte Schriftstellerei seiner verstorbenen geliebten Frau zu verdanken hat, kniet nieder, puhlt mit einer Hand den Naturstein beiseite, bis ein Hohlraum im Mauerwerk sichtbar wird. Vor ihm liegt eine kleine angerostete Blechdose, auf deren Deckel – es versetzt Felix einen Stich – ein mit Grünspan überzogenes Bild von Walpurga Klipstone prangt. Er legt die Dose auf den Oberschenkel, öffnet sie und findet, wie vermutet, einen Liebesbrief, dessen bereits vergilbten Umschlag ein rotes Herz ziert: *»An meinen Felix«*.

Da befindet sich noch etwas unter dem Brief, ein dickes Bündel Hundert-D-Mark-Scheine aus der Zeit vor dem Euro und darunter noch ein dritter größerer Gegenstand. Was den letzteren betrifft, so hat Walpurga ihrem Felix ein Versprechen abgenommen.

„Da ist noch etwas in der Dose", hat Walpurga gesagt. „Es ist aus dem Schrank meines Vaters. Wenn einer von uns beiden erkennt, dass alles zu spät ist, erst dann, nicht vorher, soll es einem von uns oder uns beiden zur Erlösung dienen. Versprichst Du es mir?"
„Ja", hatte Felix geantwortet. „Ich verspreche es." Und nun spielt er mit dem Gedanken, dass Versprechen einzulösen. Das Ding ist, wie er schon damals vermutet hat, eine Pistole. Felix untersucht die Waffe, ein Armeemodell. Seit seiner vorzeitigen Entlassung aus der Luftwaffe hat er keine Pistole mehr in der Hand gehabt, und es überrascht ihn, wie geschmeidig sich solch ein Todesengel anfühlt.

Wie oft hat er daran gedacht, diese Dose zu öffnen, aber Walpurgas Worte klangen ihm jedes Mal wie eine böse Verheißung im Ohr:

„Öffne die Dose erst, wenn Du in großer Not bist." Er war immer ein folgsamer Ehemann, nie hätte er sie betrogen, auch nicht nach ihrem Reitertod. Felix ahnt hier in der Unterwelt, was der Orkan da oben anrichten wird. Seine Depressionen sind nicht weniger geworden in den letzten Jahren, Monaten, Wochen und Tagen. Sie wuchsen stets, je mehr er die Welt auf seine stümperhaft-dichterische Weise zu erkunden versuchte. Und je mehr er Walpurga vermisste. Der Zeitpunkt war gekommen. Alles war reif. Die Regierung war reif, die Anstalt samt aller Insassen und Bediensteten war reif. Kurzum, die Zeit war reif.

Früher dachte er jedes Mal, wenn er von einem Suizid erfahren hat: *Wie feige!* Vielleicht denkt er in diesem Moment dasselbe von sich. Vielleicht kommen jedem Zweifel, der es wagt, an den Rand dieses Abgrundes heranzutreten. Wie oft stand Klipstone schon dem Tod gegenüber. Wie oft hatte man ihm den schriftstellerischen Tod prophezeit. Aber gesundheitlich wie dichterisch war er immer wieder auferstanden von den Totgesagten. Er heilte seine Nerven in der freien Natur. Es war immer wieder vorwärts gegangen; er hatte stets wieder Mut geschöpft. Diese Kraft war nun erloschen.

Jetzt ist die Pistole in seiner Hand, und wieder denkt er: Es ist so einfach, Schluss zu machen. Früher hatte er gehofft, dieser Kelch möge an ihm vorübergehen. Nicht ihn möge das Schicksal berufen, in Gottes Werk zu pfuschen.

Am Fuße von Rumsmountain liegt die Stadt unter einem dunklen Schleier. Felix sieht es nicht. Hier unten hört man auch keinen Verkehr, oben wahrscheinlich auch nicht, und wenn, dann würden vielleicht nur brüllende Martinshörner ans Ohr dringen. Es wäre jetzt ganz einfach. Man hält sich die Waffe an den Kopf und *Bumm.* Das statische Rauschen des Äthers geht weiter. Die schwarze Materie im All bleibt weiter verborgen. Es gibt noch immer Leben, Lieben, Geburt und Tod. Noch immer Himmel, Mond und Sterne. Noch immer Märchen und Tatsachen, Hoffen und Bangen. Doch das Krümmen seines Zeigefingers führt auf eine unerforschte Weise in die Dunkelkammer all dieser übermenschlichen Geheimnisse.

Klipstone zögert. Er weiß nicht, ob er es wirklich ernst meint. Will er nur in die Nähe des Abgrunds, um auf jene besagte Weise geisteskranker Künstler zu erfahren, wie tief der Abgrund ist? Oder will er in den Abgrund springen? Wahrscheinlich will er spüren, dass er es tun könnte. So spielt er mit seinen Gedanken, aber auch mit der Pistole, deren Magazin er rausnimmt und auf Vollständigkeit überprüft. Er entsichert. Dann öffnet er den Mund, als wäre er beim Zahnarzt, fast hätte er »Aaahh« gesagt. Und jetzt führt er den kurzen Lauf der Waffe in den Mund ein, als wäre er schwul und wolle der Pistole einen blasen. Aber er zieht sie zurück und küsst sie nur auf die Seitenwange. Etwas in ihm kommt in Wallung. Er vermutet, es wäre sein Puls. Er ist es.

Er führt das Selbstgespräch fort, das er vor kurzem unterbrochen hat. Es sind keine schriftstellerisch wertvollen Sätze, die aus ihm herausrutschen.

Ich habe versagt, sagt er sich.
Aber er hat nicht versagt.
Ich habe Walpurga im Stich gelassen, sagt er sich vorwurfsvoll.
Hat er aber nicht.
Ich habe Goethe verraten.
Wie das? Er kennt Goethe nur von Papier wegen. Ja, er hat Goethes Bücher gelesen. Ja, er hat Goethes Lebenslauf auswendig gelernt. Ja, er hat Goethes Freundschaft mit Schiller nachempfunden; er ist sogar den Spuren Goethes mit dem gleichen Verkehrsmittel nach Italien gefolgt – aber verraten? Was ist Verrat?

Nein, sagt er sich, Verrat ist es wirklich nicht. Ich habe nur versagt. Meine Zerknirschung, weil ich die Texte nicht selber schrieb. Der fehlende Ehrgeiz. Mangelnde geistige Klarheit, wirft er sich vor. Immer und immer wieder hat er versagt. Ich war ein Langeweiler, ich war Durchschnitt, sagt er sich und lässt sich samt Pistole auf den nassen Boden des geheimen Ganges niedersinken, auf dem fünfhundert Jahre zuvor die aus dem Schloss fliehenden Pestkranken vor Erschöpfung starben.

Es ist wahr, viele seiner hochfliegenden Pläne sind gescheitert, weil er nicht durchhalten kann. Er hat nie herausgefunden, was sein innerstes Ich wirklich wollte. Und was es wirklich konnte. Noch hält er die Waffe festumklammert halb hoch, damit das dahinfließende Wasser von den Mauerwänden und vom Boden nicht noch ungewollt seinen Plan vereiteln kann. Ein Feuersalamander kriecht, halb schwimmend, an ihm vorüber. An der Wand vor ihm haben sich zwei Schnecken festgesaugt. Salamander, Schnecken, Äpfel, Birnen, Kinder, Eltern, Prostituierte, Politiker – alle folgen demselben geheimen Plan: lebe, lebe, lebe.

Wenn auch der Orkan oben wütet, wenn dort Wälder vernichtet, Häuser zerstört und Menschen sterben werden, alles wird weitergehen, auch ohne ihn und die anderen Opfer. Er will sich selbst opfern, bevor er dem Orkan zum Opfer fällt. Er hat gute Gründe gefunden, dieses Opfer zu bringen. Er kriecht ein Stück vorwärts im Nassen. Dort vorne hat er ein fast trockenes Plätzchen gesehen, zumindest steht dort das Wasser und fließt nicht dahin, wie das Wasser, das jetzt mit einem Mal nicht mehr nur fließt, sondern aus dem Natursteinmauerwerk heraus zu schießen scheint.

Das Wasser schießt auf den Boden, teilweise spritzt es gegen Klipstone und die hinter ihm liegende Wand, während es von der hinter ihm liegenden Wand genauso in umgekehrter Richtung spritzt und zischt. Felix erreicht das heilige Fleckchen, das man bei klarem Verstand niemals als trocken – auch nicht als »trockener« – bezeichnen würde. Er hat Angst vorm Fallen und legt sich hin. Dann starrt er auf die niedrige Decke des modrigen Ganges. Selbst von dieser in sanftem Rundbogen gebauten Decke besprüht ihn diese moderne Duschanlage. Er packt die Pistole, öffnet wieder den Mund und steckt sie hinein.

Kapitel 25

Oberschwester Petra eilt voraus, während Schwester Linda und die halbwache Tamara ihr ins Untergeschoss folgen. In Schutzraum Eins ist die Gruppentherapie in vollem Gange, und wie jeder gute Psychiater möchte auch Dr. Dresdener nur ungern, dass man seine Therapiestunde mit Dingen unterbricht, die nicht lebensnotwendig sind. Der Tod eines Patienten, der Tod von Jan Tolpert zum Beispiel, ist absolut nicht lebensnotwendig. Dresdener weiß es, aber zugleich hält er sich vor, wie es bei dem Herrn Ministerpräsidenten ankommen mag, wenn jetzt nicht unterbrochen und zum Todesfall ermittelt wird. Er beschließt, die Gruppentherapie in eine Art Rollenspiel, in eine Art Ermittlungsgruppe umzufunktionieren. Dresdener liebt Verhöre, vorausgesetzt, er selbst ist nicht als Verhörter betroffen. Der Vernehmer hat Macht. Oder sollte er bei diesen Ermittlungen sich selbst ganz rausnehmen und Gauck die Rolle des Vernehmers antragen?

Wie so oft, wird man auch bei diesem – nennen wir es – Rollenspiel den Bock zum Gärtner machen. Die Kanzlerin wird die Ermittlungen führen. Der Bundespräsident mit seiner Allrounderfahrung als Prediger und Stasi-Unterlagen-Vernehmer wird die Verhöre leiten und die Befragten auf die Wahrheit und nichts als die Wahrheit vereidigen. Das Ergebnis aller Ermittlungen wird sein, dass Jan Tolperts Tod eine natürliche Ursache hatte, ungeachtet der von zahlreichen Zeugen vorgetragenen Tatsache, dass die Kanzlerin zu einer illegalen Party verbotenerweise Wodka mitbrachte und diesen persönlich an den Kriegsinvaliden ausschenkte.

Dieses eine Mal wird der Bundespräsident die Kanzlerin verteidigen, und er wird aussagen, dass er schon bei Ankunft dieses bedauerlichen, aber heldenhaften Opfers des Afghanistan-Engagements - »Krieg« mag er nicht so gerne beim Wort nennen -, den Eindruck hatte, dass der Patient Tolpert in keiner guten Verfassung war. Aber kann man das irgendjemandem vorwerfen? Er als ehemaliger Pfarrer weiß sehr wohl, dass der Tod gottgewollt ist und zu den ungünstigsten Zeiten einzutreten vermag. Eine illegale Party ist kein Beweis gegen dieses einwandfrei geführte Hotel. Ja, er verspricht sich und sagt tatsächlich »Hotel«, dabei hätten ihm andere Namensvarianten durchaus zur Verfügung gestanden. Einwandfrei geführtes Flugsportzentrum. Einwandfrei geführte Integrationsanstalt. Einwandfrei geführte Asyleinrichtung.

Niemand wird den hohen Präsidenten mit Pfarrerstatus berichtigen, aber niemand wird ihm auch wirklich mehr glauben. Damit sind die Ermittlungen abgeschlossen und der Orkan wütet knapp zehn Meter über den Häuptern der hier Versammelten in ungeahnter Kraftmeierei weiter. Doch keiner nimmt es mehr wahr.

Ganz anders geht es Mollath und mir. Wir spüren, dass das Wasser weit oben an der Oberfläche dieses Geheimganges überhandnimmt. Wie immer drängt das Oberflächenwasser in die Unterwelt ein, um sich in der Tiefe dem neuen Kreislaufsystem zu ergeben, sich in den Strömen des Grundwassers einzufügen, Tropfen für Tropfen. Hier der Tunnel, wie alle Tunnel, ist ausgekleidet mit dem Staub des jahrhundertealten Zerfalls. Immer schneller verbindet sich der Staub mit den Tropfen, dann mit dem fließenden Wasser, bis er sich nun im spritzenden Nass unsichtbar macht.

Mollath und ich entdecken in dem Tunnelabschnitt, den wir passieren, kleine Nebenräume.

„Immer geradeaus", hat Klipstone uns angewiesen. Aber neben uns tun sich überschaubar
kleine Nischenräume auf. Gustl zieht mich in
eine der Höhlen hinein. „Wir schaffen es bei
dieser Wasserflut nicht mehr", sagt er.

Die Ausbuchtung dieses Ganges, ein eigenarti-
ges Konstrukt, mag zehn Quadratmeter groß
sein und diente als Aufbewahrungsort für aus-
gemusterte Gerätschaften zur Eindämmung
des Wahnsinns. Wahrscheinlich sind einige
dieser Gegenstände nicht absurder als Dresdeners Elektroschocktechniken. Wenn wir sie
betrachten, unter dem Druck des strömenden
Wassers im Gang, erscheinen sie uns grausig.
Unter anderen Bedingungen hätten wir sie
vielleicht nur als lächerlich oder pervers empfunden. Der Steinbottich für das Eiswasserbad.
Die verrosteten Hand- und Fußfesseln an dem
metallenen Gerippe, das einmal als Fixierbett
diente. Glasgefäße mit der Mischung aus hin-
eingefallenen Salamandern, Schnecken und
Tausenden von einstmals äußerst diensteifri-
gen Blutegeln. Zerbrochene Klistierspritzen,
ein Metallhelm mit Knebelverschluss.

Ich kann nicht mehr.

„Lass uns hier weg", sage ich. „Wir müssen es in den nächsten dreißig Minuten schaffen oder wir saufen ab." Jetzt ziehe ich Gustl mit mir, ohne seine Antwort abzuwarten. Wir stürzen weiter nach vorn, halbgebückt, und ich schwitze wie verrückt, obwohl es hier unten nicht mehr als acht Grad haben kann. Als wir an der nächsten Einbuchtung vorbeikommen, sehe ich kurz hinein und entdecke ein verrostetes Wandregal mit Dutzenden menschlichen Schädeln. Ein Totenkopf neben dem anderen.

In diesem Moment ertönt in weiter Entfernung der Knall.

Fast wie ein lang gezogenes Echo bohrt er sich in unser Gehör, wo er fürs erste verbleibt. Später werden wir versuchen, uns dieses Knalls zu erinnern. Jetzt drängt die Zeit.
„Sie haben unsere Tür aufgesprengt und verfolgen uns!" schreit Mollath.
„Die war nicht abgeschlossen!" rufe ich über die Schulter zurück. „Vielleicht ist da hinten was runtergebrochen!"

Wir versuchen mithilfe unseres inneren Motors und des dazugehörigen Navis schnellstens den Weg zu finden, der hinausführt.

„Immer geradeaus!" diese zwei Worte sind das Einzige, was mich in diesen Minuten an Klipstone denken lässt. Ich glaube, meine Beine versagen, aber es kommt ganz plötzlich anders und ich muss mich beim Anblick der Schädel übergeben.

Ein kotzender Stefan Koenig. Ich habe noch nie – außer in meiner Kindheit – gekotzt. Oder war da nicht jener Lowbrooker Faschingsabend, als ich als Mafia-Boss auf der Fremdensitzung auftrat, man mir heimlich ein halbes Glas Korn in die Apfelschorle kippte, die ich in einem Aufwasch runterschluckte? Ich war zur Toilette geeilt und da war es um mich geschehen. Auf der Damentoilette nebenan spielte sich parallel ein Drama gleicher Größenordnung ab, was mir damals das Alleinstellungsmerkmal nahm und beruhigend wirkte.

Hier erzittere ich vor Unruhe. *Wer wird uns aus dieser Unterwelt rausholen, wenn wir es nicht mehr schaffen,* geht mir durch den Kopf. Niemand von all denen, die uns vielleicht vermissen, weiß, wo wir stecken. Vorausgesetzt, man vermisst uns überhaupt.

Für einen Moment hatte ich in der Aula überlegt, ob es richtig ist, diesen Ausbruchsversuch gemeinsam mit Mollath zu unternehmen. Ich habe mir Sorgen gemacht, was Gustl draußen widerfahren könnte. Vielleicht wird er aufgegriffen, bevor wir Rechtsanwalt Strate, den renommierten Strafrechtler, erreichen können. Wieder eingebuchtet. Wieder gefesselt einem Psychiater vorgeführt. Wieder zwangsuntergebracht. Aber dann ist mir eingefallen, dass dieser Ort Mollath ebenso wenig gerecht wird wie mir selbst. Wahrscheinlich ist es sogar eine Heldentat, vergleichbar mit Edward Snowdens Veröffentlichungen, wenn ich Mollath zur Flucht aus der Landesnervenklinik Lowbrook verhelfe. Doch jetzt, nach meinem Kotzanfall, ist es hier unten - in Steven Kings geheimnisvollem, labyrinthischem »Es« der Landesnervenklinik - Gustl Mollath, der die Führung übernimmt.

Ich kann gerade nicht darüber nachdenken, wie Mollath es schafft, nicht mit der Anspannung einer zu erkämpfenden juristischen Rehabilitation, sondern mit der Vision eines momentanen Überlebens durch diesen Gang zu gehen. Vielleicht, weil uns das Hemd näher ist als die Hose; aber wie gesagt, darüber denke ich nicht nach. Ich füge mich Mollaths Führung, die meine ablöst. In diesem beängstigenden gräflichen Panoptikum aus der Pestzeit bin ich einfach nur dankbar für Mollaths Entschiedenheit. Das Wasser im Jahrhunderte alten Geheimgang des Grafen steigt und steigt. Wir können nicht mehr eilen, wir waten durch den Gang. Dann geht es langsam aufwärts; noch immer schießt das Nass aus den Poren des Mauerwerks, aber der Boden steigt spürbar an und jetzt endlich nimmt der Wasserstand ab.

„Das Wasser fließt ab", sagt Gustl.
„Höchste Eisenbahn", sage ich. „Noch länger durch diese perverse Art Kneippscher Wasserkur und ich wäre wirklich verrückt geworden." Ich hasse Wasser. Wasser ist mir eindeutig zu nass.

Dort, am Ende des Ganges, bildet ein schimmernder Lichtrand etwas ab. Es sind die Konturen einer Tür. Mit letzter Kraft schleppen wir uns der Hoffnung entgegen. Eine Fata Morgana der Unterwelt? Nein, tatsächlich eine Tür, verrostet, von innen mit einem Griff versehen. Mollath drückt die Klinke, die Tür öffnet sich ein wenig und gibt einen Spalt nach. Hinter uns liegt ein Gewirr aus Gängen und raumähnlichen Konstrukten. Hinter uns liegt ein unerklärlicher Knall. Hinter uns liegt die Anstalt von Rumsmountain, ein unerklärliches Flugsportzentrum, dem wir entflogen sind.

Mollath dreht sich um und drückt mich. Das erste Mal, dass er mir eine solch emotionale Geste zu zeigen vermag. Er hat ein Projekt vor Augen, das er seit Jahren nicht aufgibt. Es ist wie damals, als er sich vornahm, ein Buch über die forensische Psychiatrie zu schreiben. Er hat es nicht aufgegeben und seine Schriften gefertigt, gesammelt und gesichert. Seine Unterstützer außerhalb der vergitterten Welt haben ihm zur Seite gestanden. Jetzt wird er das Wiederaufnahmeprojekt betreiben. In Freiheit, in Würde. Er wird seine Unterstützer treffen, und er hat mich. Er wird die Justiz von seiner Unschuld überzeugen - und von seiner Gesundheit. Ich werde mit ihm alle anderen überzeugen, die überzeugt werden müssen. Gustl Mollaths Blick ist klar und fest. In seinem Gesicht widerspiegeln sich Freude und Kampfgeist.

Ich hingegen verspüre das blanke Gegenstück zu Gustls Freude. Ich spüre nur Zufriedenheit, blanke, nackte Zufriedenheit, weil wir es bis hierher geschafft haben. Gemeinsam mit Gustl drücke ich die Türklinke, aber die Tür mag noch nicht so recht unserem Willen entsprechen. Ich werfe mich mit der Schulter dagegen und sie springt auf; ich falle mit dem Kopf voran auf vier übereinander gestapelte Kästen Licher Bier. Ich weiß, und Klipstone hatte es uns angekündigt, wir sind im Wirtshaus am Park angekommen. Der oberste Kasten fällt mit großem Tamtam herunter, Glas splittert und im Nu stinkt alles nach Bier. Dann kommt fluchend der Wirt.

Zur gleichen Zeit klettert der Orthopädie-Professor den Hügel von Rumsmountain hinunter in Richtung Lowbrook. Die Realität hat ihn wieder eingeholt und er nimmt das Unwetter wahr. Aber er nimmt auch etwas wahr, was er bisher kaum kannte, Angst. Ihn verfolgt die Vorstellung, verfolgt zu werden. Immer wieder hält Tiefenbach, der bis eben noch seine Familie nach ihm rufen hörte, an, um nach den vermeintlichen Anstaltsschergen Ausschau zu halten. Weit unten auf dem Bürgersteig der Straße, an deren oberem Ende der Klapsmühlenhügel liegt, beruhigen sich seine Nerven ein wenig.

Vor kurzem noch waren hier die Pfleger und die Freiwilligen der Anstalt bei sommerlichem Wetter hinunter in die Eisdiele Venezia gegangen. Manchmal waren sie auf eine Schulklasse gestoßen, die ebenso wie sie die Eisdiele zum Ziel hatte, weil der Lehrer mit den Schülern nichts anderes anzufangen wusste. Die Irren und die Schüler hatten sich hintereinander gereiht und mit der ihnen eigenen Ungeduld auf die Eiswaffeln gewartet. Nun geht Tiefenbach, vertieft in sein murmelndes Selbstgespräch, das die vermeintlichen Verfolger zum Inhalt hat, eben diese Straße entlang. Die Richtung wäre ihm gleichgültig, solange er nur seinen Abstand zum Flugsportzentrum vergrößert. Es ist tiefste Nacht und er ist bis auf die Knochen durchnässt.

Der Experte für sprechende Gelenkgeräusche hört plötzlich etwas, was er bei klarem Verstand als etwas bezeichnet hätte, was völlig dem Bereich des Unmöglichen entsprungen sein mag. Er hört das einzigartige, fast großartig zu nennende Gelenkgeräusch eines ganzen großen Berges, der ins Rutschen kommt. Er hört keine Schreie. Er nimmt das Knacken des zersprengten und zerdrückten Betons wahr wie ein Feuerwerk aus unzähligen Kugel-,

Walz-, Scharnier-, Sattel-, Rad- und Zapfenge-
lenken. So etwas hat er noch nie gehört. Er
dreht sich um in die Richtung, aus der die Gelenke sich so dominant, fast brutal, bemerkbar
machen, aber er sieht in der Dunkelheit nichts.
Gelenke, sagt er sich, funktionieren verdeckt
hinter und unter Bergen von Muskeln, Sehnen,
Fleisch und Haut.

Wer immer ihn verfolgt, Tiefenbach weiß, dass
es um Leben und Tod geht. Er will seine Familie sehen. Noch einmal in diesem Leben. Er
rennt.

Das Wirtshaus am Park an der abbiegenden
Gießener Straße erscheint ihm zunächst wie
eine Fata Morgana, zu schön, um wahr zu sein.
Die beleuchteten Fenster versprechen ihm
Sicherheit vor den Verfolgern und Wärme in
dieser außergewöhnlich kalten Sommernacht.
Er geht die sechs Stufen zum Gastraum hoch
und drückt die Türklinke. Die Tür lässt ihn ein.

Kapitel 26

Am nächsten Morgen, der Orkan ist zwischenzeitlich erst auf Sturm-, dann auf Windstärke geschrumpft, sitzen Tiefenbach, Mollath und ich neu eingekleidet in der Gaststube beim Frühstück. Wie schon in der Nacht, so hören wir auch jetzt unentwegt die Martinshörner. Tieflader und Bagger röhren draußen vorbei. Wir wissen, dass wir nur knapp der Hölle entkommen sind. Selbst Tiefenbach scheint es zu ahnen. Wir können aber nicht darüber reden. Tommi, der Wirt, verschont uns mit Fragen. Er wird uns in Kürze zum Gießener Bahnhof fahren; er hat seinen morgendlichen Einkauf in der Großmarkthalle zu erledigen. Er hat uns drei aus den liegengelassenen Beständen seiner Pensionsgäste neu eingekleidet. Aber nicht nur das, er gibt uns auch Geld für die Bahnfahrt nach Mainhattan und Taschengeld für die nächsten zwei Tage mit auf den Weg. Tommi ist heute der stille Held des Tages.

Es ist Donnerstagvormittag, der Himmel trüb und unwägbar. Am Bahnhof sind noch erhebliche Aufräumarbeiten zu bewerkstelligen, doch unsere Strecke scheint frei zu sein. Durchsagen erfolgen am laufenden Band, Fahrgäste werden vertröstet, einige maulen, viele finden sich ab und gehen in Warteposition ins Innere der Bahnhofshalle.

Gustl Mollath, Winfried Tiefenbach und ich sitzen im Zug nach Mainhattan, und wir versuchen, uns mit der verkrampften Lässigkeit, die drei aus einer Nervenheilanstalt Entsprungene aufbringen können, den Anschein zu geben, als wären wir ganz normale Fahrgäste. Zu unserer Erleichterung hat der Fahrkartenkontrolleur keinerlei Ähnlichkeit mit einem unserer Pfleger oder Psychotherapeuten. Jedenfalls bittet er lediglich um unsere Fahrscheine und fordert nicht auf zu einer Gruppentherapie im dahinrauschenden Regionalexpress.

Tiefenbach studiert seine Übersetzungstraktate, deren Buchstaben und Schriftzüge ineinander verflossen sind. Sie haben sich ohne sein Zutun zu einer völlig neuen Sprache mit einer ihm noch nicht bekannten Grammatik transformiert. Also hat er zu tun, und Mollath und ich planen unser weiteres Vorgehen. Wir sitzen ganz hinten und niemand kann uns hören, als Mollath sich an mich wendet: „Was machen wir, wenn Rechtsanwalt Strate meinen Fall nicht übernehmen will?"

„Ich begleite Dich bis wir dort sind, wo Du hinmusst, wo man Dir hilft." Normalerweise hätte Gustl nachgehakt, das weiß ich. Aber er ist - und ich bin es auch - wohl immer noch so verblüfft über die geglückte Flucht, dass er seinen Zweifel vergisst. „Wo hat er sein Büro?" frage ich nun zurück.

„Mitten in der City. Ich kenne das Hochhaus", antwortet Gustl.

Ich nicke. „Er wird Dir helfen. Du wirst sehen."

Der Regionalexpress fährt in südlicher Richtung, und als wir die Anhöhe bei Friedmountain erreichen, haben wir einen schönen Ausblick auf Mainhattan.

„Irgendwo in dieser Silhouette ist ein Büro, in dem sitzt ein Mann, der dich durch alle Gerichte dieser Welt boxt", sage ich.

Mollath ist nicht ganz bei der Sache. Er denkt wahrscheinlich über die Fußangeln nach, mit denen er in all den Jahren seiner babylonisch-juristischen Gefangenschaft unliebsame Bekanntschaft schloss.

„Was machen wir mit Tiefenbach?" fragt er mich plötzlich flüsternd.

„Wir nehmen ihn natürlich mit und fragen Strate, was zu tun ist", sage ich.

Ich war mir so sicher, dass Tiefenbach kein Problem ist, werde ich später versuchen mir einzureden. Doch wenn ich ehrlich bin, hatte ich genau in diesem Moment einen gewaltigen Zweifel. Allerdings werde ich auch begreifen, dass es Mollath war, nicht ich, der uns nach Erreichen des Hauptbahnhofes mit mehrmaligem Umsteigen zielsicher bis an den Graffiti-verzierten U-Bahnhof am Fuße des Hochhauses geführt hat.

Als wir die Rolltreppe aus dem U-Bahnhof hinauf nehmen, bietet sich uns ein faszinierendes Bild. Für Mollath, Tiefenbach und mich, die wir aus einer kläglichen Provinz angereist kommen, in der schon ein fünfstöckiges Haus als Wolkenkratzer gilt, ist dieser monolithische Riese aus Glas und Stahl einfach ein Nervenkitzel. Wir staunen Bauklötze.

Ich bemerke, dass in Tiefenbachs Innerstem eine Veränderung vorgeht. Er schaut hinauf und breitet die Arme aus, als wolle er den Koloss umarmen. Dann strafft sich sein Körper, während sein Gesichtsausdruck der bekannte bleibt, hineinhorchend in jene unbekannten Gelenkgeräusche der Großstadt. Die vorbeirasenden Autos rufen ihm zu »Huuuiiii«, der

Bettler vor ihm sagt *»Klingklingkling«,* alle anderen Passanten scheinen ihm verschlüsselte Botschaften zukommen zu lassen, während die Aktentaschen in ihren Händen *»Fufffufffuff«* und ihre Glimmstengel *»Fiffffiffffiff«* machen. Vor all diesem Getümmel jedoch erhebt sich majestätisch und in seiner wahren Pracht der Turm zu Babel mit all seinen Sprachen. Und er kann singen.

„Das ist ein Wolkenkratzer", sage ich zu Tiefenbach.

Er nickt, aber was er hört, hört nur er allein. Es ist der Mischgesang von Beton, Stahl und Glas, die an den immer noch grobschlächtigen Wolken des vorüberziehenden Unwetters kratzen. *»Schlliiiierkrrrraaaxx«.* Der Orthopäde fühlt sich an den Gesang der Katatoniker erinnert, und plötzlich muss er weinen. Er hat Mitleid mit den Zurückgebliebenen, doch er zeigt auch Empathie mit den angekratzten Wolken, deren Verletzungen wahrlich nur er zu erahnen vermag.

Jahrtausende haben die Menschen in Höhlen, dann in Hütten und jetzt in Häusern gewohnt. Viele Male hat sich die Menschheit in dieser Zeit architektonischer Entwicklung beinahe ausgelöscht, doch was der Professor hier sieht, ist ein Monument des Triumphes, eine Erinnerungskeule des Lebens. Das Hochhaus gehört einer Bank, ich bemerke es, Mollath mag es bemerken. Tiefenbach wird dies nicht interessieren. Dieser Triumphbau versetzt ihn in ungeahnte Schwingungen. Es wird auch sein ganz persönlicher Triumph sein. Hier soll der Ort sein, wo er seiner Familie begegnet. Ich ahne nichts von alledem; ich kann beim besten Willen seine Schwingungen nicht fühlen.

Nur von einfacher Menschenhand gemacht, denkt Winfried, und doch ragt es weit hinein bis in das Universum und vereinigt die Sprachen und Dialekte der Völker zu einem einzigen »Om«. Wenn man genau jetzt in ihn hineinhören könnte, würde man neben dem universellen »Om« die Stimmen seiner Exfrau und seiner Tochter hören, die ihn zu sich rufen: »Komm, Winni, komm!« Und da steckt es wieder. Im letzten Wort, dieses »omm«.

Mollath und ich glauben nicht an irgendwelche Verfolger aus dem Flugsportzentrum. Irgendwie haben wir verstanden, was geschehen ist. Wir wissen instinktiv, ohne Radio- oder TV-Nachrichten gehört zu haben, dass sich kein

Pfleger und keine Schwester mehr an unsere Existenz erinnern kann. Denn dies setzt ihre eigene Existenz voraus. Die Erinnerung ist mit ihnen untergegangen, wie so viele Erinnerungen, die im Laufe der Generationen erst verblassen, um dann endgültig zu sterben. Dennoch sind wir misstrauisch, als wir die Eingangshalle des Wolkenkratzers betreten.

In der Eingangshalle dieses himmelhoch ragenden Palastes gibt es tatsächlich zwei skeptisch dreinblickende Männer in Uniformen. Ich gehe in die Offensive und trete an sie heran. Ich frage nach Rechtsanwalt Strate und erhalte eine durchaus höflich zu nennende und sehr korrekte Auskunft. Warum auch nicht, man sieht uns nicht an, woher wir kommen, was wir in jenem Ort namens Lowbrook erlebten.

In der Großstadt, habe ich gehört, ist man diskreter als in der Kleinstadt. Geschwätz und Fragerei gehören hier nicht zu den bevorzugten Freizeitaktivitäten. Ich fühle mich hier wie das, was ich bin – ein Landei. Wir drei sind vor der glitzernden Größe dieser Empfangshalle verstummt. Ob auch Tiefenbach mit seinen lautlosen Selbstgesprächen pausiert, kann man nicht verifizieren. Das blitzende Glas, der Ehrfurcht gebietende Marmorboden, der Geruch nach Geld und Macht und Überheblichkeit. Das alles wirkt derart hypermodern, dass es fast anachronistisch wirkt. Da drüben sind die Aufzüge aus Chrom und Stahl, messingverziert. Tiefenbach eilt uns voran.

Ich weiß nicht, warum ich ausgerechnet jetzt an Dr. Kakadu, meinen Hausarzt aus Lowbrook denken muss. Wenn er die Wahl hat, zu einem Notfall oder zur Jagd zu eilen, würde er sich immer für die Jagd entscheiden. Ich habe ihn in Verdacht, gemeinsame Sache mit der gescheiterten Ex-Tierärztin zu machen. Wenn er für meine Einweisung ein Stück Verantwortung trägt, würde es mich nicht überraschen. Verrat existiert immer dort, wo es Vertrauen gibt. Verrat ist das Stichwort. Sind Mollath und ich gerade dabei, Tiefenbach zu verraten? Ich weiß es nicht und schiebe den unangenehmen Gedanken einfach beiseite. Mollath drückt den Knopf, der zur 23. Etage führt. »RA Strate« steht daneben, und noch einige Namen und Gesellschaften sind aufgeführt. Tiefenbachs Blick hingegen ruht auf dem Wegweiser zum obersten Stockwerk; es ist der Knopf mit der Nummer dreiundvierzig. *Cafeteria.* Er drückt den Knopf.

„Winni, wir müssen aber in den dreiundzwanzigsten zu einem Rechtsanwalt!" sage ich.

„Ich weiß", brummelt er. „Ich möchte mich kurz erholen. Ich warte auf Euch."

Mollath und ich schauen uns an, und wir denken sehr wahrscheinlich in diesem Moment das Gleiche: dass es für uns eine Erleichterung ist, diesen brummelnden Menschen erst später zur Besprechung zu holen oder, je nachdem wie Strate es sieht, vielleicht brauchen wir ihn überhaupt nicht und erhalten einen fachkundigen Rat, wo wir ihn geborgen unterbringen können. Heute mache ich mir manchmal Vorwürfe, dass ich so arglos war.

Seine Ex und seine Tochter sind nicht hier, das weiß der Professor. Aber wie kann er ihnen begegnen? Sein lauter werdendes Gemurmel zieht die Blicke von vier Krawattenmännern in Nadelstreifen auf sich, die vor wenigen Sekunden in den Aufzug zugestiegen sind. Bevor sie sich auf Tiefenbach konzentrieren – vielleicht um aus seinem Kauderwelsch irgendwelche terroristischen Absichten abzuleiten – richte ich laut ein paar belanglose Worte an Gustl, frage ihn, wann wir essen gehen, ob er was für heute Abend vorhat.

Wenn ich Tiefenbach jetzt mit seinem Gemurmel stoppen würde, ich spüre es, dann würde er vielleicht überreagieren und in der bekannten Lautstärke sein »Schakulla Widulla« oder irgendeinen anderen Blödsinn rufen. Ein gezücktes Handy der Krawattenmänner, ein Anruf beim Sicherheitspersonal in der großen Halle – schnell wären unsere Hoffnungen kurz vor dem Ziel zerplatzt. Und so gebe ich nach, als sich die Tür in der dreiundzwanzigsten Etage öffnet und der Professor mit seinem rechten Zeigefinger nach oben zeigt und sagt: „Ischisch waarte ooben."

Mollath und ich verlassen den Aufzug, noch ist die Tür geöffnet. Da überfällt mich eine Ahnung und hastig sage ich zu Mollath: „Bitte geh voran und stelle Dich Herrn Strate schon mal vor. Ich komme gleich nach". Und ich schlüpfe in der letzten Sekunde in die Kabine zurück. Gustl kann nicht so schnell antworten, wie der Aufzug Tiefenbach und mich verschluckt. Der Professor sieht mich ein wenig missmutig an, aber auch ich betrachte ihn nicht gerade ohne gewisse Bedenken. Bald schon ertönt der Aufzuggong im dreiundvierzigsten Stock, und eine Stimme aus dem Off sagt: „Sie haben das oberste Stockwerk erreicht."

Kapitel 27

In Lowbrooks eintöniger Presselandschaft wird die Szene, die sich nun abspielt, mit keinem Wort Erwähnung finden, denn sie spielt sich außerhalb des zuständigen lokalen Rahmens ab. Man berichtet hier von einem der massivsten Erdrutsche dieses Jahrhunderts und vom Ende eines großartigen und einmaligen Zentrums, dessen Bestimmtheit alleine darin lag, dass sie niemandem so richtig klar war. Ein Überlebender, einer alleine. Eingeschlossen in einer Luftblase, wurde er nach zwei langen Tagen und Nächten befreit. »Das Wunder von Lowbrook« titelte die örtliche Presse. Das Wunder hielt sich mit einer Flasche stillen Wassers am Leben, das neben dem Rednerpult stand und das eigentlich für den Ministerpräsidenten bestimmt war. Das Wunder hat auch einen Namen. Das Wunder heißt Peter Pan.

Die Leiter dieser Einrichtung, die den örtlichen Reportern Auskunft geben könnten, sind tot. Die Reporter, darunter jener ältere seelsorgende Bürgerreporter, der die Fotos vom schlammverschmierten Ministerpräsidenten wahrscheinlich noch heute unter Verschluss hält, wurden gebeten, keine Nachfragen nach dem Hintersinn des Flugsportzentrums zu stellen. Peter Pan unterliegt einer unausgesprochenen Schweigepflicht. Die blanke Diskretion verbietet ein Interview mit ihm. Natürlich wissen alle, dass es sich um eine geheime Landesnervenanstalt handelte. „Aber wen interessiert das wirklich? Unsere Leser?" fragt der Chefredakteur, der aufgrund eines Telefonates aus dem Innenministerium seine Meinung geändert hat.

Zweiundfünfzig Menschen, darunter der Landesfürst, sind umgekommen, die größte Katastrophe, die Hessen seit 1983 erleben musste. Hier können sich die findigen Reporter austoben. Sie können Bilder des verschütteten Geländes zeigen, Bagger, Tieflader, schaufelnde Feuerwehrmänner, Männer des Technischen Hilfswerkes und Rotkreuz-Frauen mit Spürhunden. Trauerflore und Landesbeflaggung – kein Foto ohne tiefe Trauer.

„Vergleichen Sie mit anderen Katastrophen! Das ist es, was unsere Leser interessiert!" befiehlt der Chefredakteur, der sich des eindringlichen Telefon-Appells erinnert. Und dann kann man noch in den letzten und vorletzten Katastrophen wühlen und allerhand sinnlose oder geistreiche Vergleiche anstellen.

Die letzte große Katastrophe ereignete sich bei einer der berüchtigten Flugshows, damals, am 22. Mai 1983, am Tag der offenen Tür auf der Rhein-Main-Airbase. Vierhunderttausend Besucher warteten auf die Flugschau der kanadischen Staffel »*The Tigers*«.

Nach zehn Minuten setzt Pilot Alan einen Notruf ab. Sein Starfighter gerät ins Trudeln und stürzt über der Autobahnzufahrt am Waldstadion von Mainhattan ab. Das Auto der Pfarrerfamilie Jürges wird von einem Wrackteil getroffen. Pfarrer Jürges, seine Frau, seine Mutter und seine beiden Kinder sind tot. Die neunzehnjährige Nichte überlebt zunächst mit schwersten Verbrennungen. Um Haaresbreite wäre die größte Flugkatastrophe in Deutschland passiert: Fünfhundert Meter neben der Absturzstelle befanden sich fünfzigtausend Besucher auf einem Traditionsvolksfest von Mainhattan, abgesehen von den vierhunderttausend Flugtagbesuchern. Am Ende waren es »nur« sechs Todesopfer.

Ich weiß nicht, warum ich gerade jetzt an diese Katastrophe denken muss. Vielleicht sucht der Überlebende immer nach einem vergleichbaren Ereignis, um sich in die Geschichte der Tragödien besser einordnen zu können. Von der bevorstehenden Tragödie ahne ich nichts.

In den Zeitungen Mainhattans wird die nun folgende Szene jedoch ihren reißerischen Niederschlag finden. Am Donnerstagvormittag steigen zwei in einem Flugsportzentrum trainierte Männer in der obersten Etage von Mainhattans höchstem Wolkenkratzer aus dem Aufzug, unweit der Cafeteria. Man könnte annehmen, dass die beiden Fremden das himmlisch hohe Café betreten werden, um im Kreis von stadtbekannten Frauen und Männern, Politikern und Bankiers, hoch über der Stadt zu thronen und zu frühstücken.

Mit einer Flinkheit, die ich dem alten Körper des Orthopädie-Professors niemals zugetraut hätte, schießt Tiefenbach aus der Aufzugkabine und wendet sich instinktiv einem grünen Pfeil zu, der an der linken oberen Decke in einem Kästchen leuchtet. »Notausgang«. Darunter ein Schild mit einem weglaufenden Mann. Tiefenbach bezieht die abgebildete Person auf sich. Er sucht mit der Fähigkeit eines Adlers die Tür zur Nottreppe, rechter Hand der Cafeteria. Der fliegende Professor und ich machen einen Bogen um den Rückgabecontainer für das Frühstücksgeschirr. Tiefenbach hat es nicht nur eilig, nein, er rennt und rempelt ein paar Leute an, die ihm hinterherschimpfen. Viele der jetzt staunenden oder verärgerten

Gäste, die uns mit Argusaugen verfolgen, werden gleich wieder zur Tagesordnung übergehen. Später werden sie der Presse erfundene Storys über zwei Männer erzählen und ihren Vermutungen freien Lauf lassen.

„Kacke!" sage ich. „Verdammte Kacke!" Tiefenbach war rücksichtsloser und somit schneller als ich. Um kein weiteres Aufsehen zu erregen, habe ich mich künstlich entschleunigt. Ich nähere mich zusehends dem Zustand des Dahinschlenderns. Der Professor ist bereits im Treppenhaus verschwunden, als ich die Tür zum Notausgang aufstoße. Ich beuge mich über das Geländer und schaue nach unten in einen undefinierbaren Abgrund, dessen Tiefstpunkt mit bloßem Auge nicht wahrnehmbar ist, doch Tiefenbach ist nirgends zu sehen.

Ich bekomme Hitzewallungen, weil mich plötzlich eine Ahnung heimsucht, und es ist gerade diese Art Panik, die mich in die falsche Richtung laufen lässt. Ich springe immer zwei Stufen auf einmal hinunter. Kann ich wirklich, je schneller ich bin, einen so tiefen Sturz ungeschehen machen? Mein Verstand scheint ausgeschaltet, alles reiner Instinkt. Es muss die sechsunddreißigste Etage sein, als sich der Instinkt abschaltet und ich endlich begreife, dass dies eine Irreführung ist. Ich habe bis eben geglaubt, Tiefenbach sei in diesen Schlund gestürzt und liege da unten, für meine Augen noch unsichtbar, in der nicht definierbaren Zone eines Wolkenkratzerabgrunds.

Nun haste ich die umgekehrte Richtung hinauf, immer zwei Stufen auf einmal nehmend. Nach einer Weile, die mir wie eine Ewigkeit anmutet, komme ich dort an, wo Tiefenbach verschwand. Ich schaue auf den nächst höheren Treppenabsatz vor mir. Ich atme tief durch und nehme einen letzten großen Anlauf, springe die restlichen Stufen hinauf, an deren Ende eine weit offenstehende Tür auf den düsteren, Unheil kündenden Himmel verweist. Ich trete durch die Tür und betrete eine surrealistische Open-Air-Galerie. Unter meinen Füßen knirschen Kieselsteine, an manchen Stellen sehe ich die Nacktheit des Daches aus grauer Kunststoffbeschichtung.

Ich biege um die Ecke des Ausstiegs, womit ich freien Blick auf das gegenüberliegende Ende des Daches habe. Dort steht er. Ihn trennt noch ein Schritt von der Unendlichkeit. Tiefenbach selbst spürt diese Unendlichkeit vielleicht als unendliche Liebe zu seiner verlorengegangenen Familie. Vielleicht aber auch nicht.

Der Professor steht reglos da und sagt kein Sterbenswörtchen. Wahrscheinlich denkt er wirklich nicht an Tod und Sterben. Vielleicht denkt er an Familienzusammenführung. Aussöhnung. Frieden schaffen.

Ich bitte ihn äußerst behutsam und zuvorkommend, mit mir einen Kaffee trinken zu gehen. „Lass uns in die Cafeteria gehen", sage ich ruhig. Genauso gut hätte ich mit den knirschenden Kieselsteinen unter meinen Schuhen reden können.

Winni ist besessen von etwas, was ich nicht höre, nicht sehe und mit an Sicherheit grenzender Wahrscheinlichkeit auch nicht zu verstehen in der Lage bin. Über Winni kreisen Vögel, die mir unbekannt sind. Ich kenne Stadttauben, aber dies hier sind andere, größere Vögel. Es geht ein guter Wind, aber kein Sturm. Somit besteht keine Gefahr, dass es Winni hinabreißt. Mich irritiert allein der kurze Abstand zu diesem hässlichen Abgrund. Seltsamerweise bleibe ich total ruhig. Wie ein Wunder weicht meine gerade noch spürbare Panik einer Art Gelassenheit. Ich werde keinen Zwang ausüben, werde nicht schreien oder fluchen oder an seinen Familiensinn appellieren.

Hier oben herrscht, wenn man vom Singsang des Windes absieht, eigentlich Ruhe. Man hört nicht den Straßenlärm, nicht den Gong des Aufzuges und nicht das vornehme Gerede der Highsociety in der unter uns liegenden Cafeteria. Dort sind die Damen und Herren aus den Bankvorständen im Sinne des Wortes eine hohe Gesellschaft. Hier liegt uns nur der Wind in den Ohren. Was heißt »uns«? In den Ohren des Professors tobt im Moment ein Konzert mit unzähligen Instrumenten und mindestens vier Chören, die im Kanon singen. Einen kurzen Augenblick lang gedenkt Tiefenbach der unglücklichen Katatoniker.

Und als wäre es Gedankenübertragung muss auch ich an Biermann, den Drachentöter, an den Bariton-Katatoniker und all die anderen Irren denken. Im Gegensatz zu Tiefenbach, der zeitlebens, vielleicht sogar berufsbedingt, die Dimension des Politischen im Nichts und Nichts in der Dimension des Politischen erkannt hat, sehe ich vor meinem geistigen Auge die wohlsituierten Herren Präsidenten und die Kanzlerin und sehe all ihre Knappen und Handlanger, ihre Berater und Vasallen – obgleich sie selbst wiederum nichts anderes sind als Handlanger, Knappen und Vasallen. Aber Tote können sich nicht wehren, und so will ich schweigen. Mit diesem Gedanken trete ich drei Schritte näher an Tiefenbach heran. Uns trennen jetzt vielleicht noch zwanzig Meter. Hat er eine Vision, frage ich mich, weil ich sehe, dass er seine Arme wie Flügel bewegt.

Tiefenbach denkt, er könne fliegen. Hier hat er endlich seinen Großflughafen gefunden, ganz ohne Belüftungs-, Entrauchungs- und Brandschutzprobleme. Fast imposant steht der große Mann nur noch zwei Fuß breit von der Absprungkante entfernt. Er hört in der Ferne des Universums das »Om«, wie er das »Om« dieses Wolkenkratzers hörte, als er die U-Bahn-Treppen hinaufkam. Eigentlich hätte er gerne neue Worte gelernt und noch jene Sprache erforscht, die ihm seine durchweichten Manuskriptseiten mit auf den Weg gaben.

Unter ihm liegt eine heillos entsprachlichte Welt. Verblendete Worte, unehrliche Grammatiken, stillose Sätze, all das, was er sich in der Anstalt von Rumsmountain von der Kanzlerin und ihren Präsidenten anhören musste, diese gestelzten Worthülsen. All das hat er satt. Tiefenbach weiß, dass alles, was er denkt, wahr werden wird. Er ist fest davon überzeugt, seine Exfrau und seine Tochter wiederzutreffen.

Doch er hat noch etwas hier und im Jetzt zu sagen, um auf das Treffen gut vorbereitet zu sein.

„Jabusch grabbosch", beginnt er seinen Monolog. „Hese-vasekiel!"

Kleine Pause.
„Monomatz ukkular."

Nicht das einzelne Wort nur - nein, jeder Buchstabe beschreibt eine Reihe von Zusammenhängen und Erfahrungen, die jetzt vor ihm wiederauferstehen.

„Ufflei."

Jede Silbe ein Hinweis auf seine ehemalige Orthopädiepraxis.

„Schelletan ka-af worzel knaaf!"

Die Enttäuschung seiner Patienten über die kaffeetrinkenden Ewigkeiten seiner Helferinnen. Die Desorganisation seiner Praxis. Die verwirrenden Arbeitsabläufe. Die unübersichtliche Universität. Die unwissenden Studenten. Die nutzlosen Visiten. Die irrelevanten Konferenzen. Das Geld. Der Radiologe. Seine Gattin. Seine Tochter.

Tiefenbach fasst sich an den Kopf, als halte er etwas nicht mehr aus. Er denkt jetzt nicht an all die schönen Jahre im Flugsportzentrum, wo er in der Theorie das Fliegen lernen durfte. Er will endlich abheben. Er will praktisch fliegen. Er breitet seine Arme weit aus. Er denkt nur an seine Exfrau und seine Tochter, die er zuletzt vor fünfzehn Jahren gesehen hat.

„Wuschula berkant." Sie sind nicht fern. Er hört sie rufen: „Omm – omm – komm!"

Sie sind so wirklich wie der Wind, der wieder stärker zu wehen begonnen hat; sie sind so real wie die Kieselsteine, die nun auch unter seinen Sohlen ein letztes Mal knirschen. Doch seine Liebsten halten noch Abstand. Warum kommen sie nicht, ihn holen? Er denkt, er steht in den Wolken und sie erkennen ihn vielleicht nicht. Seine Frau lässt die Tochter nicht zu ihm laufen, sondern hält sie in Umarmung fest an sich geklammert – wie es so viele Mütter tun. Tiefenbach wird nicht mehr protestieren, ja, er nimmt die Umarmung gar nicht wahr als wolle sie ihm seine Tochter vorenthalten. Noch immer glaubt er in alter Liebe und Treue an die guten Absichten seiner Ex-Frau. Sie flüstert da drüben etwas in das Ohr der Tochter.

„Jeschisch wa!" ruft er hinüber. »Ichch kaaann dichch nichcht hööören!«
Er wartet ab und steht lauschend im Wind.
„Lauter!" ruft er jetzt in gesetztem, einwandfreiem Deutsch. „Lauter!"

Er glaubt an die Sprache und daran, dass kein gesprochenes, kein geschriebenes und auch kein gedachtes Wort auf dieser Welt je verloren geht. Aber wie steht es um die Worte von da drüben? Tiefenbach ist sehr klar im Kopf, er weiß, dass er die geflüsterten Worte seiner Frau nur erfahren wird, wenn er zu ihr und seiner Tochter hinüberwechselt. Er schließt die Augen und bewegt die Arme, die nun mit dem vom Wind geöffneten Jackett eine Segelfläche zu bilden scheinen. Noch hört er das universelle »Om«. Trotz seiner geschlossenen Augen sieht er die beiden Traumfrauen. Er will zu ihnen fliegen. Er tut einen großen Schritt, ganz ohne Anlauf. Er fliegt in die Leere. Seine Frau entlässt die Tochter aus der Umarmung. Beide stehen da mit ausgebreiteten Armen, um auf seine Landung zu warten. Endlich kann Winni fliegen. Er ist frei.

Über ihm kreisen immer noch Vögel, die ich nicht kenne, unten säubert die Bedienung den Frühstückstisch, junge und alte Männer in Nadelstreifen rücken ihre Krawatten zurecht, ganz weit unten lädt ein Taxifahrer ein Gepäckstück aus dem Kofferraum. Dann wartet er auf neue Kunden. Er hat Glück. Gleich macht es einen mächtigen Schlag und zurück bleibt ein großer roter Fleck. Das war Tiefenbachs erster wirklicher Flugversuch.

Menschen strömen ganz tief unter mir zusammen, kleiner als Ameisen. Ich sehe von hier oben aus noch nicht einmal den roten Fleck, der einst Tiefenbach war. Ich gehe in einer großen Seelenruhe, wie ferngesteuert, nach unten, wo auf der Ebene der Cafeteria der Aufzug endet. Keiner der Gäste hat die Ein-Mann-Flugshow gesehen; das Frühstücksgelage geht weiter, weil alles andere auch weitergeht. Ich fahre hinunter zu Gustl Mollath und Rechtsanwalt Strate in die dreiundzwanzigste Etage.

Das geschah an einem Donnerstag.

Wenn Dr. Dresdener und Linda, seine Geliebte, noch leben und vom Tod Tiefenbachs erfahren würden, würden sie sich in ein alkoholgetränktes Wochenende stürzen. Sie würden alles rund um sich vergessen und das erste Mal über den Sinn ihrer Arbeit sprechen. Vielleicht hätten sie Sex miteinander, wahrscheinlicher aber ist, dass Linda sich am Ende von Dresdener trennen würde.

Wenn der Bundespräsident noch leben würde, würde er gut gesetzte Worte zur Freiheit des Fliegens finden. Natürlich hätte ihm ein Redenschreiber aus Schloss Bellevue die Textvorlage geliefert; der Präsident hätte an der einen oder anderen Stelle nur noch das Wort Freiheit öfter wiederholt als jener unbekannte Redenschreiber, der sich im Pensionsalter damit brüsten wird, dass er der Urheber der Reden war. Aber war er das? Haben Vasallen das Anrecht auf Urheberschaft?

Die Bundeskanzlerin würde ihre Trauermiene aufsetzen und meinen, dass es jedem vorbehalten sei, den Weg zur Lösung von Problemen selbst zu bestimmen. Das gelte natürlich nicht immer und nicht für alle. Mit der Selbstbestimmung sei es so eine Sache. Hier gäbe es völkerrechtliche Aspekte zu berücksichtigen, und sie wird dabei ihre Raute vor dem Bauchnabel bilden, obwohl ihr in Abgeschiedenheit lebender Gatte noch immer meint, sie habe

keinen Bauchnabel, da sie jungfräulich geboren sei.

Ähnliche Reden würden alle anderen Präsidenten halten, und Wolf Biermann würde am
Ende aller Reden sich selbst bitten, etwas Gesang beizutragen und würde seiner Bitte natürlich bedenkenlos nachgeben.

Nur Klipstone hätte, wenn er nicht so bedachtsam den Pistolenlauf in den Mund gesteckt
und mit uns den Weg in die Freiheit einge-
schlagen hätte, in wahrer Freundschaft gehan-
delt und ein Gedicht für Tiefenbach geschrieben. Gedichte, sage ich mir, wo ich an Klipstone denke, sind nicht Ausdruck von Irrsinn und
fehlgeleiteten Empfindungen oder eines göttli-
chen Wahns. Gedichte sind das, was den Wahn
entblößt, was den Irrsinn zum Verschwinden
bringt und nach Liebe und Sehnsucht lechzt.

Epilog

Ich nehme eine meiner geretteten Manuskriptseiten und drehe sie um. Darauf ein Gedicht.

Die Worte des Wahns

Drei Worte hört man, bedeutungsschwer,
Im Munde der Guten und Besten.
Sie schallen vergeblich, ihr Klang ist leer,
Sie können nicht helfen und trösten.
Verscherzt ist dem Menschen des Lebens Frucht,
So lang er die Schatten zu haschen sucht.
So lang er glaubt an die goldene Zeit,
Wo das Rechte, das Gute wird siegen –
Das Rechte, das Gute führt ewig Streit,
Nie wird der Feind ihm erliegen,
Und erstickst du ihn nicht in den Lüften frei,
Stets wächst ihm die Kraft auf der Erde neu.

So lang er glaubt, dass das buhlende Glück
Sich dem Edeln vereinigen werde –
Dem Schlechten folgt es mit Liebesblick;
Nicht dem Guten gehöret die Erde,
Er ist ein Fremdling, er wandert aus
Und suchet ein unvergänglich Haus.

So lang er glaubt, dass dem ird'schen Verstand
Die Wahrheit je wird erscheinen –

Ihren Schleier hebt keine sterbliche Hand;
Wir können nur raten und meinen.
Du kerkerst den Geist in ein tönend Wort,
Doch der freie wandelt im Sturme fort.

Drum, edle Seele, entreiß dich dem Wahn
Und den himmlischen Glauben bewahre!
Was kein Ohr vernahm, was die Augen nicht
sahn,
Es ist dennoch das Schöne, das Wahre!
Es ist nicht draußen, da sucht es der Thor;
Es ist in dir, du bringst es ewig hervor.

Felix Karl Klipstone
alias Johann Christoph Friedrich von Schiller

So also geschah es.

An einem spätsommerlichen Mittag im September des Jahres 2003 leiten die Worte von Petra Mollath bei einem Kaffeeklatsch den Beginn einer psychiatrischen Hölle für den unbescholtenen Gustl Mollath ein. Im Frühjahr 2005 kommen andere Worte über ihn hinzu, geschrieben von angeblichen Sachverständigen, deren Sachverstand nicht so weit reicht, dass sie Gustl Mollath persönlich zu untersuchen gedenken.

Später werden Worte hinzukommen, die Richter finden, die sich auf Worte stützen, die sich auf Vermutungen stützen, die Sachverständige ohne Sachverstand in die Welt setzen.

Was aber geschah nun?
Gerhard Strate hat sich Gustl angenommen. Er wird ihn durch alle Flure der Gerichtsbarkeit begleiten. Im Laufe seiner Irrfahrt durch die Psychiatrie hat Mollath den Berufsstand der forensischen Psychiater in all seinen Ausprägungen kennen gelernt.

Ob hilfsbereite Naivität – es war zu seinem Schaden. Ob dienstbeflissene Effizienz – es war zu seinem Schaden. Ob autoritär-bürokratisches Machtgehabe, ob selbstgefälliger Zynismus oder therapeutisch-hilflose Gutmenschlichkeit – es war stets zu Mollaths Schaden.

Aber!
Aber das Wirken jedes einzelnen Forensikers liefert immer auch und vor allem ein Psychogramm seines Urhebers.

Nun ist ein Teil von alledem verschüttet, liegt unter einer Halde von Geröll. Ein wahres Erdbegräbnis. Das *AUS* für ein Flugsportzentrum, dessen Name einem Wahn entsprang.

Ein Schritt weg von der Dachkante.
Ein Flug ins Leere.
Ein Schuss ins Hirn.

Unergründliche Handlungen und doch absehbar. Die Leichname schweigen. Das Murmeln, die Gelenkgeräusche, das Dichten und der Ehebruch haben aufgehört zu existieren. Alles existiert nur noch in dieser Geschichte.

Da ist Tiefenbach. Die Splitter seines Schädels durchbohren sein Gehirn und berühren außen den Asphalt. Da ist Klipstone, in einem Geheimgang aus dem Mittelalter, liest den Liebesbrief seiner Frau und fasst einen Entschluss. Da ist Dresdener, der sich sicher war, dass ihn der Ministerpräsident befördert. Da ist Wagner, der weiß, dass er verloren hat. Da ist Linda, die ihren Gefühlen nachgab. Da ist der singende Barde. Da sind all die anderen Menschen mit ihren Stärken und Schwächen. Sie befinden sich in einer anderen Zeit, in einem anderen Raum, das forensische System hat sie endgültig entlassen.

Das neue Raum-Zeit-System, das sie nun in all ihrer Unzulänglichkeit und Ähnlichkeit aufgenommen hat, liegt außerhalb unseres Verstandes – wie die sieben Jahre, die Gustl Mollath in der Psychiatrie verbracht hat, wie die Wahrheit über Geldverschiebung, über Veruntreuung, Verrat und Intrigen, was Mollath nicht stumm, aber hilflos ertragen hat.

Ich sitze mit Mollath im dreiundvierzigsten Stock des Wolkenkratzers. Es ist Mittagzeit, noch sind wir schockiert und doch klar bei Verstand. Wir sind hungrig und essen eine Kleinigkeit. Ich sehe ihn an und denke, er ist ein brodelnder Kessel voller Zuversicht, ein Kessel, gefüllt mit geheimnisvollen Elixieren, mit einem Zaubertrank zum Durchhalten. Ich sehe in den brodelnden Kessel hinein und spüre, wie er unsere immer noch nicht ganz ausreichenden Wiedergutmachungen ansaugt. Wird dies imstande sein, das Elixier im Kessel aufzufüllen? Ich weiß es nicht. Vielleicht verflüchtigt sich im Dampfe dieses Kessels unsere Geschichte und wir können nur versuchen, das Elixier mit etwas völlig Neuem aufzufüllen.

Was aber machen die Präsidenten und die Kanzlerin?

Mollath pickt ein paar Pommes auf seine Gabel, taucht sie in Ketchup und sagt: „Sie haben nicht überlebt. Aber es gibt sie noch."
„Es waren Doppelgänger", sage ich.
„Es waren die Originale", beharrt Mollath.
Wer von uns hat Recht? Wer erkennt die Wahrheit und wer verkennt die Wirklichkeit? Ich knabbere an den Kürbiskernen, die man über meinen Salat gestreut hat.

Plötzlich sieht mich Mollath mit großen Augen an: „Weshalb hatte man Dich weggesperrt?"

Wenn ich das wüsste. Ich habe mir monate-, wenn nicht gar jahrelang diese Frage gestellt. Immer wieder, Tag und Nacht. Ich habe diese Frage mit meinen behandelnden Ärzten erörtert; ich habe meine platonisch geliebte Oberschwester gefragt. Petra war die Einzige, die im Ansatz versuchte, mir eine Antwort zu geben: „Hast Du nicht alles unternommen, um Dich uns auszuliefern? Es war Dein Wunsch, endlich die echte, die wahre Wirklichkeit zu erleben. Du wolltest in die seelischen Abgründe der Politiker schauen. Du bist uns als typischer Gutmensch-Moralist ein willkommenes Geschenk gewesen. Du warst unser Forschungsobjekt. So hat das Team der Anstalt Dich mit Kusshand aufgenommen."

„Ich weiß es nicht. Ich weiß es nicht", antworte ich Mollath. Und ich lüge.

An einem Wintertag Mitte März 2015 sehe ich in das Holzfeuer, das ich im Kamin entzündet habe. Tiefenbach hatte keine Erben. Ich habe mich – verbunden mit allerlei bürokratischen Hindernissen – in den Besitz seiner Manuskripte mit den ihm wichtigen Transkriptionen gebracht. Ich habe versucht, sie zu entziffern, und es ist mir nicht wirklich gelungen.

Wie kann ich ihm die blutbesudelten Dokumente nachsenden? Ich sitze vor dem Kamin und öffne die Tür. Da ist die Glut des Holzes. Ich zögere für einen mir unbegreiflichen Augenblick. Dann gebe ich mir einen Ruck und werfe alle Seiten hinein. Die einzelnen Blätter wölben sich erst nach oben und scheinen Tiefenbach in seinem Flugversuch nachzuahmen. Ein Blatt nach dem anderen hebt ein wenig ab, verbrennt, wird schwarz, rollt sich zusammen, wird grau, wirbelt eine Weile im Kaminraum umher und fliegt endlich leicht und behände nach oben zum Ofenrohr.

Das Papier ist verbrannt, seine Transkriptionen sind verbrannt, die einzelnen Worte und Buchstaben sind zu ewiger Asche geworden. Ist das letztlich nicht das Entscheidende? Dass alles zu dem wird, woraus es entstand. Nur die Worte in ihrer Bedeutung sind geblieben, der Geist der Worte, die Seelen der vielen Buchstaben. Sie leben weiter. Noch vor gar nicht langer Zeit, beim Mittagessen, als er gerade wieder einmal in verständlicher Sprache reden konnte, hat Tiefenbach genau diesen Gedanken formuliert. Aber dann überkam uns die Sinnlosigkeit der Ereignisse.

Ach, falls Sie wissen möchten, wer die eingangs erwähnte Vorahnung zu den hier geschilderten Ereignissen hatte, dann dürfen Sie drei Mal raten, das war nämlich ich selbst. Es fällt mir gerade erst wieder ein. Ja, ich war es. Ich ahnte, wie alles ausgeht.

Ich schließe die gläserne Kamintür.
Hätte es andere Möglichkeiten, andere Szenarien geben können? Für viele von uns wäre ein anderes Leben möglich gewesen. Vielleicht hatten wir, jeder für sich und irgendwann für eine gewisse Zeit, dieses andere Leben, nach dem wir uns sehnen.

Noch züngeln Flammen empor. Ich stehe auf und gehe.

Danksagung

Diese Story ist ein Roman, zu dem mich die wahre Geschichte von Gustl Mollath inspiriert hat. Ich schildere nicht unbedingt das tatsächliche Geschehen, und doch enthält der Roman einige authentische Bestandteile aus den Schreckensjahren, die Mollath unschuldig hinter Gittern unter Geisteskranken und irren Forensikern verbringen musste. Viele der schuldigen Psychiater leben noch in freier Wildbahn, und es ist abzusehen, dass sie bald schon das nächste Opfer reißen werden. Die tatsächlichen Begebenheiten kenne ich aus persönlichen Begegnungen, Briefen, Zeitungsberichten und einschlägiger Sachliteratur. Aber ich betone nochmals, dass die hier vorliegende Geschichte absolut erfunden ist, obwohl ich selbst es nicht immer glauben kann.

Mir kommt es oftmals vor, als habe ich tatsächlich Dr. Dresdener, Dr. Wagner und ihr Team ebenso leibhaftig erlebt wie unsere verehrten Herren Präsidenten und jene Kanzlerin der Bundesrepublik Deutschland, die mir allesamt vom Namen und teilweise von Person her bekannt sind. Ob sie ein Produkt der grassierenden geistigen Verwirrung ganzer westlicher Gesellschaften sind oder alleine das Produkt meiner Verwirrung? Ich vermag es nicht zu sagen. Allerdings glaube ich nicht, gleich von welcher Annahme man ausgeht, dass diese Menschen ihren geistigen Zustand aus der nötigen Distanz selbst einzuschätzen wissen.

Diese Menschen.

Und jetzt auf einmal wird mir schlaglichtartig klar, warum sie sich in der Anstalt von Rumsmountain aufhielten. Sie wollten die Kapitulationserklärung des Geistes vor der Materie dort, am Ort eines symbolischen Geschehens, in die Lehrbücher der Geschichte eingehen lassen und mit ihrem Namen verbunden wissen.

Diese Menschen.

Wie oft hat man auf dem Klapsmühlenhügel, wie das Flugsportzentrum im Volksmund auch genannt wurde, nach dem Prinzip seelenloser analytischer Zerstückelung Menschen analysiert, diagnostiziert und therapiert, ohne zugleich die Fähigkeit zur heilsamen Synthese zu kultivieren.

Diese Menschen.

Danken möchte ich deshalb auch Gabriele Wolff, die in ihrem immer lesenswerten Internetblog schreibt: „Ich befürchte, dass diese Menschen nicht unter Realitätsverlust leiden – sie reden und handeln aus jener Realität heraus, die jene Gutachten entstehen ließ."

Ist es nicht so, dass wir diese Realität zutiefst zu fürchten haben? Eine Welt, wie Strate schreibt, die Schmetterlinge aufspießt und katalogisiert, statt sich an ihrem lebendigen Flug zu erfreuen: „Erst ein derartiges geistiges Klima macht Fälle wie den Gustl Mollaths überhaupt möglich."

Diese Menschen. Diese Forensik. Diese Fantasiemedizin. Diese Spekulationswissenschaft.

Diese Menschen. Dieses Flugsportzentrum.

Und jetzt der Clou! Sie wussten es schon vorher, stimmt's? Na klar, ich hatte es Ihnen ja bereits verraten! Sie wussten, dass Dresdener kein echter Doktor war und niemals Psychologie oder Psychiatrie studierte und keinerlei ärztliche Ausbildung hatte. Krass, oder? Das flog auf, als das Gericht im Wiederaufnahmeverfahren anhand Dresdeners absolut kompetent formulierter Gutachten mehr über seine Berufslaufbahn in Erfahrung bringen wollte. Vielleicht auch deshalb die Bezeichnung »*Flugsportzentrum*«, weil letztlich immer alles auffliegt? (Achtung: Mindestens dieser Absatz ist noch Bestandteil des Romans!)

Bei dem Versuch, mich in das Leben des Gustl Mollath und all der anderen psychisch Gefangenen einzufühlen, fand ich folgende Werke besonders hilfreich: »*Der Fall Mollath*« von dem oben bereits zitierten exzellenten Juristen Gerhard Strate, dem ich mich dankend verbunden fühle. Danke auch für das Buch »*Die Affäre Mollath*« von Uwe Ritzer und Olaf Przybilla. Aber auch »*Doktorspiele*«, Geständnisse des Hochstaplers Gert Postel, und »*Irre! Wir behandeln die Falschen*Unser Problem sind die Normalen*« von Manfred Lütz sind durchaus nicht nur amüsant, sondern geben dankenswerter Weise Aufschluss über ein teilweise völlig entgeistigtes Klima in der Psychiatrie und speziell in der Forensik.

Die Anstalt von Rumsmountain ist meine fiktionale Version all jener Kliniken, durch die man Gustl Mollath wider seinen gesunden Willen schleuste. Die Kanzlerin, der Liedermacher und die Herren Präsidenten existieren wahrscheinlich nur in meiner Fantasie. Ich glaube kaum, dass es sie gibt und wenn doch, dann nur als permanentes Schattenkabinett einer weltumspannenden Geheimregierung. Aber sehen Sie! Schon sind wir wieder bei einem Wahn! Bei meinem Wahn.

Einen Teil dieses Romans, ich glaube die erste Hälfte, habe ich als Gast der Heinrich-Böll-Stiftung geschrieben, und ich möchte mich an dieser Stelle bei dem großartigen Heinrich Böll für das Vertrauen bedanken, dass er in diese Stiftung setzte, als er ihr seinen Namen verlieh. Er kann nicht wissen, dass diese Stiftung in Kiew keine glückliche Rolle spielt. Er ist schon lange tot, und ob er wirklich selbst seinen Namen dafür hergab, wäre noch zu recherchieren. Aber ich möchte heute diese Geschichte abschließen und hoffe, Sie, liebe Leser, bleiben am Ball. Heute ist der 25. März 2015.

Dafür, dass er mich und Mollath aus dem Tunnelsystem der Anstalt und dem Tunnelblick der dort tätigen Psychiater befreite, danke ich nicht nur dem unvergessenen Felix Klipstone, sondern auch meinen wunderbaren Leserinnen und Lesern. Ohne Schriftform wäre die Befreiung wahrscheinlich in den Windungen eines einsamen Gehirns stecken geblieben.

Dem Orthopädieprofessor Winfried Tiefenbach danke ich für die Wiederentdeckung des *»Om«*.

Meiner Frau Alexandra danke ich für die Zeit, in der sie mich während meines fliegenden Aufenthaltes in der Anstalt von Rumsmountain von allen ehelichen Verpflichtungen entband. Um ihr gebürtig zu danken, bedarf es neuer Buchstaben, neuer Worte, einer neuen Grammatik. Doch der Experte hierfür ist einfach aus dem Kuckucksnest entflogen.

Meiner lieben Frau widme ich dieses Buch in echt. Vergessen Sie den Bundespräsidenten.

The End

Weitere Romane von Stefan Koenig

Unter dem Pseudonym Sandra Dornemann erschien im Januar 2000 bei »Pegasus Bücher« der Roman

»Nina N.«

Eine redigierte und überarbeitete Neuauflage ist für Herbst 2015 geplant.

Zum Inhalt

Als die achtunddreißigjährige Alice nach sechs Jahren Haft den siebzehnjährigen Tom kennen lernt, hat sie bereits ihre neue Identität – als Nina Nowak. Die willensstarke Frau, von deren Schicksal niemand ahnt, taucht mit illegalen Mitteln in eine ihr unbekannte Berufswelt ein.

Aus Not und aus Sehnsucht nach einer verbor-genen Liebe lässt sie sich auf das »Abenteuer Schule« ein. Aus der Schauspielerin wird eine geschätzte Sport- und Physik-Lehrerin. Ihrem Schüler Tom zuliebe setzt sie ihre magische Begabung ein und traut sich an Einsteins Raum-Zeit-Theorie heran.

In einem Schriftsteller-Seminar befreundet sie sich mit der siebenundzwanzigjährigen Nora. Und Nora lernt das Trauma ihrer neuen Freundin kennen. Gerüchte über die beliebte Lehrerin entstehen. Auch wenn diese schließlich zerplatzen, so erschweren sie doch Ninas Weg. Intrigen, ausgebuffte und mehr oder minder ausgebrannte, leere und in Selbstmitleid erstickende Kolleginnen und Kollegen erschweren Ninas Schulalltag. Die Frauenfreundschaft hilft lindern, aber der entscheidende Schritt bleibt aus. Der Alltag eines dubiosen Schulgeschehens scheint Ninas Problem zu überdecken. Bis Nina bei Tom und seinem Vater Leo einzieht – Ninas Schulamtsvorgesetztem. Ein Pulverfass an Gefühlen entsteht. Plötzlich taucht auf dem Höhepunkt ihrer schulischen Karriere ein dunkler Schatten aus ihrer Vergangenheit auf und zwingt zum Handeln.

Wird sie durch Mauern gehen? Wird sie die Kraft finden, den Justizirrtum von damals aufzuklären?

Der Roman verbindet Spannung, Magie und ein Frauenschicksal vor dem Hintergrund schulischer Unergründlichkeit und unfreiwilliger Komik – aber es ist die Tragödie einer Frau, die leidet ... im Namen des Volkes. Die Schule muss zwei Seiten gehabt haben, eine tragische und eine äußerst komische. Der klassische Schulroman ist verschwunden, und zwar nicht erst seit gestern, sondern seit vielen Jahren. Mit »Nina N.« wird der verlorene Faden auf eine faszinierende Weise wieder aufgenommen. Hier lebt der Schulroman in der Mischform von Krimi und Frauenroman wie-der auf.

Im Februar 2000 erschien von Stefan Koenig bei
»Pegasus Bücher« der Horror-Thriller

»maschendrahtzaun«

Zum Inhalt

Wegen nachbarschaftlicher Verstrickungen gerät
Regina Z. in den Sog unvorstellbarer Ereignisse.
Mysteriöse Migräne-Anfälle, eine unheimliche Ope-
ration und ein Fernsehauftritt bei der TV-Richterin
Babara Salesch-Tonweck stehen am Anfang. Dann
wird ein Song des Liedermachers Stefan Raab von
Pro 7 zum Stolperstein ihres Lebens.
Überraschende, sich überstürzende Geschehnisse
lassen sie und ihr Umfeld in den Strudel eines endlosen Horrors geraten. Und in einer Welt des End-
stadiums lauern ungeheuerliche Ungetüme – Knall-
erbsmutanten – erbarmungslose, längst verdrängte
Alptraumgestalten, die nichts, schon gar kein Maschendrahtzaun, aufhalten kann.
Merkwürdige, monströse Dinge ereignen sich rund
um Regina Z., ihrem Mann und ihrer Mama, die im
Brennpunkt eines TV-Krieges zwischen RTL und
SAT 1 steht.
Seltsames ereignet sich an Bord eines führungslo-
sen Flugzeugs, mit dem die Zaunkönigin schließlich
nach Paris entführt wird. Seltsam deshalb, weil
sich Raum und Zeit verschieben und ganz normale
Dinge unversehens zu einer Odyssee ausweglosen
Schreckens mutieren. Ein Aufschrei schallt durch
den Äther: »Mama, ich will lieb sein ...«
(Bestellung nur über den Autor, siehe Impressum)

Im April 2000 erschien von Stefan Koenig bei »Pegasus Bücher« der zweite Horror-Thriller

»The Überlebensshow«

Er hat Stefan Raabs kuriose Teilnahme am Grand Prix im Mai 2000 mit seinem Song »wadde hadde dudde da« zum Thema.

Zum Inhalt
Unsere geliebten TV-Stars werden von ihren Managern heimlich in eine Überlebensshow geschickt. Für das Konsortium aus RDL, SAD 1 und PRO SEX lockt ein einmaliger Quotenknüller – 28 Millionen Zuschauer sehen amüsiert dem Grauen zu. Sehen, wie sich die Stars jagen und wie sie von einem Unheimlichen gejagt werden. Bis zum bitteren Ende.

Pressestimme:
„Der Autor landete mit seinem Erstling »maschendrahtzaun« einen Volltreffer. Seine Kultgemeinde schätzt die für den deutschen Sprachraum einmalige Stephen-King-Adaption, mit der sich Stefan Koenig sein eigenes Genre aus Comedy, Horror und kulturkritischem Politkrimi schuf."
(Michael Winkler im Vogtland-Anzeiger)

Zwischen Frühjahr und Herbst 2015 sind zwei weitere Romane zur Veröffentlichung vorgesehen:

»Merkels Party« (Juni 2015)
»Tiefgeschoss - Raum 508« (August 2015)

»Merkels Party«

Zum Inhalt

Party im Kanzleramt. Die Prominenz ist vertreten, und natürlich ich, verantwortlich für Angies Biografie. Als Vertrauter der Kanzlerin darf ich eine Dame meiner Wahl mit auf die Party nehmen. Ich komme mit Gabriele Krone-Schmalz. Außerdem kümmere ich mich während der Party um den kleinen Yousef, Angies sechsjährigen Pflegesohn aus Syrien. Alles läuft glatt, und alle haben eine Menge Spaß - bis die Natur aus den Fugen gerät. Es beginnt mit einer scheinbar harmlosen sommerlichen Gewitterfront über Berlin und endet in einem tödlichen Nebel, der alles gnadenlos zu verschlingen scheint. Nun gerät die Party außer Rand und Band. Im Kanzleramt, das keiner mehr verlassen kann, drängen sich Angies Gäste zusammen, die der schreckliche Nebel und seine grauenvollen monströsen Auswirkungen gefangenhält. Wird diese exklusive Gesellschaft implodieren oder wird man die ausweglose Situation bewältigen?

Auszug aus der Liste der Gastgeber und Gäste:

*Angela Merkel, die Kanzlerin mit der Raute.

*Joachim Sauer, der Kanzlergatte mit der Morg..l..te.

*Yousef, der fünfjährige syrische Adoptivsohn des Kanzlerehepaares – was er immer noch nicht weiß. Seine Eltern kamen bei einem Angriff der vom Westen unterstützten syrischen Rebellen ums Leben, Yousef hatte als Baby als einziger in den Trümmern überlebt.

*Ich, Stefan Koenig, der Erzähler, gefühlter Künstler und Autor. Ich schreibe im Auftrag der Kanzlerin an ihrer Biografie, passe gelegentlich auf ihren fünfjährigen Adoptivsohn auf. Und auf der Party sitze ich an ihrem Tisch.

*Alexa, seit zwölf Jahren meine Ehefrau. Sie ist fernab in Lowbrook. Ich habe furchtbare Angst um sie, als ich begreife, dass der Nebel nicht nur Berlin, sondern das ganze Land in Besitz genommen hat.

*Gabriele Krone-Schmalz, meine journalistische Begleiterin auf der Kanzleramts-Party.

*Ursula von der Leyen, Verteidigungsministerin, die auf Druck der Amerikaner bereit ist, weiter an der Rüstungsspirale zu drehen. Sie ist scharf auf Angies Chefsessel. Sie will, als alles auf Messers Schneide steht, zu ihren Kids und geht hinaus in den Nebel.

*Frank-Walter Steinmeier, Betreiber der Lotto-Annahmestelle im Außenministerium; er hofft, dass ihm seine Beamten den richtigen Weg weisen, aber er vergisst, wer hinter seinen Beamten steht – bis er kurz vor Minsk aufwacht. Den Nebel unterschätzt er völlig.

*Peter Altmaier, der Chef des Kanzleramtes, der mir immer Vorschriften zu machen versucht. Dummerweise mein Büronachbar. Er hört gerne Radio, und das ist in jener Nacht für uns von entscheidender Bedeutung. Trotzdem kann ich ihn nicht leiden, und er mich nicht, da bin ich mir sicher.

*Anne Will, Kneipenchefin im Berliner Gasometer mit eigener TV-Sendung. Sie ahnt, dass der Nebel, der die

Stadt und unser aller Leben gefährdet, in der Ukraine seinen Ursprung hat.

*Günther Jauch, TV-Produzent von »Jauch Total«, vermutet Putin hinter der unheimlichen Nebelfront. Nach mehreren Bier gesteht er Angie, als Jugendlicher selbst mit Nebelkerzen geworfen zu haben.

*Johann Lafer, der Koch der Extraklasse, der extra aus München für die Party eingeflogen wurde und in der Küche im Tiefgeschoss des Kanzleramtes den Sturm und den darauffolgenden tödlichen Nebel nur am Rande mitbekommt.

*Veronika Ferres, führt sich auf der Party als Flittchen auf; ihr hilfloses Bemühen, sich einen intellektuellen Anstrich zu geben, endet im Versuch, für die BILD eine Schlagzeile zum Nebelphänomen zu erfinden.

*Carsten Maschmeier, ihr Mann, schleimt sich durch die Party und hat die Hosen voll, als der Mann ein Mann sein muss.

*Til Schweiger, träumt von seinem neuen Film bis ihn die neblige Grausamkeit einholt.

*Alice Schwarzer, Fachfrau im Vernebeln, hat die verräterische Schweiz im Verdacht.

*Wolf Biermann, will auf der Party dauernd singen, was jedoch die Vernunftbegabten unter den Partygästen zu verhindern wissen. Später allerdings, als es darum geht, die Monster zu vertreiben, fordert man ihn ultimativ auf zu singen.

*Marie-Luise Beck, die in ethnischer Hinsicht ein völlig neues Forschungsgebiet und damit den „Homo Sovieticus" erfunden hat. Auf der Party gibt sie Putin die Schuld für das komische Wetter. Als sich herausstellt, dass der Nebel tödlich ist, fordert sie ein Blutopfer, wobei sie den russischen Botschafter anschaut ...

Daneben viele andere Partygäste wie:
* Volker Bouffier als graue Eminenz * Maike Kohl als Putin-Versteherin * Uli Hoeneß als Freigänger * Maybrit Illner als Partymanagerin * Kai Diekmann als Titel-Erfinder für die nächste BILD-Ausgabe: „Wer stoppt Putins Nebel?" * Stefan Raab, der eine Sondershow machen will * Ken Jebsen als Mann mit Durchblick * Oliver Welke, der ein neues TV-Format kreiert: „die nebelshow" * Klaus Wowereit, der Mehdorn hinter dem tödlichen Nebel vermutet * Gregor Gysi als Klobesetzer * Joachim Gauck als Reiseleiter einer Party-Polonaise * Beate Baumann als Kanzlerin-Vertraute * Steffen Seibert als Regierungssprecher * Volker Kauder als Angies Fraktionsliebling * John B. Emerson als US-Botschafter * Wladimir M. Grinin als russischer Botschafter * Shi Mingde als Botschafter der Volksrepublik China.

»Tiefgeschoss - Raum 508«

Zum Inhalt

Sie werden mir wieder einmal nicht glauben, wie nahe Leben und Tod beisammen liegen. Aber in einem werden Sie mir wohl zustimmen: Beide bedingen einander und ergänzen sich auf ganz natürliche Weise. Ich liege hier in der Gerichtsmedizin, kann mich nicht rühren, kann nicht sprechen, nicht einmal mit den Augen ein Lebenszeichen von mir geben. Da kommt der Mann im grünen Kittel und ich sehe, was er in der Hand hat: ein Seziermesser.